PENAS, MEDIDAS Y OTRAS CONSECUENCIAS JURÍDICAS DEL DELITO

Enrique Agudo Fernández
Manuel Jaén Vallejo
Ángel Luis Perrino Pérez

Enrique Agudo Fernández
(Magistrado)

Manuel Jaén Vallejo
(Magistrado)

Ángel Luis Perrino Pérez
(Fiscal)

PENAS, MEDIDAS Y OTRAS CONSECUENCIAS JURÍDICAS DEL DELITO

Editorial Dykinson

Este libro ha sido sometido a evaluación
por parte de nuestro Consejo Editorial
Para mayor información, véase www.dykinson.com/quienes_somos

Editorial DYKINSON, S.L.
Meléndez Valdés, 61 - 28015 Madrid
Teléfono (+34) 915442846 - (+34) 915442869
e-mail: info@dykinson.com
http://www.dykinson.es
http://www.dykinson.com

ISBN: 978-84-9148-245-1
Depósito Legal: M-16532-2017

Preimpresión:
Besing Servicios Gráficos, S.L.
besingsg@gmail.com

Índice

INTRODUCCIÓN

El sistema penal español, como el de otros muchos países, es un sistema dualista, binario o de doble vía, que contempla penas y medidas de seguridad como respuestas básicas frente al delito, a las que está dedicada esta nueva obra, y que en la reforma operada por la Ley Orgánica 1/2015 en el Código Penal se ha visto incrementado con la pena de mayor gravedad, la prisión permanente revisable, una pena que no se aleja demasiado de las de mayor gravedad previstas en países de nuestro entorno cultural y geográfico, y sobre la que hay pendiente un recurso de inconstitucionalidad.

El capítulo I está referido a las penas en general, en donde se incluye una breve reseña de las principales teorías de la pena, que intentan explicar el fundamento y fin de la misma. Seguidamente se tratan, en especial, las penas aplicables a las personas jurídicas (capítulo II), las penas privativas de libertad (capítulo III) y la inejecución de estas penas (capítulo IV). El capítulo V está dedicado a las medidas de seguridad, el capítulo VI a las penas de multa y a las penas privativas de derechos, el capítulo VII a las consecuencias accesorias, entre las que destaca hoy muy especialmente el decomiso, en sus distintas modalidades, el capítulo VIII está dedicado a la responsabilidad civil *ex delicto* y a las costas procesales y, por último, el capítulo IX aborda el tema de la cancelación de antecedentes penales, en donde se hará referencia al procedimiento de cancelación y al sistema europeo de información de antecedentes penales.

No se trata solo, pues, de lo que comúnmente llamamos «sistema penológico» o «sistema de penas», sino de lo que, con mayor amplitud, se denomina en la teoría «sistema de consecuencias jurídicas del delito». Ello significa, al menos, dos cosas. La primera, que además de las penas[1], el código contempla medidas de seguridad, basadas en la peligrosidad criminal del sujeto al que se impongan, exteriorizada en la comisión de un hecho previsto como delito (art. 6.1)[2], así como otras consecuencias derivadas del delito, como es el caso de la responsabilidad civil *ex delicto* (arts. 109 y ss.), las costas procesales (arts. 123 y ss.) y las consecuencias accesorias (arts. 127 y ss.), entre las que se encuentra el decomiso de los bienes, medios o instrumentos con que se haya preparado o ejecutado el delito, así como de las ganancias provenientes del mismo. Hoy en día, además, existe una clara tendencia doctrinal y legislativa a introducir la «reparación del daño» como una de las consecuencias jurídicas del delito, que puede llegar a hacer innecesaria, al menos en delitos no graves, la imposición de una pena. Se trata, pues, de un derecho penal de tres vías, que rompe con la idea tradicional de que todo delito debe tener como consecuencia una sanción penal (pena –para el culpable– o medida de seguridad –para el no culpable, pero peligroso–), y que se enmarca dentro de los parámetros del derecho penal propio de un Estado social y democrático de derecho, en el cual la privación de libertad aparece como una consecuencia realmente excepcional, buscándose otros medios menos nocivos, pero acaso más efectivos para la prevención y sanción del delito, de acuerdo con el principio de *ultima ratio* que rige en el derecho penal, de ahí la enorme importancia que tienen los sustitutivos (o alternativas) penales.

No debe olvidarse, además, que aunque la "reeducación y reinserción social" a la que se refiere el art. 25.2 de nuestra Constitución, en la línea de otros textos constitucionales, no tiene por qué ser el único fin de la pena, sí debe ser, por imperativo constitucional, la orientación que deba asignarse a las penas privativas de libertad y las

[1] Según el art. 32 del Código Penal: privativas de libertad, privativas de otros derechos y multa. Penas privativas de libertad son la prisión permanente revisable, la prisión, la localización permanente y la responsabilidad personal subsidiaria por impago de multad (art. 35). Penas privativas de derechos son las que se enumeran en el art. 39, entre ellas la inhabilitación, suspensión de empleo o cargo público, trabajos en beneficio de la comunidad, privación de determinados derechos, etc. La multa queda regulada en los arts. 50 y ss.

[2] Las medidas de seguridad están reguladas en los arts. 95 y ss. (medidas de seguridad en general, medidas privativas de libertad y medidas no privativas de libertad).

medidas de seguridad. Algo que tiene mucha importancia en la previsión de determinados beneficios penitenciarios durante la ejecución de la pena, ineludibles para poder dar a la pena de prisión aquella orientación, así como a la hora de fijar límites máximos para las penas privativas de libertad, pues las penas de larga duración difícilmente pueden tener asignada tal orientación reeducadora. Y también la tiene en orden a las penas cortas privativas de libertad, que en lugar de resocializar, pueden tener en muchos casos un efecto contrario, de disocialización, por lo que la tendencia que se observa en el derecho comparado es la de prescindir de estas penas privativas de libertad de corta duración, acudiendo en su lugar a alternativas, como la suspensión y otros sustitutivos penales. Se trata de hacer realidad otro de los principios básicos de la política criminal moderna, cual es el de que los códigos penales contemplen la pena privativa de libertad, no como la regla general, sino como la excepción. Como dice el profesor de la Universidad de Friburgo Hurtado Pozo, luego de hacer hincapié en la necesidad de utilización racional de la pena privativa de libertad, sólo se debe recurrir a la pena privativa de libertad «en la medida que no haya otro medio menos dañino para evitar que tanto el delincuente como las demás personas cometan delitos (*ultima ratio*)"[3].

Todo código penal debe ofrecer un amplio abanico de posibilidades alternativas en el ámbito del sistema de consecuencias jurídicas, proporcionando a la fase de ejecución de las sanciones penales la importancia que realmente tiene, como también la tiene en el proceso penal, en el que las ejecutorias representan una parte considerable del trabajo que ocupa a los profesionales del derecho, jueces, fiscales y abogados, así como el de los funcionarios de los órganos jurisdiccionales, en la tarea cotidiana que la Constitución asigna a los titulares de los Juzgados y Tribunales de juzgar y hacer ejecutar lo juzgado (art. 117.3).

[3] *Revista de la Comisión Redactora del Código Penal Tipo Iberoamericano*, vol. I, Santafé de Bogotá, 2000, p. 124, y *Revista Canaria de Ciencias Penales*, número monográfico 1/1999, p. 292.

CAPÍTULO I
LA PENA

1. CONCEPTO, FUNDAMENTO Y FINES

1.1. La principal consecuencia de la comisión de un delito es la imposición de una pena a su autor. Una pena que, como se verá, puede ser de muy diferente naturaleza, aunque la pena privativa de libertad sigue siendo la más extendida en los códigos penales, entre ellos el nuestro, y que representa la respuesta de la comunidad en su conjunto frente a la infracción de normas básicas de comportamiento, insoportables para una convivencia en común. Hoy por hoy no parece que puedan tomarse en consideración las viejas tesis de carácter abolicionista, que pretenden la sustitución del derecho penal, luego de las penas, por otros sistemas de control social. Como lo afirmara Gimbernat, "hay derecho penal para rato" y, por tanto, rememorando el Proyecto Alternativo alemán de 1966, "la pena es una amarga necesidad"[4].

De todos modos, en ocasiones no es fácil distinguir claramente entre aquellas conductas merecedoras de una sanción penal y aquellas otras que deben quedar dentro del modelo sancionatorio administrativo, sobre todo hoy en día en que hay numerosas infracciones que pueden tener tanto una sanción penal como administrativa, como es el caso, por ejemplo, de los fraudes de subvenciones y otras

[4] Gimbernat Ordeig, E., "¿Tiene un futuro la dogmática jurídico-penal?", en *Estudios de derecho penal*, 3ª edición, Madrid, 1990, p. 150.

defraudaciones a la Hacienda pública, en materia de salud pública, mercado y consumidores, tráfico rodado, medio ambiente, financiación ilegal de partidos políticos y, en general, en muchas actividades económicas y empresariales ilícitas, aunque hoy se percibe cierta tendencia a incluir éstas en los códigos penales. Se ha llegado a decir, no sin razón, que entre la infracción penal y la administrativa muchas veces no hay sino una diferencia simplemente cuantitativa, o que, como dice Righi, "el único dato que claramente permite distinguir una pena criminal de una sanción administrativa es el órgano del Estado que las aplica"[5].

En cualquier caso, el ejercicio del *ius puniendi* por el Estado, esto es, del derecho penal, que es el instrumento más poderoso del que dispone aquél para reaccionar frente a las infracciones más graves de normas jurídicas básicas, no es una facultad ilimitada. En el marco del derecho penal moderno que surge de la Revolución francesa, de la obra de Beccaria, y de los movimientos codificadores, hay ciertos principios que todo legislador debe respetar, pues sólo así quedará legitimado ese poder sancionatorio. La cuestión es más clara aún a partir de la Constitución de 1978, pues de ésta se deriva claramente, como lo recuerda Bacigalupo, que el ejercicio del *ius puniendi* por el Estado debe respetar la dignidad de la persona, los derechos inviolables que le son inherentes, y el libre desarrollo de la personalidad (art. 10.1), el principio de proporcionalidad de las penas (art. 15), no debe ser moralizador ni imponer una determinada ideología (art. 16), pues los problemas morales deben quedar al margen del derecho penal, no puede imponer pena de muerte, ni penas inhumanas o degradantes (art. 15)[6] y, en fin, como lo establece el art. 1° del Código Penal, sólo puede imponer una decisión sancionatoria si se funda en

---

[5] Righi, E., *Los delitos económicos*, Buenos Aires, 2000, p. 131. En sentido similar, Bajo, M., y Bacigalupo, S., en *Derecho penal económico*, 2ª edición, Madrid, 2010, afirman que la diferencia entre el delito y la infracción administrativa, es decir, entre el ilícito penal y el administrativo, "sólo puede encontrarse en consideraciones formales", p. 88.

[6] Bacigalupo, E., *Principios de derecho penal, parte general*, 2ª edición, Madrid, 1990, p. 16; cfr. también Jaén Vallejo, M., *Los principios superiores del derecho penal*, Cuadernos "Luis Jiménez de Asúa", Madrid, 1999, p. 4, y Mir Puig, S., ampliamente, en su importante obra *El derecho penal en el Estado social y democrático de Derecho*, Barcelona, 1994.

una ley penal (art. 25.1), y "las penas privativas de libertad y las medidas de seguridad deben estar orientadas a la reeducación y reinserción social y no podrán consistir en trabajos forzados" (art. 25.2).

En cuanto a los jueces y tribunales encargados de la aplicación del derecho penal, debe tenerse en cuenta que éste se debe aplicar siempre mediante una interpretación "conforme a la Constitución"[7], dada la prevalencia de la Constitución y la necesidad de hacer realidad en la actividad interpretativa la expresión de la Constitución como una norma que confiere unidad a todo el ordenamiento jurídico, técnica interpretativa que está prevista en nuestro ordenamiento en el art. 5.1 de la Ley Orgánica 671985, de 1 de julio, del Poder Judicial.

1.2. Certeramente, Pérez del Valle, en una novedosa obra, refiere cómo las infracciones más graves de las normas jurídicas que pueden imputarse a sujetos responsables son sancionadas con penas, correspondiendo al derecho penal la regulación del ejercicio de ese poder punitivo por parte del Estado, y distinguiendo, por un lado, entre el fundamento y el fin de las penas, que ha de hallarse en las teorías de las penas, y, por otro lado, los principios y reglas que regulan ese poder, para su aplicación a los sujetos infractores, siendo ambos aspectos básicos aquellos sobre los que ha de desarrollarse el derecho penal[8].

El fundamento y fines de la pena, pues, es una tarea propia de las teorías de la pena, que intentan dar una explicación racional sobre su función social[9], bien respondiendo al por qué se impone, o bien para qué se impone, sin que el hecho de que el art. 25.2 de la Constitución haga referencia a la reeducación y reinserción social signifique que

---

[7] Cfr., en este sentido, Hesse, K., *Grundzüge des Verfassungsrechts der Bundesrepublik Deutschlan,* 18ª ed., 1991, p. 30, núm. 81, y Jiménez Campos, J., "Interpretación", en *Enciclopedia Jurídica Básica,* Madrid, 1995, p. 3681.

[8] Pérez del Valle, C., *Lecciones de Derecho penal, Parte General,* Madrid, 2016, p. 33. Este autor, coherentemente con su concepción de la pena, se aparta de la sistemática clásica del delito (tipicidad, antijuricidad y culpabilidad), sosteniendo como punto de partida, no la acción, correspondiente al nivel de la tipicidad, sino la imputabilidad entendida como capacidad de ser culpable, entendiendo que "sólo existe delito si hay un comportamiento individualmente imputable (imputabilidad) en la medida que el autor es capaz de culpabilidad o se han dado las exigencias del control necesario del comportamiento para admitir esta capacidad", p. 77.

[9] Cfr. Jaén Vallejo, M., "La función social de la pena", *Revista de Ciencias Jurídicas,* Universidad de Las Palmas de Gran Canaria, núm. 3/1998, pp. 139 y ss.

este es el único fin legítimo de la pena. De ambos aspectos nos ocuparemos en breve. Antes vamos a referirnos a las clases de penas.

2. CLASES DE PENAS

Las diferentes penas previstas en los códigos penales van desde las más graves, esto es, aquellas que son privativas de libertad, a aquellas otras que afectan al patrimonio, esto es, las pecuniarias, o privativas de otros derechos, en donde se incluye un amplio abanico de posibilidades, como inhabilitaciones, suspensiones, privación de derechos tales como el de portar armas o residir en determinados lugares, e incluso trabajo en beneficio de la comunidad. Penas todas ellas que serán examinadas más adelante (capítulos III y VI), así como también las penas aplicables a las personas jurídicas (capítulo II).

Nuestro Código Penal lo afirma claramente en su art. 32, a cuyo tenor: "Las penas que pueden imponerse con arreglo a este Código, bien con carácter principal bien como accesorias, son privativas de libertad, privativas de otros derechos y multa".

Aunque la tendencia que se observa en el derecho comparado, al menos en los códigos penales de países de nuestro entorno cultural y geográfico, es la de reservar la pena privativa de libertad para los delitos de mayor gravedad, acudiendo en primer lugar a otras penas o sustitutivos penales, lo cierto es que en nuestro código todavía aquélla sigue siendo la regla general, a pesar de que en no pocos delitos, por ejemplo los que tiene que ver con las actividades económicas ilícitas, las penas de multa y las inhabilitaciones podrían cumplir una función más efectiva que la prisión. Y en algunos casos el mal de la pena se suma al mal del delito, llegando a causar a veces un perjuicio mayor para la víctima, como ocurre, por ejemplo, cuando aquélla debe percibir prestaciones económicas por parte del autor del delito, quien al sufrir una pena de prisión o de multa ve mermada su capacidad económica para hacer frente debidamente a tales prestaciones.

La pena privativa de libertad es susceptible de debate, al menos, en tres aspectos. El primero tiene que ver con las penas cortas privativas de libertad, cuestionadas desde von Liszt hasta la actualidad, pues si la pena privativa de libertad debe ir orientada hacia la reeducación y reinserción social, difícilmente se puede lograr ésta en un corto período de tiempo. El segundo se refiere a las penas de larga duración y su compatibilidad con el principio de humanización de las penas y del derecho penal y, concretamente con los arts. 15 y 25.2 de la Constitución, cuestión que también se plantea en relación con la "prisión permanente revisable". Y el tercer aspecto tiene que ver con su posible inejecución, con las alternativas y sustitutivos de la pena privativa de libertad, para hacer realidad así uno de los principios básicos de la política criminal moderna, cual es el de que los Códigos penales contemplen la pena privativa de libertad, no como la regla general, sino como la excepción. Todas estas cuestiones las examinaremos en los capítulos III y IV, aunque ya adelantamos que, en nuestra opinión, la posibilidad de suspensión, especialmente tratándose de delincuentes primarios, o de sustitución de la pena de prisión por otra no privativa de libertad debe contemplarse con la mayor amplitud posible, para hacer realidad el principio de excepcionalidad de aquella pena.

Debe abrirse la posibilidad de mayores alternativas a la pena prisión, con una previsión más ambiciosa de sustitutivos penales, como, por ejemplo, la reparación, con la que se pone de manifiesto una claro esfuerzo de reinserción social por parte del autor, que supone un reconocimiento de la vigencia de la norma quebrantada, y, por tanto, un restablecimiento de la paz jurídica. Esta posibilidad ha desembocado en lo que hoy se denomina derecho penal de triple vía, es decir, un derecho penal que incluya junto a las penas y las medidas una tercera vía cual es la reparación, que pueda no ya solo atenuar la pena, sino incluso reemplazarla o bien complementarla[10].

---

[10] Cfr., en este sentido, Bacigalupo, E., "Alternativas a la pena privativa de libertad en el derecho penal europeo actual", en su obra *Teoría y práctica del Derecho penal*, tomo II, Madrid, 2009, p. 954. En sentido similar, Righi, E., en su manual *Derecho Penal. Parte General*, Buenos Aires, 2007, pone de manifiesto, con cita de Roxin, C. ("La reparación en el sistema de los fines de la pena", en *De los delitos y de las víctimas, Buenos Aires*, 1992), que la tercera vía supone infringir un mal al autor, con el consiguiente efecto disuasivo, permite resolver el conflicto con la víctima, lo que genera "un efecto sobre la comunidad al tranquilizar la conciencia jurídica general alterada por la violación de la ley", y también tiene efectos positivos desde la perspectiva de la prevención especial, por cuanto que "el autor es estimulado a enfrentar tanto los daños causados como al ofendido, en forma personal y concreta, a lo que se adjudica virtualidad resocializadora", p. 63.

Entre esas alternativas penales, además de la multa, no cabe duda que la pena consistente en trabajos en beneficio de la comunidad puede llegar a tener una especial importancia, no ya sólo como pena sustitutiva, sino incluso en ocasiones como pena principal, o como una de las condiciones a la que pueda quedar sometida la suspensión, tal y como ahora está previsto en el Código Penal vigente, aunque siempre, evidentemente, contando con el consentimiento del sometido a ella. Esta alternativa está llamada a contar con un amplio reconocimiento en el sistema de consecuencias penales, constituyendo una adecuada respuesta al delito, pues con ella se puede evitar en muchos casos la prisión, que debe tener un verdadero carácter excepcional, reservada para supuestos de gravedad, y, al mismo tiempo, se evita el alto coste social que siempre tiene el mantenimiento de un preso, pudiendo prestar éste además un servicio a la sociedad, relacionado con su profesión u oficio, especialmente en organismos o asociaciones sin ánimo de lucro. Por supuesto, esta institución nada tiene que ver con los trabajos forzados, pues su aplicación siempre habrá de requerir la libre aceptación por parte del sujeto y unas adecuadas condiciones en su ejecución. No cabe duda de las ventajas de esta institución alternativa a la prisión, que evita los contactos carcelarios del penado, permite a éste adquirir cierta experiencia en sus relaciones con la sociedad, ayudándole además a formar una autoconciencia con resultados satisfactorios para el respeto de las normas quebrantadas[11].

3. BREVE RESEÑA DE LAS PRINCIPALES TEORÍAS DE LA PENA

Es indudable que las teorías de la pena y la función del derecho penal tienen una estrecha relación, pues toda teoría de la pena es una teoría sobre la función que debe cumplir el derecho penal. En palabras de Bacigalupo, las teorías de la pena "tienen la pretensión

[11] Cfr., en este sentido, en relación a un país, Inglaterra, con tradición arraigada de esta pena privativa de libertad, Huber, B., "«Community Service Order» como alternativa a la pena privativa de libertad en Inglaterra", en la obra de esta autora *Cuestiones del derecho penal europeo* (traducción de Enrique Bacigalupo), Cuadernos "Luis Jiménez de Asúa", Madrid, 2005, pp. 13 y ss.

de legitimar una determinada limitación de la libertad mediante el ejercicio del *ius puniendi* en un Estado de Derecho"[12].

3.1. Tradicionalmente se ha debatido acerca de la función de la pena intentando dar respuesta tanto al porqué como al para qué de la pena, existiendo, en esencia, dos líneas de pensamiento.

La de las teorías absolutas, que centran su atención en la primera de aquellas preguntas, sosteniendo así que el derecho penal tiene una función metafísica, consistente en la realización de un ideal de justicia. Se impone la pena porque se ha cometido un delito, es decir, la pena es retribución (*punitur quia peccatum est*) y se debe imponer la misma por razones de justicia o de imperio del derecho, fines o valores absolutos, que naturalmente no tiene un carácter empírico. Por un lado, la teoría de la retribución moral, del filósofo alemán Kant, sobre la base de que el hombre es libre, afirma que, al hacer mal uso de su libertad, se hace acreedor, en justicia, del mal de la pena; la pena, pues, viene a ser un imperativo categórico, una exigencia incondicional de la justicia, que debe imperar a toda costa. La pena, desde esta perspectiva del idealismo alemán, es un fin, porque si se convirtiera en un medio para conseguir otra meta, como se sostiene, en cambio, en el marco de las teorías relativas, se estaría tratando al hombre como un simple instrumento al servicio de ciertos fines, con menoscabo de la dignidad humana[13], por lo que cualquier finalidad preventiva de la pena carecería, desde esta perspectiva, de legitimidad. Por eso, Kant justificaba la pena exclusivamente en la justicia de la misma, al retribuir en forma proporcional al mal causado. Y, por otro lado, la teoría de la retribución jurídica, que propuso el también filósofo alemán Hegel, fundamenta la pena en un proceso dialéctico: como el delito es la negación del derecho, y la pena es la negación del delito, la pena resulta ser la afirmación del derecho; la pena, pues, se impone porque debe imperar el derecho.

La otra línea de pensamiento se corresponde con las llamadas teorías relativas, que intentan responder al para qué la pena, enten-

---

[12] Bacigalupo, E., "Filosofía e ideología de las teorías de la pena", en *Teoría y práctica del Derecho penal*, tomo II, Madrid, 2009, p. 916.

[13] Kant, I., *Metaphysik der Sitten*, 1797, p. 332. Hay una traducción al español de esta relevante obra de Kant: *La metafísica de las costumbres*, Madrid, 2005 (traducción de Adela Cortina Orts y Jesús Conill Sancho).

diendo que la pena no es un fin en sí mismo, sino un medio de prevención, de manera que el derecho penal tiene una función social, caracterizada por la prevención del delito con miras a proteger ciertos intereses, bienes jurídicos, reconocidos por el derecho positivo. Son teorías "relativas", porque la pena sólo se legitima si tiende al logro de un fin, como lo es el fin útil de la evitación del delito.

Puede decirse, pues, que mientras que la teorías absolutas miran al pasado, las relativas miran al futuro, esto es, a los efectos que la imposición de la pena puede tener, que bien pueden ser, como se verá, de prevención general o de prevención especial.

Estos dos criterios son los que están a la base del enfrentamiento que supuso la llamada "lucha de escuelas" a finales del siglo XIX: la escuela clásica mantuvo el criterio legitimante de la justicia a través de las teorías absolutas de la pena, mientras que la escuela positiva proponía como único criterio el de la utilidad, a través de las teorías relativas.

3.2. Las teorías relativas, que defienden, como se dijo, una concepción de la pena referida exclusivamente al fin racional de prevenir el delito (*punitur ut ne peccetur*), cuyos orígenes se remontan al pensamiento iluminista de finales del siglo XVIII[14], tienen dos expresiones, la teoría preventivo general de la pena y la teoría preventivo especial.

El concepto de prevención general, en el sentido introducido por von Feuerbach[15], con su teoría de la coacción psicológica, identifica tal concepto con la intimidación, pues la pena consistiría en conminar o amenazar mediante la misma la realización de determinadas conductas consideradas delictivas, orientándose tal intimidación hacia la generalidad de los ciudadanos; se trata de inhibir los impulsos delictivos de autores potenciales indeterminados, infundiéndoles un temor que les lleve a abstenerse de cometer delitos. En este marco

---

[14] Cesare Bonesana, Marqués de Beccaria, una de las más destacadas figuras del movimiento de reforma penal que, a fines del siglo XVIII, haciendo aplicación de las más importantes ideas de la Ilustración, exigía una reforma a fondo, consideraba que el fin de la pena no era otro que impedir al reo causar nuevos daños a sus ciudadanos y retraer a los demás de la comisión de otros iguales (prevención general).

[15] Puede afirmarse que con Paul Johann Anselm von Feuerbach (1755/1833) tiene su inicio la dogmática penal moderna, concretamente con el código penal de Baviera (1813), que él redactó, y que ha servido de modelo a numerosos códigos penales europeos e iberoamericanos.

teórico, la pena opera como coacción psicológica en el momento abstracto de la incriminación legal, mientras que la ejecución tendría el sentido de confirmar la seriedad de tal amenaza legal. Antes de Feuerbach, en el Antiguo Régimen, la prevención general se confiaba sobre todo a la ejemplaridad de la pena, de ahí que la ejecución de ésta, en su máxima expresión, debía ser pública.

Hoy no se cuestiona, bajo determinadas circunstancias, que la pena pueda cumplir tal función en el momento de la amenaza de la pena; pero el problema es diferente en el momento de la individualización de la pena, pues en este momento las consideraciones preventivo generales que conduzcan a una pena superior a la que corresponda por la gravedad del hecho, por razones derivadas del principio de culpabilidad por el hecho, carecen de legitimidad. Y, desde luego, la existencia de un efecto preventivo general de las penas ejecutadas no es algo que esté empíricamente demostrado.

Y la segunda expresión de las teorías relativas, la prevención especial, no se dirige ya a la colectividad, sino que tiende a prevenir los delitos que puedan proceder de una persona determinada, es decir, el fundamento de la pena está en evitar que el delincuente vuelva a delinquir. La prevención especial, sostenida en diferentes momentos de la historia del derecho penal, tuvo especial relevancia en la llamada escuela positiva, en los autores del positivismo, como von Liszt, con su famoso Programa de Marburgo en 1882[16], y Ferri, hasta llegar a la década de los 60, momento en el que la prevención especial experimentó una transformación de su fisonomía. Las clasificaciones de delincuentes que habían guiado la definición de los fines preventivo-individuales de la pena fueron abandonadas y dieron paso a ciertos conocimientos, de carácter pedagógico y social más evolucionados, defendiéndose el fin de la pena a través del concepto de resocialización, quedando atrás el causalismo antropológico y biológico de la época de von Liszt y Ferri, cuyo déficit de verificación empírica lo hacía científicamente insostenible, y adquiriendo una enorme relevancia la ejecución penal basada en la idea de tratamiento para la resocia-

---

[16] Una excelente traducción del texto se puede encontrar en *La idea del fin en el derecho penal*, trad. de Carlos Pérez del Valle, con una amplia introducción de J. M. Zugaldía, Granada, 1995.

lización social, algo que queda hoy recogido en nuestro país en el art. 25.2 de la Constitución.

Los positivistas de la segunda mitad del siglo XIX dejaron de lado el aspecto de la pena como retribución, centrando su atención en el aspecto de la prevención, mirando, pues, no al pasado, sino al futuro. En esta nueva orientación destaca el referido Programa de Marburgo, y en España no cabe duda de la importancia que tuvo Jiménez de Asúa, discípulo de von Liszt, quien en su tesis doctoral sobre la sentencia indeterminada decía que mediante ésta debía someterse a una persona "al régimen penal exactamente como un enfermo es enviado a un hospital hasta que su curación sea absolutamente completa"[17]. Jiménez de Asúa, con su propuesta progresista de sentencia indeterminada, sugería una modificación del Código Penal entonces vigente, el de 1870, inspirado en gran medida en el de 1848, a fin de que a determinados delincuentes, peligrosos, se les aplicara una medida sin limitación temporal, para lograr así su resocialización. Para Jiménez de Asúa, todos los delincuentes eran corregibles, susceptibles de algún tipo de tratamiento, a diferencia de lo que pensaban otros autores, como su maestro alemán, Franz von Liszt, que en el Programa de política criminal de Marburgo contemplaba la inocuización para los incorregibles. Por eso decía D. Luis en la mencionada obra que "el fin de la pena no es otro que hacer cesar el peligro que el delincuente representa para la sociedad por medio de una tutela que le enmiende, le corrija, le transforme, en fin, en un ser útil socialmente"[18], añadiendo que el fin de la pena es corregir previniendo, y "al realizar la pena esta función correctiva realiza también la función preventiva, pues transformando al individuo evita que éste vuelva a delinquir, cesando de este modo el peligro que para la sociedad representaba"[19].

No cabe duda de la influencia en Jiménez de Asúa de la filosofía krausista de Giner de los Ríos, e incluso del profesor salmantino Pedro Dorado Montero (1861/1919), defensores de la idea de protección y corrección.

---

[17] Jiménez de Asúa, L., *La sentencia indeterminada. El sistema de penas determinadas «a posteriori»*, Madrid, 1913, p. 62. Obra reeditada, por Marcial Pons, Madrid, 2013, con presentación de uno de los discípulos del maestro, Enrique Bacigalupo.

[18] Op. cit., p. 49.

[19] Op. cit., p. 51.

3.3. Hay un aspecto que suele olvidarse, relativo a las medidas de seguridad, en el marco del sistema de doble vía, que hay que situar en la primera mitad del siglo XX, que desde su creación, como lo refiere Bacigalupo, con cita de von Liszt, han tenido un campo común con las penas, pudiendo la medida de seguridad llegar a reemplazar a la pena, es decir, operar con ella vicarialmente, y viceversa, de tal modo que las medidas de seguridad no se limitan a las aplicables a los declarados exentos de responsabilidad, sino que también pueden alcanzar a personas responsables que manifiestan serios riesgos de reincidencia, siendo difícilmente compatible con el derecho penal de culpabilidad el aumento de pena en el caso de los reincidentes, que más bien requerirían, junto a la pena, una medida de seguridad[20].

Naturalmente, hoy toda pena debe ser respetuosa del principio de culpabilidad y sus consecuencias, y toda medida de seguridad debe ser respetuosa del principio de proporcionalidad, y ambas –pena y medida– deben estar orientadas hacia la resocialización.

3.4. Junto a las anteriores teorías, hay otras, de carácter ecléctico, llamadas teorías mixtas o de la unión, que intentaron combinar los principios legitimantes de las anteriores teorías, buscando una adecuada síntesis entre la justicia y la utilidad social, y que son producto en buena medida de las discusiones entre los partidarios de las teorías absolutas y las relativas ("lucha de escuelas"), que presidieron el panorama científico-penal durante los primeros años del siglo XX. Por ejemplo, Maurach afirmaba que la utilidad de la pena debía contemplarse siempre y cuando no se requiriera ni exceder ni atenuar la pena justa[21]. Y Roxin propuso la concepción dialéctica de la pena, sosteniendo que en el momento de la amenaza el fin de la pena es la prevención general, en el de la determinación de la pena los fines preventivos son limitados por la medida de la gravedad de la culpabilidad, y en el momento de la ejecución adquieren preponderancia los fines resocializadores[22].

También en este marco debe situarse el Proyecto Alternativo alemán (*Alternativ Entwurf*) que, en 1966, un grupo de profesores opusieron como alternativa al proyecto gubernamental de 1962. Este Pro-

[20] "Filosofía e ideología de las teorías de la pena", cit., pp. 923 y 924.

[21] Maurach, R., *Deutsches Strafrecht*, 4ª ed., Allgemeiner Teil, 1971, p. 63.

[22] Roxin, C., *Strafrechtliche Grundlagenprobleme*, 1973, p. 28.

yecto, partiendo de la idea de que "la pena es una amarga necesidad en una comunidad de seres imperfectos como son los hombres", rechaza ya la retribución como fundamento de la pena, y la concibe en el sentido de protección de la comunidad y de los bienes jurídicos de sus integrantes, y de reincorporación del sujeto a la misma. La pena sirve, según el parágrafo 2 del Proyecto, "para la protección de los bienes jurídicos y para la reinserción del delincuente en la comunidad", y según el parágrafo 7 "el fin de la ejecución de la pena es fomentar la reinserción del condenado en la comunidad".

Ahora bien, este Proyecto no prescindió ni de la pena perpetua de privación de libertad, ni de la medida consistente en la custodia de seguridad, aplicable después del cumplimiento de la pena, aunque haciendo hincapié en la idea de tratamiento y terapia social para el logro de la resocialización.

3.5. La racionalidad político-criminal de las anteriores teorías se basaba en la idea tradicional de la racionalidad instrumental[23]. Es decir, racional era la utilización de medios adecuados para obtener un fin según la experiencia; por ejemplo, en la etapa del protagonismo de la resocialización mediante tratamiento, que el Proyecto Alternativo alemán de 1966 abanderó como una de sus principales señas de identidad, el derecho penal se consideraba como el medio adecuado para lograr, a través de una ejecución penal basada en tratamientos de rehabilitación social, el fin de la resocialización. Teorías que, en verdad, han predominado hasta la actualidad, aunque no se ha ocultado en la doctrina el escepticismo respecto de la consecución de los respectivos fines a través de la pena, por ejemplo de la obtención de la resocialización mediante una ejecución penal puramente terapéutica.

Hoy, superada la idea de la resocialización, que se llegó a considerar como una utopía, se puede afirmar que es de nuevo la idea de la prevención general la que predomina, aunque asumiéndose la imposibilidad de una demostración empírica de sus efectos. Por ello, la llamada teoría de la prevención general positiva, que representa actualmente lo que podríamos denominar «estado actual de la cues-

---

[23] V., sobre el cambio de paradigma de la racionalidad, Bacigalupo, E., *Teoría y práctica del Derecho penal*, cit., p. 974.

tión» en esta materia, y que es defendida, en distintas versiones[24], por autores como Jakobs, Hassemer, Schünemann, Kindhaüser o Bacigalupo, entre otros muchos, no requiere verificación empírica alguna, sino que ofrece una visión sobre la función social que debe cumplir el derecho penal, luego también la pena, sin cerrar la discusión sobre el deseable desarrollo y humanización, sin duda a través de la resocialización, al menos como ideal, de las penas y su ejecución, así como el ofrecimiento de alternativas a la pena de prisión, haciendo posible, al mismo tiempo que se afirma el reconocimiento de la norma, a través de la imposición de la pena, la realización de aquel ideal, exigencia constitucional en España, a través del art. 25.2 de la Constitución, en donde se afirma que "las penas privativas de libertad y las medidas de seguridad estarán orientadas hacia la reeducación y reinserción social".

Las teorías de la prevención general positiva se enmarcan dentro de lo que podríamos denominar «derecho penal simbólico»[25], independizado de toda base empírica, de la que, en verdad, carecen todas las teorías preventivas clásicas[26]. Es decir, como no se pueden cumplir los fines de prevención general o especial asignados a la pena por aquéllas, o al menos no se puede comprobar empíricamente el logro de los mismos, se le atribuye a la pena una función simbólica, independizada de la demostración de aquel efecto preventivo.

3.6. La función de la pena, pues, pasa desde el plano de las teorías basadas en la racionalidad instrumental (la pena como medio para lograr ciertas metas) al plano de la racionalidad comunicativa

---

[24] V., en la bibliografía española, sobre las distintas teorías de la prevención general positiva, Pérez Manzano, M., *Culpabilidad y prevención: las teorías de la prevención general positiva en la fundamentación de la imputación subjetiva y de la pena*, ediciones de la Universidad Autónoma de Madrid, 1990.

[25] Cfr. Parma, C. y Mangiafico, D., *Derribando Muros*, con prólogo del profesor Jaén Vallejo, M., cuando refieren cómo la prevención general positiva entiende la pena como comunicación de la confirmación de la confianza en la vigencia de las normas pese a su ocasional infracción, destacando así su función simbólica, en cuanto supone una manifestación de la voluntad de la vigencia del derecho frente al injusto, pp. 186 y 187.

[26] Cfr., ampliamente, el interesante trabajo de Zugaldía Espinar, J.M., sobre "¿Qué queda en pie en el derecho penal del principio «mínima intervención, máximas garantías»", en *Cuadernos de Política Criminal*, núm. 79/2003, pp. 109 y ss. (115 y 116).

(la pena como respuesta al ilícito, comunicándose a través de la misma la decisión de ratificación de la norma quebrantada)[27].

Hoy, en palabras de Bacigalupo, en lugar de la legitimación basada en la razón instrumental, "se propone legitimar el derecho penal por medio de la razón comunicativa"[28].

Desde la perspectiva de la prevención general positiva se entiende que el sistema es autosuficiente, pues lo que se pretende afirmar es, lisa y llanamente, la estabilización de la norma a través de la aplicación de la pena, es decir, no genera falsas expectativas (como, por ejemplo, «vamos a aumentar las penas para evitar que se cometan más delitos» o «vamos a agravar la pena del delincuente para que no vuelva a delinquir»), ni pretende basar su fundamento en un elemento empíricamente indemostrable, lo que supondría, pues, el engaño a la sociedad; la pena se aplica, sencillamente, para demostrar que la norma está vigente, reforzándose así la confianza general en la misma. En este sentido, dice Jakobs, la legitimidad de la pena está en su función de comunicar socialmente la desaprobación de la vulneración de la norma por el autor, ratificándose y estabilizándose así las expectativas legalmente garantizadas, sin que ello suponga una renuncia a la idea de tratamiento en la ejecución penal[29].

La idea que está a la base de esta teoría la explica con gran claridad Sánchez-Vera Gómez-Trelles en los siguientes términos: «La moderna sociedad se haya sumamente interrelacionada, de tal modo que dependemos los unos de los otros. Para comer, dependemos de todos los que intervinieron en la cadena productiva, o para ir al trabajo dependemos del conductor del transporte público y hasta de los otros conductores»[30]. «Para poder orientar el comportamiento a

[27] Bacigalupo, E., conferencia sobre "El estado actual de la teoría del delito", pronunciada el 29 de julio de 2004, en la Academia Colombiana de la Abogacía, con ocasión de la concesión a Enrique Bacigalupo, por el Congreso de la República de Colombia, de la Condecoración de la Orden de la Democracia Simón Bolívar en el grado de Gran Oficial, y la Condecoración con la Gran Cruz de la Academia Colombiana de la Abogacía.

[28] Bacigalupo, E., en C. Gómez-Jara Díez (ed.), *Teoría de sistemas y derecho penal*, Granada, 2005, pp. 319 y ss.

[29] Jakobs, G., *Strafrecht*, 2ª ed., 1991, p. 6.

[30] Sánchez-Vera Gómez-Trelles, J., texto mecanografiado de su proyecto docente.

seguir, pues, en un mundo tan complejo –continúa Sánchez-Vera–, hay que contar con los comportamientos de los demás ... En otras palabras: debemos poder basar nuestro comportamiento en ciertas expectativas sobre el comportamiento de los demás: en los ejemplos propuestos, la expectativa de que, por ejemplo, no se rompa la cadena del frío de los productos que consumimos, o la expectativa de que el conductor del transporte público y los otros conductores respeten las señales de tráfico»[31]. Pues bien, añade este autor, «la función del derecho penal es la protección de esas expectativas mínimas» para el desenvolvimiento de la vida en sociedad. Ciertamente, continúa diciendo Sánchez-Vera, «las expectativas avaladas por el Derecho penal resultan defraudadas en muchas ocasiones: se producen accidentes de tráfico y envenenamientos por consumir productos en mal estado. Sin embargo, en estos casos de defraudación la expectativa es reafirmada, precisamente, mediante la pena, confirmándose así que quien orientó su comportamiento según la expectativa no se equivocó, sino que se equivocó quien le defraudó, pues la expectativa defraudada se confirma o estabiliza a costa del defraudador, a quien se le impone una pena»[32].

Por eso se habla de prevención general positiva. Mediante la pena se hace ver a la generalidad que la norma penal rige, aunque haya sido defraudada. Se confirma por ello, positivamente, la confianza en la vigencia de la norma.

Esta parece que es la tendencia actual en la doctrina sobre el fundamento legitimador del derecho penal: un derecho penal estabilizador de expectativas, luego de normas; un derecho penal basado, no en la racionalidad instrumental, como en las teorías dominantes en el pensamiento penal imperante durante tanto tiempo, casi dos siglos, sino un derecho penal basado en la racionalidad comunicativa, en cuyo desarrollo han tenido una importancia extraordinaria autores como Niklas Luhman, con su teoría de los sistemas sociales[33], Jürgen Habermas, con su concepto de acción comunicativa[34] y, naturalmente,

---

[31] *Ibídem.*

[32] *Ibídem.*

[33] V. Urteaga, E., "La teoría de los sistemas de Niklas Luhmann", Universidad del País Vasco, 2009.

[34] V. Habermas, J., *Teoría de la acción comunicativa*, Madrid, 1987 (traducción de Manuel Jiménez Redondo).

Günther Jakobs. En palabras de Bacigalupo, "la dogmática penal se encuentra frente a un cambio de sus criterios de racionalidad; se orienta a la razón comunicativa (con o sin la teoría de los sistemas sociales)"[35].

3.7. Pero no sólo las teorías de la prevención general positiva tienen en cuenta esta nueva racionalidad comunicativa, no instrumental, de la pena. También asistimos hoy en día al fenómeno de cierto retorno de las teorías absolutas, que resurgen principalmente por la falta de seguridad de las demostraciones empíricas que requieren las teorías tradicionales de la pena. Es el caso, por ejemplo, de la moderna teoría de la retribución, defendida por Köhler, para quien "la pena es una necesidad categórica de un derecho penal abierto a la libertad"[36], que tiene como finalidad "negar el delito", "sin ser un mal empírico", es decir, se trata de "una disminución del status de los derechos fundamentales del autor del delito, cuya finalidad es compensar éste y, así, restaurar la validez de las relaciones jurídicas"[37]. También Pérez del Valle, rechaza que la pena pueda concebirse como prevención, afirmando que "la pena es retribución (castigo para el culpable proporcionado a la gravedad de la culpabilidad del autor en el delito) mediante la expiación (sufrimiento que muestra la desaprobación social de la conducta)"[38], aclarando que expiación implica "ratificación de la vigencia de las normas como exigencia del bien común"[39].

En cualquier caso, hoy no se niega que, independientemente de la función que acompañe a la pena, la de restaurar la paz jurídica (Roxin), o la estabilidad del sistema (Jakobs), o la de responder a la culpabilidad del autor y mantener las condiciones fundamentales de la coexistencia social e identidad normativa de la sociedad (Lesch[40]), tal función, como ya se dijo, debe ir acompañada también, al menos en el momento de ejecución de la pena, de la prevención especial, dirigida a evitar que el delincuente vuelva a delinquir, a través de su «resocialización».

---

[35] Bacigalupo, E., "Sobre el Derecho penal y su racionalidad", en su obra *Teoría y práctica del Derecho penal*, tomo I, Madrid, 2009, p. 115.

[36] Köhler, M., *Strafrecht, Allgemeiner Teil*, 1997, p. 50.

[37] Op. cit., p. 51.

[38] Pérez del Valle, C., *Lecciones de Derecho Penal. Parte General*, cit., p. 34.

[39] *Ibídem.*

[40] Cfr., Lesch, H., *La función de la pena*, Cuadernos "Luis Jiménez de Asúa", Madrid, 1999.

Así, Jakobs defiende la teoría de la prevención general positiva, como teoría principal, pero añadiendo que la misma puede ser completada por la prevención especial, como teoría subsidiaria, en el momento en el que el legislador elige los marcos penales, en el de la individualización judicial de la pena y, por supuesto, en el momento de su ejecución.

Ahora bien, hoy en día, no se trata, como ocurría con la concepción negativa de la prevención especial, de concebir la pena como un instrumento de motivación coactiva dirigida al autor, sino de evitar la reincidencia intentando conjurar las causas que lo llevaron a aquél a delinquir, a través de su resocialización (prevención especial positiva).

Precisamente, este último punto de vista ha tenido una importancia extraordinaria en el ámbito de la ejecución de las penas privativas de libertad, y es el que favoreció el surgimiento de instituciones tales como la suspensión condicional y la libertad condicional, hoy esenciales en cualquier código penal.

Aunque para que se le pueda dar a la pena la importancia que tiene, con todas las posibilidades que se abren en un sistema de doble vía y con alternativas, e incluso con formas de inejecución, como la suspensión, sería más coherente y satisfactorio dividir el juicio en dos fases autónomas: en la primera, se decidiría sobre la culpabilidad del autor respecto de unos hechos concretos, es decir, se decidiría sobre la necesidad o no de reafirmar la expectativa supuestamente defraudada por un presunto autor; y la segunda fase se ocuparía de determinar las consecuencias jurídicas pertinentes, teniendo en cuenta los aspectos preventivo especiales de la pena o de la medida de seguridad[41].

3.8. Otro autor alemán, Köhler, antes mencionado, luego de referirse a la falta de seguridad de las demostraciones empíricas, defiende su teoría de la pena como una consecuencia de la necesidad de

---

[41] V. el trabajo de Sánchez-Vera Gómez-Trelles, J., "Una reforma necesaria para acompañar al nuevo Código penal: el juicio oral en dos fases", en *Cuadernos de Política Criminal,* núm. 73, Madrid, 2001, pp. 159 y ss., y Jaén Vallejo, M., "Derechos procesales fundamentales: su proyección en la fase de instrucción, en el juicio oral y en el sistema de recursos", en *Cuadernos de Política Criminal,* núm. 89, pp. 40 y 41, sosteniendo la coherencia del juicio oral a dos fases (bifásico) con un sistema judicial en el que se pretenda dar a la individualización de la pena en sede judicial la importancia que realmente merece.

negar el delito, que no es mal empírico, ni una prestación moral en el sentido de la expiación, sino una pérdida del autor respecto de su status de derechos fundamentales, que tiene la finalidad de compensar el delito y, de esta manera, restituir validez a las relaciones jurídicas[42], algo muy cercano a la tesis defendida en su día por Kant, pues la compensación del delito por la pena impuesta a su autor es una idea muy próxima al "imperativo categórico" defendido por este autor, aunque ahora sin negar al mismo tiempo tanto una función de preventivo especial como de preventivo general. Lo que se pone en duda es que la racionalidad de la pena sea meramente instrumental.

Y no han faltado autores que han criticado que se prescinda de una demostración psicológico social, como es el caso de la prevención general, o psicológico individual, caso de la prevención especial, de la pena. Así, Stratenwerth, quien advierte que entonces a la pena sólo le queda una función meramente simbólica, comunicativa de la reprobación del delito y restauradora de la norma quebrantada, sin efecto preventivo alguno, al menos empíricamente demostrable[43].

3.9. En realidad, puede afirmarse que la pena siempre ha tenido ese carácter simbólico, que no parece que deba plantear problemas siempre y cuando a través de la misma se intente alcanzar, en su caso, la rehabilitación y reinserción social del penado, aunque ello no constituya la esencia o fin de la pena. Y la tendencia de las nuevas teorías de la pena se basa predominantemente en la idea de la racionalidad comunicativa, quedando abiertas cuestiones tales como la relativa a qué pena y cuánta pena es necesaria para ratificar la norma infringida o para proteger cada uno de los bienes jurídicos.

Es claro que si el fin exclusivo de la pena fuera la prevención especial, en los casos en los que el sujeto no tuviera tendencia alguna a reincidir y no necesitara reinserción, la imposición de la pena y, por tanto, el ejercicio del *ius puniendi*, quedaría totalmente deslegitimada. Dicho de otra manera: si la racionalidad de la pena fuera meramente instrumental, esto es, como un instrumento para conseguir algún fin, como es el caso de la reinserción social, tal racionalidad desaparece-

---

[42] Köhler, M., *Strafrecht, Allgemeiner Teil*, 1997, p. 51.

[43] Stratenwerth, G., *Strafrecht, Allgemeiner Teil*, 2000, núm. 28.

ría, tanto cuando no fuera posible confirmar empíricamente el logro de aquel fin, como cuando éste, sencillamente, no fuera necesario[44].

Tanto los autores que defienden la teoría de la prevención general positiva, en sus distintas versiones, como los que defienden las modernas concepciones de las teorías absolutas[45], se basan en el paradigma de la racionalidad comunicativa: la pena se mantiene en un plano exclusivamente comunicativo, comunicándose a través de la misma la decisión de ratificar la vigencia de la norma quebrantada. De todos modos, no se niega que la pena pueda cumplir otras funciones, como evitar la reincidencia, lograr la intimidación de potenciales delincuentes, la reinserción del delincuente, la protección de la sociedad, etc. Debe separarse, pues, lo que es la esencia o fundamento de la pena, de las eventuales funciones preventivas instrumentales que puedan alcanzarse a través de la pena[46].

Como lo ha puesto de relieve Bacigalupo, con referencia a la, quizá dominante, teoría de la prevención general positiva, esta teoría tiene el mérito de no generar falsos optimismos en relación a las posibilidades de ejecución de la pena[47], de manera que la opción por la prevención general positiva no cierra la discusión acerca de las alternativas reales de la pena privativa de libertad, esto es, "la discusión sobre el progreso de la idea de un derecho penal más humano"[48].

4. EL ART. 25.2 DE LA CONSTITUCIÓN

4.1. El art. 25.2 de la Constitución deja claro que tanto las penas privativas de libertad como las medidas de seguridad "estarán orientadas hacia la reeducación y reinserción social". Ello significa que tanto una pena a perpetuidad (o mal llamada «cadena perpetua») como

[44] Cfr. Jaén Vallejo, M., *Cuestiones básicas del derecho penal*, Universidad Austral, Buenos Aires, 1998, p. 47.

[45] V., por ejemplo, Lesch, H., *La función de la pena*, Cuadernos "Luis Jiménez de Asúa, Madrid", 1999, en donde este autor defiende una teoría funcional de la retribución.

[46] V. en este sentido, Jaén Vallejo, M., "Pena y/o medida", en *Revista de Derecho Penal y Procesal Penal*, Buenos Aires, núm. 3/2006, p. 422.

[47] Bacigalupo, E., *Principios de derecho penal, Parte General*, Madrid, 1990, pp. 24 y 25.

[48] Op. cit., p. 25.

una pena de prisión de larga duración con cumplimiento íntegro, chocarían frontalmente con la Constitución, desde el momento en que harían imposible la reinserción y reeducación del penado a la que se refiere aquel precepto constitucional, vulnerando además el art. 15 del texto constitucional, que prohíbe las penas inhumanas o degradantes, así como la propia dignidad de la persona, a la que se refiere el art. 10 de la Constitución como uno de los fundamentos del orden político y de la paz social, y de la que no están privados quienes sufren una condena. Con arreglo a estos preceptos constitucionales, tanto la pena a perpetuidad, como las penas de prisión de larga duración de cumplimiento efectivo, serían inviables. Dicho con otras palabras: para que la pena privativa de libertad pueda contar con la necesaria legitimidad constitucional, a la vista de los mencionados preceptos de la Constitución, debe configurarse la pena privativa de libertad, así como también la medida de seguridad, de manera tal que en sí mismas no excluyan la posibilidad de un tratamiento resocializador y, en consecuencia, la puesta en libertad del condenado, una vez cumplido un determinado período de años.

Pero no se trata de una cuestión que deba asociarse exclusivamente a la duración en abstracto de la pena prevista: una pena de prisión a perpetuidad, si resulta que es revisable al cumplirse un número razonable de años de privación de libertad, permitiendo que el sujeto, ya en condiciones de ser reinsertado a la sociedad, pueda quedar en libertad, puede ser perfectamente constitucional; mientras que, por el contrario, una pena de privación de libertad, aun no siendo perpetua, puede ser inconstitucional si resulta que en un elevado número de años no permite en modo alguno la puesta en libertad del sujeto. Es decir, en el caso de la pena perpetua de privación de libertad, ésta sería inconstitucional si fuera contraria a los principios del derecho penal moderno (principios de humanidad y resocialización), no por el hecho en sí mismo de la duración prevista en abstracto. Lo mismo se puede decir respecto a penas con máximos exagerados, si frustran la resocialización, esto es, la reinserción del condenado en la vida social.

En definitiva, se trata de armonizar aquellos principios innegables, que deben orientar, sin duda, las penas privativas de libertad, con el interés de la propia sociedad en su conjunto que reclama una mayor seguridad y reacción del Estado frente a ataques intolerables y graves como los del terrorismo, asesinatos especialmente graves o supuestos de delitos de genocidio y de lesa humanidad.

Por lo general, la sociedad tiende a creer que la seguridad, que permanentemente reclama, depende de la severidad de las penas con que se deben amenazar determinadas conductas, algo que no es del todo cierto (empíricamente, al menos, no es demostrable), pues no hay mejor prevención y seguridad que la resocialización de los condenados, incluso para los casos de extrema gravedad. Hay que terminar con la creencia de que el derecho penal es un «arma» y que su función es «la lucha contra la delincuencia», como si los delincuentes fueran los enemigos de la sociedad. El fenómeno de la delincuencia es un fenómeno de política social, un fenómeno, pues, de mayor complejidad. Como decía el filósofo alemán Nietzsche, nuestro delito contra los delincuentes es tratarlos como canallas. En fin, si la sociedad logra recuperar a los delincuentes, logrará la mejor protección y seguridad posible.

Por eso, la tarea que siempre se debe llevar a cabo en toda reforma referida al sistema penológico, no sólo es una tarea técnica, sino también una tarea de transformación de la conciencia pública en torno al tratamiento que el Estado debe dar al delito y la pena.

4.2. En España, a pesar de encontrarse el art. 25.2 de la Constitución en el catálogo de derechos fundamentales, susceptibles de recurso de amparo ante el Tribunal Constitucional[49], no existe un derecho fundamental a la reinserción social, sino un mandato objetivo del constituyente al legislador referido a la configuración de la ejecución penal.

Así, ya el Auto del Tribunal Constitucional 486/1985, de 10 de julio, inadmitió un recurso de amparo en el que se alegaba la vulneración del derecho a la reeducación y reinserción de las penas privativas de libertad que proclama el art. 25.2, en el que el recurrente pretendía que se le exonerara de la pena privativa de libertad inherente a un delito de homicidio, argumentando, a tal fin, que estaba reinsertado socialmente y no necesitaba de la privación de libertad para conseguir aquel objetivo, frente a lo cual, el Tribunal Constitucional, en la referida resolución, opuso que "lo que dispone el art. 25.2 es que

---

[49] V. arts. 53.2 y 161.1 b) de la Constitución.

en la dimensión penitenciaria de la pena se siga una orientación encaminada a la reeducación y reinserción social, mas no que a los responsables de un delito, al que se anuda una privación de libertad, se les condone la pena en función de la conducta observada durante el período de libertad provisional".

En el mismo sentido, en su Sentencia 2/1987, de 21 de enero, el Tribunal Constitucional, en una línea jurisprudencial que viene siguiendo hasta la actualidad, luego de reconocer la importancia de este principio constitucional, que debe orientar toda la política penitenciaria del Estado, señaló que "el art. 25.2 no confiere como tal un derecho amparable que condicione la posibilidad y la existencia misma de la pena a esa orientación".

4.3. Es cierto, pues, que la reeducación y la reinserción social no pueden constituir el único fin de la pena privativa de libertad, pues si así fuera el recurso a dicha pena debería quedar exclusivamente vinculado con la tendencia del autor del delito a reincidir, permaneciendo impunes muchos delitos en los que no se diera tal tendencia, por ejemplo en aquellos supuestos de delitos graves en los que es muy improbable que pudieran volver a repetirse las circunstancias que motivaron la actuación del delincuente y, por el contrario, otros muchos delitos referidos a hechos de menor gravedad deberían estar castigados con penas más graves, al concurrir un claro factor de multirreincidencia, existiendo reducidas posibilidades de resocialización. Naturalmente, lo anterior no sería admisible desde un punto de vista político criminal, pues si no hay peligro de reincidencia, la pena justa sería innecesaria, inútil, y si hay peligro de reincidencia, la pena justa sería igualmente inútil. Por tanto, no parece que sea constitucionalmente ilegítimo, a pesar de lo que establece el art. 25.2 de la Constitución, que se contemplen otros fines de la pena, como, por ejemplo, el de la expiación, retribución, o el de la prevención general, tanto negativa como positiva.

Ahora bien, como lo advierte Bacigalupo, lo anterior "no debería ser entendido como una autorización para que otros fines eliminen totalmente la finalidad resocializadora"[50].

---

[50] Bacigalupo, E., *Teoría y práctica del derecho penal*, tomo II, Fundación Instituto Universitario de Investigación José Ortega y Gasset, Madrid, 2009, p. 960.

4.4. Todo código penal debería ofrecer un amplio abanico de posibilidades en el ámbito del sistema de consecuencias penales, proporcionando a la fase de ejecución de las sanciones penales la importancia que realmente tiene, aunque, ciertamente, puede llegar a poner en evidencia las carencias materiales de la justicia penal. En la ejecución penal debe quedar desterrado cualquier trato inhumano y degradante, y, por tanto, deben hacerse los esfuerzos necesarios para que ninguna pena privativa de libertad llegue a ejecutarse en condiciones que impidan la autorreflexión y un mínimo de intimidad; de lo contrario, esa pena será degradante. Por esta razón, la superpoblación de las cárceles, así como las "penas añadidas" que en ocasiones sufren los internos, como violencia física y agresiones sexuales, enfermedades contagiosas, etc., hechos frecuentes en muchos países, privan en buena medida de legitimidad constitucional a la pena privativa de libertad.

Y en este contexto de la ejecución, no cabe duda de la importancia que tiene la existencia de un Juez especializado de ejecución de penas, cuya principal tarea es, precisamente, la de cuidar (vigilar) por el adecuado cumplimiento de todo lo relativo a la ejecución de la pena privativa de libertad impuesta al condenado, protegiendo sus derechos, precisamente con la finalidad de evitar situaciones como las anteriormente descritas.

En España, la figura del Juez de Vigilancia Penitenciaria fue creada por la Ley Orgánica 1/1979, de 26 de septiembre, General Penitenciaria[51], siendo su principal tarea la de salvaguardar los derechos

[51] Según el art. 76 de la Ley Orgánica General Penitenciaria corresponden al Juez de Vigilancia, con carácter general, las atribuciones para hacer cumplir la pena impuesta, resolver los recursos relativos a las modificaciones que ésta pueda experimentar según lo previsto en las Leyes y Reglamentos, salvaguardar los derechos de los internos y corregir los abusos y desviaciones que se produzcan en el cumplimiento del régimen penitenciario, y, con carácter especial: a) Adoptar las decisiones necesarias para que las resoluciones sobre penas privativas de libertad se lleven a cabo, asumiendo las funciones que corresponderían a los jueces y tribunales sentenciadores. b) Resolver sobre las propuestas de libertad condicional de los penados, y acordar las revocaciones procedentes. c) Aprobar las propuestas de los establecimientos sobre beneficios penitenciarios que supongan acortamiento de la condena. d) Aprobar las sanciones de aislamiento en celda superiores a 14 días. e) Resolver por vía de recurso, las reclamaciones de los internos sobre sanciones disciplinarias. f) Resolver en base a los estudios de los Equipos de Observación y Tratamiento y en su caso de la Central

de los internos y evitar los abusos que sobre ellos puedan producirse. En este sentido, el Tribunal Constitucional, máxime intérprete de los derechos fundamentales, ha destacado reiteradamente el papel fundamental de los Juzgados de Vigilancia Penitenciaria en la preservación y salvaguarda de los derechos fundamentales de los reclusos[52], señalando que hay que tener en cuenta la particular intensidad de las garantías exigibles en el ámbito de las sanciones imponibles a los internos penitenciarios, "por cuanto que cualquier sanción en este ámbito supone de por sí una grave limitación a la ya restringida libertad inherente al cumplimiento de una pena, resultando además evidente que las peculiaridades del internamiento en un establecimiento penitenciario no pueden implicar que la justicia se detenga en la puerta de las prisiones"[53].

Concretamente, la Sentencia del Tribunal Constitucional 27/2001 dejó claro que las personas recluidas en centros penitenciarios gozan de los derechos fundamentales, a excepción de aquellos que se vean expresamente limitados por el contenido del fallo condenatorio, el sentido de la pena y la Ley Penitenciaria, señalando, en particular, que entre las garantías del art. 24.2 de la Constitución aplicables en los procedimientos sancionatorios en el ámbito penitenciario, con las matizaciones oportunas, se encuentran el derecho a la defensa, el derecho a la utilización de los medios de prueba pertinentes y el derecho a la presunción de inocencia.

---

de Observación, los recursos sobre la clasificación inicial y las progresiones y regresiones de grado. g) Acordar lo procedente sobre las peticiones o quejas de los internos respecto al régimen y el tratamiento penitenciario, en lo que afecte a los derechos fundamentales o a los derechos y beneficios penitenciarios de aquéllos. h) Realizar las visitas a los establecimientos penitenciarios que previene la LECrim. i) Autorizar los permisos de salida de más de 2 días, salvo los de los clasificados en tercer grado. j) Conocer del paso a los establecimientos de régimen cerrado de los reclusos a propuesta del Director del Establecimiento.

[52] V., en este sentido, por todas, las Sentencias del Tribunal Constitucional 143/1997 y 83/1998.

[53] Sentencia del Tribunal Constitucional 153/1998.

CAPÍTULO II
LAS PENAS APLICABLES A LAS PERSONAS JURÍDICAS

1. DERECHO PENAL DE LAS PERSONAS JURÍDICAS

A partir de la reforma penal de 2010 (Ley Orgánica 5/2010), que introdujo la responsabilidad penal de las personas jurídicas, mejorada en la reforma operada por la Ley Orgánica 1/2015, puede decirse que hay dos códigos dentro del mismo código penal: el de las personas físicas y el de las personas jurídicas. En efecto, el de las personas jurídicas es un nuevo derecho penal, que se sitúa junto con el de las personas físicas, en el marco de una clara tendencia de la doctrina mayoritaria al reconocimiento de la responsabilidad penal de las personas jurídicas[54].

---

[54] Así, entre otros: Bacigalupo, S., *La responsabilidad penal de las personas jurídicas*, Barcelona, 1998; Gómez-Jara Díez, C., *Fundamentos modernos de la responsabilidad penal de las personas jurídicas. Bases teóricas, regulación intencional y nueva legislación española*, Buenos Aires/Montevideo, 2010; Zugaldía Espinar, J.M., "Conveniencia político-criminal e imposibilidad dogmática de revisar la fórmula tradicional *societas delinquere non potest*", *Cuadernos de Política Criminal* núm. 11/1980, pp. 70 y ss. y "Bases para una teoría de la imputación de la persona jurídica", *Sistemas Penales Iberoamericanos*, Libro Homenaje al Profesor Enrique Bacigalupo en su 65 Aniversario (Director: Manuel Jaén Vallejo), auspiciado por el Instituto Latinoamericano de las Naciones Unidas para la Prevención del Delito y Tratamiento del Delincuente, Lima 2003, pp. 641 y ss.; Rodríguez Ramos, L., "¡*Societas delinquere potest*! Nuevos aspectos dogmáticos y procesales de la cuestión", *La Ley*, núm. 4136, 3-10-1996, y en *Anuario Derecho Penal*

La reforma de 2015[55] vino a confirmar la idea de que la responsabilidad de las personas jurídicas está basada en un defecto de organización, excluyéndose la responsabilidad, entre otros supuestos, cuando *ex ante* la persona jurídica disponga de un buen modelo de organización y gestión, con medidas de vigilancia y control idóneas para prevenir los delitos, esto es, un buen programa de *compliance*, que permita demostrar que en el seno de la organización de la persona jurídica se cumple con el debido control exigido para la evitación de riesgos penales, por lo que ni hay infracción de deber, ni defecto de organización de la persona jurídica que permita basar su responsabilidad. Y se prevé un sistema mejorado de doble autoría: por un lado, los representantes legales o personas autorizadas para la toma de decisiones o que tengan facultades de organización y control, cuyos hechos punibles son imputables a la persona jurídica; y por otro lado, los que están sometidos a la autoridad de los anteriores, por cuyos hechos responde también la persona jurídica si no se ha ejercido sobre ellos el debido control.

Pero lo anterior no debe llevar a pensar que la persona jurídica responde por transferencia de la persona física[56]; el núcleo de la responsabilidad está en la propia persona jurídica, sobre la base de las posiciones de garante que el propio precepto contenido en el art. 31 bis define claramente[57]. Y los delitos para los que está prevista la res-

---

96, dedicado monográficamente a la responsabilidad penal de las personas jurídicas (director José Hurtado Pozo), Perú, 1997, pp. 127 y ss.

[55] V., ampliamente, Agudo Fernández, E., Jaén Vallejo, M. y Perrino Pérez, Á.L., *Derecho penal de las personas jurídicas*, Madrid, 2016.

[56] Precisamente, la Sentencia del Tribunal Supremo 516/2016, de 13 de junio, que había afirmado que "el legislador ha optado por un sistema vicarial", tuvo que ser corregida a través de un auto de aclaración de 28 de junio de 2016, en el que se señala que "en el penúltimo párrafo del fundamento primero se indica erróneamente una opción del legislador por un sistema vicarial cuando, conforme se deduce del resto de la fundamentación la opción es por un sistema de auto-responsabilidad", concluyendo al respecto que "ambas, personas física y jurídica, responden por su propia responsabilidad en términos que definen, respectivamente, los arts. 28 y 31 bis del Código Penal".

[57] Sobre la responsabilidad de las personas jurídicas, v., en la jurisprudencia del Tribunal Supremo, las Sentencias 514/2015, de 2 de septiembre, 154/2016 (Pleno), de 29 de febrero (que deja claro que el sistema es de auto responsabilidad, no vicarial), 221/2016, de 16 de marzo (que se refiere al "delito corporativo"), 827/2016, de 3 noviembre, 516/2016, de 13 de junio, y 121/2017, de 23 de febrero.

ponsabilidad penal de las personas jurídicas sólo son aquellos en los que así se señala expresamente, es decir, se sigue un sistema de *numerus clausus*, pues las personas jurídicas sólo responderán de los delitos en los que en su configuración legal haya una expresa remisión al art. 31 bis del Código[58], habiéndose incorporado a este catálogo, con la Ley Orgánica 1/2015, los nuevos delitos de frustración de la ejecución, de financiación ilegal de los partidos políticos, los delitos contra la salud pública no relacionados con el tráfico de drogas, y el delito de falsificación de moneda, así como también los denominados genéricamente "delitos de odio".

2. PENAS DE LAS PERSONAS JURÍDICAS

2.1. El apartado 7 del art. 33 prevé las penas de las personas jurídicas, todas ellas con la consideración de graves, de ahí que el derecho penal de las personas jurídicas no contemple los delitos leves.

Tales penas son las siguientes:

a) *Multa por cuotas o proporcional.*

b) *Disolución de la persona jurídica. La disolución producirá la pérdida definitiva de su personalidad jurídica, así como la de su capacidad de actuar de cualquier modo en el tráfico jurídico, o llevar a cabo cualquier clase de actividad, aunque sea lícita.*

c) *Suspensión de sus actividades por un plazo que no podrá exceder de cinco años.*

d) *Clausura de sus locales y establecimientos por un plazo que no podrá exceder de cinco años.*

e) *Prohibición de realizar en el futuro las actividades en cuyo ejercicio se haya cometido, favorecido o encubierto el delito. Esta prohibición*

---

[58] De todos modos, la cuestión del catálogo de delitos que deberían estar incluidos en el Código Penal para su aplicación a las personas jurídicas, no es una cuestión pacífica, citándose, por ejemplo, entre las infracciones que deberían incorporarse al catálogo aplicable a las personas jurídicas, los delitos contra los derechos de los trabajadores, los delitos societarios, la receptación, el homicidio, las lesiones por imprudencia (poniendo como ejemplo los accidentes laborales), los delitos contra el control de cambios, o el quebrantamiento de condena.

podrá ser temporal o definitiva. Si fuere temporal, el plazo no podrá exceder de quince años.

f) *Inhabilitación para obtener subvenciones y ayudas públicas, para contratar con el sector público y para gozar de beneficios e incentivos fiscales o de la Seguridad Social, por un plazo que no podrá exceder de quince años.*

g) *Intervención judicial para salvaguardar los derechos de los trabajadores o de los acreedores por el tiempo que se estime necesario, que no podrá exceder de cinco años.*

La intervención podrá afectar a la totalidad de la organización o limitarse a alguna de sus instalaciones, secciones o unidades de negocio. El Juez o Tribunal, en la sentencia o, posteriormente, mediante auto, determinará exactamente el contenido de la intervención y determinará quién se hará cargo de la intervención y en qué plazos deberá realizar informes de seguimiento para el órgano judicial. La intervención se podrá modificar o suspender en todo momento previo informe del interventor y del Ministerio Fiscal. El interventor tendrá derecho a acceder a todas las instalaciones y locales de la empresa o persona jurídica y a recibir cuanta información estime necesaria para el ejercicio de sus funciones. Reglamentariamente se determinarán los aspectos relacionados con el ejercicio de la función de interventor, como la retribución o la cualificación necesaria.

La clausura temporal de los locales o establecimientos, la suspensión de las actividades sociales y la intervención judicial podrán ser acordadas también por el Juez Instructor como medida cautelar durante la instrucción de la causa.

2.2. La multa, que es, sin duda, la pena más característica de las aplicables a las personas jurídicas, puede ser por cuotas o proporcional, y está prevista en todos los delitos de los que se puede responsabilizar a las personas jurídicas. Por lo general, la multa a imponer es proporcional[59], tomándose en cuenta para su determinación tanto el beneficio obtenido como el perjuicio patrimonial causado[60]. Y allí

[59] Por ejemplo, en el art. 156 (tráfico ilegal de órganos) se prevé la pena de multa del triple al quíntuple del beneficio obtenido, lo mismo que en el art. 177 bis (trata de seres humanos).

[60] Por ejemplo, en los delitos contra la Hacienda pública y la Seguridad Social, el art. 310 bis prevé multa del tanto al doble de la cantidad defraudada o indebidamente obtenida, si el delito cometido por la persona física tiene prevista una pena de prisión de más de dos años, o multa del doble al cuádruple de la cantidad defraudada

donde estos elementos no entran en consideración es la multa por cuotas diarias la que se prevé[61].

En cuanto a los criterios para fijar la multa, recordemos que las penas de multa imponibles a las personas jurídicas tienen una extensión máxima de cinco años (art. 50.3), que la cuota diaria es de un mínimo de 30 euros y un máximo de 5.000 euros (art. 50.4), y que en la hipótesis de que no sea posible calcular la multa en proporción al beneficio obtenido o facilitado, al perjuicio causado, al valor del objeto o a la cantidad defraudada o indebidamente obtenida, el juez o tribunal podrá sustituirla por las siguientes multas: multa de dos a cinco años, si el delito cometido por la persona física tiene prevista una pena de prisión de más de cinco años; multa de uno a tres años, si el delito cometido por la persona física tiene prevista una pena de prisión de más de dos años no incluida en el inciso anterior; y multa de seis meses a dos años, en el resto de los casos.

2.3. La disolución de la persona jurídica es la más grave de las penas, pues viene a ser la «muerte civil» de la misma, con evidentes consecuencias para terceros, cuyos derechos pueden quedar afectados, como es el caso, en particular, de los trabajadores. De ahí que el art. 66 bis del Código Penal disponga que cuando deba decidirse sobre las penas previstas en las letras b) a g) del apartado 7 del art. 33 (disolución, suspensión de actividades, clausura de locales, prohibición de actividades, inhabilitación para obtener subvenciones y ayudas, e intervención judicial), deben tenerse en cuenta "sus consecuencias económicas y sociales, y especialmente los efectos para los trabajadores".

Dada la gravedad de esta pena, es claro debe quedar reservada para los casos más extremos, como cuando se trate de empresas multirreincidentes[62], o se utilicen instrumentalmente para cometer delitos, lo que ocurrirá no sólo cuando se trate de una empresa me-

---

o indebidamente obtenida, si el delito cometido por la persona física tiene prevista una pena de prisión de más de cinco años.

[61] Así, el art. 258 ter (frustración de la ejecución), prevé multa de dos a cinco años, de uno a tres años, o de seis meses a dos años, según la gravedad de la pena de prisión prevista para la persona física. Y el art. 261 bis (insolvencias punibles) contempla, igualmente, multa de dos a cinco años, de uno a tres años, y de seis meses a dos años, en proporción a la gravedad de la pena de prisión prevista para la persona física.

[62] V. art. 66.1.5ª del Código Penal.

ramente instrumental, sino también cuando "la actividad legal de la persona jurídica sea menos relevante que su actividad ilegal" (art. 66 bis, 2ª, b).

La Circular 1/2011 de la Fiscalía General del Estado relativa a la responsabilidad penal de las personas jurídicas conforme a la reforma del Código Penal efectuada por la Ley Orgánica 5/2010, aclaraba que la solicitud de esta pena capital para la persona jurídica debería reservarse para los casos extremos, como los delitos de especial gravedad y repercusión social o que revistan los caracteres del denominado delito masa (con gran número de perjudicados), siempre y cuando la sanción no resulte contraproducente en el caso concreto atendiendo a los criterios a que se refiere el art. 66 bis y cuidando particularmente de velar por el efectivo resarcimiento de las víctimas y/o la protección de los derechos de trabajadores y acreedores de la corporación, añadiendo que las legislaciones civil, mercantil y societaria prevén los trámites para hacer efectiva la liquidación de las diferentes formas societarias, aun cuando para que el Juez penal pueda recurrir a dichos procedimientos en trámite de ejecutar la pena de disolución, sería precisa una habilitación legal que concrete los exactos términos de dicha remisión normativa.

2.4. En cuanto a la suspensión de actividades de la persona jurídica, que tiene una duración máxima de cinco años, no se concreta si tal suspensión es total, es decir, si se refiere a todas las actividades que se llevan a cabo en el marco de la persona jurídica, lo cual, en cierto modo, equivale a una disolución de facto de la misma, o si se puede limitar a un ámbito concreto de la actividad, esto es, el vinculado con el delito cometido. En opinión de Zugaldía, "no existe obstáculo para entender que la suspensión puede ser total (prohibición de intervenir en el tráfico económico) o bien afectar exclusivamente a algún sector de la actividad (en cuyo caso vendría a coincidir con la de prohibición de actividades)"[63].

2.5. La clausura de los locales y establecimientos de la persona jurídica también es temporal, con un máximo de cinco años, y aquí parece que también debe tomarse en consideración la posibilidad de

---

[63] Zugaldía Espinar, J.M., *La responsabilidad criminal de las personas jurídicas, de los entes sin personalidad y de sus directivos*, Valencia, 2012, p. 136.

que tal clausura o cierre no se refiera a todos los locales y establecimientos, sino solo a aquellos que están especialmente vinculados con la realización del delito.

2.6. La prohibición de realizar en el futuro las actividades en cuyo ejercicio se haya cometido, favorecido o encubierto el delito, puede ser temporal, con un máximo de quince años, o definitiva.

En palabras de la Circular de la Fiscalía General del Estado 1/2011, en atención al concreto perfil de la persona jurídica, "se le podrá prohibir realizar cualquier tipo de actividad relativa a un determinado sector o especificar una concreta y específica actividad. Por ejemplo, a una empresa financiera que haya cometido un delito de estafa en relación con su actividad en la correduría de seguros, podrá prohibírsele definitivamente todo tipo de intervención en mercados financieros o, más concretamente, sólo la correduría de seguros".

2.7. La inhabilitación aplicable a las personas jurídicas, por un plazo que no podrá exceder de los quince años, puede ser de tres clases: para obtener subvenciones y ayudas públicas; para contratar con el sector público; y para gozar de beneficios e incentivos fiscales o de la Seguridad Social. No hay inconveniente en que se imponga una o varias.

Estas penas, como lo señala la referida Circular de la Fiscalía General del Estado, "no se inspiran tanto en procurar una aflicción a la persona jurídica mediante la sanción económica –impedir que obtenga ayudas o beneficios– o la restricción de parte de su actividad –prohibición de contratar con la Administración–, ya que esos fines se cumplen más específicamente con las multas y la suspensión o prohibición de realizar determinadas actividades", sino que "el elemento primordial lo constituye la prevención especial, de modo que la persona jurídica comprobadamente entregada a una actividad delictiva, resulte privada de determinadas ayudas y/o alejada de la actividad y los intereses estatales" y, precisamente, "la inhabilitación para contratar con el sector público es la pena que con mayor claridad plasma esta última idea. Por más que pueda ser enormemente aflictiva para empresas que operan en sectores con gran presencia pública –en la ejecución de obra civil, por ejemplo–, la finalidad principal es impedir que el sector público contrate con entidades probadamente implicadas en conductas delictivas. La inhabilitación para obtener subvenciones y ayudas públicas es a su vez concreción de ese mismo pensamiento: las Administraciones no colaborarán en la consecución de objetivos de interés común con las personas jurídicas condenadas como responsables de delitos. Está prevista asimismo la inhabilitación para gozar de beneficios e incentivos fiscales o de la Seguridad Social, en la que sí adquiere más peso el puro factor aflictivo de no poder acceder a la obtención de beneficios estatales".

2.8. Por último, la pena de intervención judicial para salvaguardar los derechos de los trabajadores o de los acreedores, que puede imponerse por un tiempo no superior a los cinco años, puede afectar a la totalidad de la organización o limitarse a algunas de sus instalaciones, secciones o unidades de negocio, debiendo indicar el juez o tribunal en sentencia o en un auto posterior, el contenido exacto de la intervención, quién se va a hacer cargo de la intervención y los plazos en que éste deberá informar al órgano jurisdiccional[64].

Las dificultades de la aplicación de esta intervención judicial han sido puestas de relieve en la doctrina, porque no existe un desarrollo que permita determinar la intervención judicial y el status del interventor, siendo dificultosa la aplicación supletoria de la regulación de los administradores concursales[65], pues, como lo advierte Zugaldía, "el órgano de administración concursal tiene como funciones genéricas las de intervenir los actos realizados por el deudo, y la intervención como pena va orientada a la remoción de los administradores societarios"[66].

3. MEDIDAS CAUTELARES DURANTE LA INSTRUCCIÓN

El último párrafo del transcrito art. 33.7 del Código Penal prevé que tanto la clausura temporal de los locales y establecimientos,

[64] V., ampliamente, Feijoo Sánchez, B., "La responsabilidad penal de las personas jurídicas", en la obra colectiva *Estudios sobre las reformas del Código Penal (operadas por la Ley Orgánica 5/2010, de 22 de junio, y 3/2011, de 28 de enero)*, Pamplona, 2011 (Director: J. Díaz-Maroto y Villarejo).

[65] Cfr., en este sentido, Bacigalupo, S., en *Introducción al Derecho Penal*, obra colectiva coordinada por J.A. Lascuraín Sánchez, Pamplona, 2011, p. 282.

[66] Zugaldía Espinar, J.M., op. cit., p. 139.

como la suspensión de actividades sociales y la intervención judicial, puedan imponerse durante el proceso como medidas cautelares. Es decir, igual que la persona física, la persona jurídica sobre la que recaiga una investigación puede quedar sometida a medidas cautelares durante la instrucción, en los términos que se prevén en el nuevo art. 544 quáter de la Ley de Enjuiciamiento Criminal, aunque no se comprende muy bien por qué se han excluido otras figuras de la posibilidad de su imposición como medida cautelar, como es el caso de la prohibición de realizar determinadas actividades[67].

El tenor de dicho precepto es el siguiente:

Artículo 544 quáter.

1. Cuando se haya procedido a la imputación de una persona jurídica, las medidas cautelares que podrán imponérsele son las expresamente previstas en la Ley Orgánica 10/1995, de 23 de noviembre, del Código Penal.

2. La medida se acordará previa petición de parte y celebración de vista, a la que se citará a todas las partes personadas. El auto que decida sobre la medida cautelar será recurrible en apelación, cuya tramitación tendrá carácter preferente.

Se trata, pues, de las medidas previstas en el art. 129.3 del Código Penal, a cuyo tenor, "la clausura temporal de los locales o establecimientos, la suspensión de las actividades sociales y la intervención judicial podrán ser acordadas también por el Juez Instructor como medida cautelar durante la instrucción de la causa a los efectos establecidos en este artículo y con los límites señalados en el artículo 33.7".

La medida cautelar que se adopte, que deberá articularse en el marco de la correspondiente pieza separada de la causa principal, conforme a lo previsto a tal efecto en los arts. 590 y 764.1 de la Ley de Enjuiciamiento Criminal, habrá de cumplir los requisitos propios de toda medida cautelar que pueda afectar a una persona, sea física o jurídica, a la que se debe respetar su derecho a la presunción de inocencia hasta la sentencia firme: *fumus boni iuris,* esto es, posibilidad

[67] La propuesta de nuevo Código Procesal Penal de 2013 incluía un artículo más ambicioso referido a las medidas cautelares aplicables a las personas jurídicas, contemplando la suspensión de actividades, la clausura de locales y establecimientos, inhabilitación para la obtención de subvenciones y ayudas, intervención judicial y administración judicial (art. 200).

de la comisión de un delito, basada en indicios racionales de haberse cometido el mismo, bien en nombre o por cuenta y en beneficio de la persona jurídica; y *periculum in mora*, referido al riesgo de desaparición u ocultación de bienes y pruebas, que ponga en peligro la eficiencia del pronunciamiento futuro que quiera preservarse.

El art. 544 quáter habla de "imputación" a la persona jurídica, como requisito para la adopción de la medida cautelar, que la misma se adopte a petición de parte y que ello se haga previa celebración de una vista oral.

En cuanto a la duración máxima de las medidas cautelares, que en algún caso se prevé expresamente en la parte especial del Código Penal, como por ejemplo en el art. 194, que fija en cinco años el máximo de la clausura temporal, del art. 66 bis del mismo texto legal parece desprenderse que el máximo será de dos años, y de cinco si se trata de personas jurídicas reincidentes o instrumentales.

4. DETERMINACIÓN E INDIVIDUALIZACIÓN DE LAS PENAS

En cuanto a la determinación e individualización de las penas aplicables a las personas jurídicas, hay que partir, ante todo, del art. 66 bis del Código Penal.

Artículo 66 bis.

En la aplicación de las penas impuestas a las personas jurídicas se estará a lo dispuesto en las reglas 1.ª a 4.ª y 6.ª a 8.ª del primer número del artículo 66, así como a las siguientes:

1.ª En los supuestos en los que vengan establecidas por las disposiciones del Libro II, para decidir sobre la imposición y la extensión de las penas previstas en las letras b) a g) del apartado 7 del artículo 33 habrá de tenerse en cuenta:

a) Su necesidad para prevenir la continuidad de la actividad delictiva o de sus efectos.

b) Sus consecuencias económicas y sociales, y especialmente los efectos para los trabajadores.

c) El puesto que en la estructura de la persona jurídica ocupa la persona física u órgano que incumplió el deber de control.

2.ª Cuando las penas previstas en las letras c) a g) del apartado 7 del artículo 33 se impongan con una duración limitada, ésta no podrá exceder la duración máxima de la pena privativa de libertad prevista para el caso de que el delito fuera cometido por persona física.

Para la imposición de las sanciones previstas en las letras c) a g) por un plazo superior a dos años será necesario que se dé alguna de las dos circunstancias siguientes:

a) Que la persona jurídica sea reincidente.

b) Que la persona jurídica se utilice instrumentalmente para la comisión de ilícitos penales. Se entenderá que se está ante este último supuesto siempre que la actividad legal de la persona jurídica sea menos relevante que su actividad ilegal.

Cuando la responsabilidad de la persona jurídica, en los casos previstos en la letra b) del apartado 1 del artículo 31 bis, derive de un incumplimiento de los deberes de supervisión, vigilancia y control que no tenga carácter grave, estas penas tendrán en todo caso una duración máxima de dos años.

Para la imposición con carácter permanente de las sanciones previstas en las letras b) y e), y para la imposición por un plazo superior a cinco años de las previstas en las letras e) y f) del apartado 7 del artículo 33, será necesario que se dé alguna de las dos circunstancias siguientes:

a) Que se esté ante el supuesto de hecho previsto en la regla 5.ª del apartado 1 del artículo 66.

b) Que la persona jurídica se utilice instrumentalmente para la comisión de ilícitos penales. Se entenderá que se está ante este último supuesto siempre que la actividad legal de la persona jurídica sea menos relevante que su actividad ilegal.

Por tanto, respecto a todas las penas, a excepción de la multa, se ha de tener en cuenta su necesidad para prevenir la continuidad de la actividad delictiva, sus consecuencias económicas y sociales, especialmente los efectos para los trabajadores, así como el puesto que ocupaba en la estructura de la persona jurídica la persona física u órgano que incumplió el deber de control.

En todas las penas, a excepción de la multa y la disolución, la duración no puede exceder de la duración de la pena privativa de libertad que se impondría a una persona física responsable del mismo delito, y sólo es posible superar los dos años si la persona jurídica es reincidente, o si se trata de sociedades pantalla. En la hipótesis del art. 31 bis, apartado 1 b) (responsabilidad de la persona jurídica derivada del incumplimiento de los deberes de supervisión, vigilancia y control, no grave, por quienes están sometidos a la autoridad de quienes tienen capacidad decisoria, de organización y de control dentro de la misma), el límite de la pena es de dos años de duración. Y en la pena de disolución y prohibición definitiva de actividades, impuesta en forma permanente, así como de prohibición temporal de actividades e inhabilitación para obtener subvenciones y ayudas por tiempo superior a 5 años, ha de haber reincidencia del art. 66.1.5ª (multirreincidencia) o tratarse de una sociedad pantalla.

CAPÍTULO III
LAS PENAS PRIVATIVAS DE LIBERTAD

1. PENAS PRIVATIVAS DE LIBERTAD EN EL CÓDIGO PENAL

1.1. La pena privativa de libertad como tal surge en un momento no excesivamente lejano en la historia. Todavía en las Partidas se podía leer lo siguiente: "*la carcel non es dada para escarmentar los yerros, mas que para guardar los presos tan solamente en ella fasta que sean judgados*" (Ley IV del Tít. XXXVI, Partida VI).

Hasta aproximadamente el siglo XVIII eran las penas de galeras, laboreo en minas, azotes, tormentos e incluso la pena de muerte, las habituales[68]. En realidad la retención del penado, por lo general, tenía un carácter meramente instrumental, para asegurar la presencia del acusado en el proceso o aplicar otras penas que requerían la presencia del penado, como la pena de muerte, las penas corporales, o las de trabajos forzados. A partir del siglo XVIII comienza a preponderar el pensamiento liberal, la racionalización y humanización del orden punitivo, como se refleja claramente en la obra clásica de Beccaria, perfilándose la pena privativa de libertad como la más idónea en los distintos sistemas punitivos liberales del siglo XIX, pasando a ser la regla general de los códigos penales.

Hoy, la tendencia que se observa en los distintos códigos penales correspondientes a los países de nuestro entorno es más bien a

---

[68] V., ampliamente, Tomás y Valiente, F., *El derecho penal de la Monarquía Absoluta (siglos XVI, XVII y XVIII*, Madrid, 1969.

contemplar la pena privativa de libertad –muy costosa y no siempre la mejor solución– no, como hasta ahora, como la regla general, sino más bien como la excepción de las penas previstas en aquéllos, reservándose para los supuestos de mayor gravedad. Para aquellos otros supuestos, menos graves, se suelen prever otras penas, que pueden ser incluso más eficaces que la prisión, es decir, sustitutivos o alternativas penales, tales como, por ejemplo, la pena de multa, según el sistema moderno de días-multa, vigente en nuestro Código, trabajos en beneficio de la comunidad, privación de derechos, como inhabilitaciones (absoluta o especial), suspensiones de empleo o cargo, expulsión de extranjeros no residentes legalmente en España, localización permanente, etc., aparte de la inejecución de la pena de prisión, para delitos no graves y especialmente cuando el sujeto ha delinquido por primera vez, siempre con sometimiento a ciertas reglas de conducta o condiciones.

Aunque en relación a determinadas hipótesis delictivas de gravedad la tendencia que se percibe, tanto en la doctrina, en donde se llega a hablar en estos casos de un «derecho penal del enemigo», utilizando la terminología jurídica acuñada por Jakobs[69], con la que se pretenden legitimar ciertos desarrollos en la justicia penal de aplicación a sujetos especialmente peligrosos, como es el caso de los terroristas[70], como en las legislaciones nacionales, es de un claro endurecimiento en la respuesta penal y de admisión de medidas de injerencia, en el derecho penal de aplicación ordinaria, en supuestos comunes, la tendencia es la contraria, con una clara preocupación por potenciar las alternativas a la privación de libertad, y ello tanto en relación a la prisión como pena, como a la prisión provisional como medida cautelar en el proceso, que se entiende debe ser excepcional.

La generalidad de los países, e incluso organismos internacionales, como el Consejo de Europa y la Organización de Naciones Unidas (Reglas Mínimas de las Naciones Unidas sobre las medidas no privativas de la libertad, «reglas de Tokio», 1990), dirigen sus esfuerzos a

---

[69] V. Jakobs, G., "El derecho penal del ciudadano y derecho penal del enemigo", en *Derecho penal del enemigo*, traducción de Manuel Cancio Meliá, 2ª ed., Madrid, 2006, pp. 21 y ss.

[70] V. Agudo Fernández, E., Jaén Vallejo, M. y Perrino Pérez, A., *Terrorismo en el siglo XXI*, Madrid, 2016.

potenciar las alternativas a la prisión. No está claro si ello obedece al propósito de evitar colapsos en las prisiones por la superpoblación de presos, con los elevados costes que conlleva, o a consideraciones humanitarias de la justicia penal, o a ambos fenómenos; pero esta es, sin duda, la realidad.

Pero si esta es la tendencia a la hora de ofrecer una respuesta del Estado frente al delito en general, la respuesta suele endurecerse, hasta el extremo de llegar incluso a la pena perpetua, cuando se trata de delitos de excepcional gravedad, como ocurre, por ejemplo, con los delitos de genocidio, de lesa humanidad, u otros especialmente graves, como luego se verá al tratar el tema de la prisión permanente revisable, vigente en España desde la reforma operada en el Código penal por la Ley Orgánica 1/2015.

En el caso del Código Penal español, como se dijo, las penas privativas de libertad son la prisión permanente revisable, la prisión, la localización permanente y la responsabilidad personal subsidiaria por impago de multa.

La prisión permanente revisable y las de prisión superior a los cinco años son siempre graves (art. 33.2), la de prisión de tres meses a cinco años, la localización permanente de más de tres meses, y la responsabilidad personal subsidiaria por impago de multa menos grave (de más de tres meses), son penas menos graves (art. 33.3), y la responsabilidad personal subsidiaria por impago de multa leve (hasta tres meses) y la localización permanente hasta tres meses, son siempre penas leves (art. 33.4).

1.2. En el Código Penal español la pena de prisión consiste en el internamiento del penado en un establecimiento penitenciario por un tiempo que va desde los tres meses hasta los veinte años.

La pena máxima en el Código anterior al vigente, el de 1973, era la de treinta años de privación de libertad, aunque en la práctica dicha pena podía quedar reducida prácticamente a la mitad, con la aplicación de la figura de la redención de penas por el trabajo, prevista en el art. 100 de aquel texto legal. El vigente Código de 1995 redujo la pena máxima de prisión a los veinte años (art. 36.2), al tiempo que suprimió la redención de penas por el trabajo, introduciéndose una importante reforma por la Ley Orgánica 7/2003, de 30 de junio, de cumplimiento íntegro y efectivo de las penas.

Así, entre otras modificaciones introducidas por dicha Ley Orgánica, en el art. 76 se modificaron los máximos excepcionales de la pena de prisión, pudiendo llegar hasta los cuarenta años, cuando se cometan dos o más delitos, y al menos dos de ellos (uno en los casos de terrorismo) estuviese castigado con pena de prisión superior a veinte años, y en el art. 78 se estableció que los beneficios penitenciarios, permisos de salida, clasificación en tercer grado y cómputo de tiempo para la libertad condicional, en supuestos de gravedad (cuando a consecuencia de las limitaciones del art. 76.1 la pena a cumplir resultase inferior a la mitad de la suma total de las impuestas), han de referirse "a la totalidad de las penas impuestas en las sentencias". También se incorporaron períodos mínimos de cumplimiento efectivo de las condenas para acceder al tercer grado (que quede por cumplir una quinta parte) y a la libertad condicional (que quede por cumplir una octava parte) en el ámbito de los delitos de terrorismo y delitos cometidos en el seno de organizaciones criminales.

La ejecución de la pena de prisión está regulada en la Ley Orgánica 1/1979, de 26 de septiembre, General Penitenciaria, en cuyo preámbulo, aunque reconociendo que "las prisiones son un mal necesario", así como "la indiscutible crisis de las penas de privación de libertad", se afirma, hoy por hoy, su necesidad, dejando claro, en su art. 3, que "la actividad penitenciaria se ejercerá respetando, en todo caso, la personalidad humana de los recluidos y los derechos e intereses jurídicos de los mismos no afectados por la condena". Esta Ley General Penitenciaria, que en su día fue aprobada por unanimidad de todas las fuerzas parlamentarias, reconoce el derecho al trabajo de todos los internos, nunca como medida aflictiva, los permisos de salida en caso de fallecimiento o enfermedad grave de familiares, así como permisos de preparación para la vida en libertad, el derecho a la comunicación con familiares, abogados y otras personas, previendo una ejecución según el sistema de individualización científica, separada en grados, que finalizan con la aplicación de la libertad condicional.

El tratamiento, siempre tendente a la reeducación y reinserción social de los penados, implica la progresión de grados: el segundo grado se cumple en establecimiento de régimen ordinario; el tercer grado en establecimiento de régimen abierto, con posibilidad de salida del establecimiento para desarrollar una actividad laboral o de carácter formativo, pernoctando en el centro, salvo en los fines de semana si se cuenta con el correspondiente permiso de salida; y en casos de peligrosidad extrema o inadaptación se parte del primer grado, en establecimiento de régimen cerrado.

El paso al tercer grado, clasificación necesaria para poder acceder a la libertad condicional (art. 90 del Código Penal), que se cumple ya en establecimiento de régimen abierto, requiere que se haya satisfecho la responsabilidad civil derivada del delito, tomándose en consideración a tal efecto la conducta efectivamente observada en orden a restituir lo sustraído, reparar el daño e indemnizar los perjuicios, así como las condiciones personales y patrimoniales del sujeto (art. 72.5 de la Ley General Penitenciaria) y, en particular, en los casos de terrorismo y de criminalidad organizada, se exige también la reparación, el arrepentimiento, la colaboración con las autoridades, la solicitud de perdón a las víctimas y un informe favorable que indique la desvinculación del penado del grupo terrorista y de su entorno (art. 72.6 de la Ley General Penitenciaria).

1.3. La pena de localización permanente está regulada en el art. 37 del Código Penal, con una duración de hasta seis meses, obligando al penado a permanecer en su domicilio en lugar determinado fijado por el juez en la sentencia o en un auto motivado posterior. Esta pena se puede cumplir de manera continuada o no continuada, así como en sábados y domingos.

Esta pena fue introducida en el Código Penal por la Ley Orgánica 15/2003[71], que también redujo la duración mínima de la misma, pasando de seis a tres meses (art. 36.1), y que suprimió la pena de arresto de fin de semana. Esta nueva pena de localización permanente, fue creada para infracciones penales leves, faltas, a cumplir en el domicilio o en otro lugar señalado por el juez o tribunal, por un período de tiempo que no podía exceder de doce días, ya fueran consecutivos o los fines de semana.

La reforma operada por la Ley Orgánica 5/2010, de 22 de junio, introdujo importantes modificaciones en esta pena, dándole una mayor extensión y contenido, previendo una duración mayor de hasta

---

[71] V., sobre las reformas introducidas por la Ley Orgánica 15/2003, además de las operadas por la Leyes Orgánicas 11/2003 y 7/2003, Prat Westerlindh, C., *Alternativas a la prisión*, Cuadernos "Luis Jiménez de Asúa", Madrid, 2004.

seis meses, aunque si bien la pena aparece en el catálogo de penas leves cuando su duración es de un día a tres meses (art. 33.4 h), no figura en cambio en el catálogo de penas menos graves (art. 33.3) cuando su duración es superior a los tres meses.

1.4. La pena de responsabilidad personal subsidiaria por impago de multa está clasificada en el Código Penal como una pena privativa de libertad en el art. 35. Es la consecuencia del incumplimiento de la multa. Esto es, cuando el condenado no ha satisfecho la multa que se le ha impuesto, bien voluntariamente, bien por la vía de apremio, el art. 53.1 prevé esta responsabilidad personal subsidiaria, consistente en un día de privación de libertad por cada dos cuotas diarias no satisfechas.

Ahora bien, tratándose de delitos leves, esta responsabilidad que surge del impago de la multa podrá cumplirse mediante localización permanente.

Y, en general, el Código permite que la responsabilidad personal subsidiaria se cumpla mediante trabajos en beneficio de la comunidad, siempre en forma potestativa y previo consentimiento del penado. En tal hipótesis, como lo indica el art. 53.1, "cada día de privación de libertad equivaldrá a una jornada de trabajo".

Cuando la multa es proporcional, la responsabilidad personal subsidiaria la fija el juez o tribunal "según su prudente arbitrio", sin que pueda exceder, en ningún caso, de un año de privación de libertad. También aquí es posible, previa conformidad del penado, que la responsabilidad personal subsidiaria se cumpla mediante trabajos en beneficio de la comunidad.

La responsabilidad personal subsidiaria no puede imponerse a los condenados a pena de prisión superior a cinco años, debiendo cumplirse en tal caso voluntariamente o mediante apremio, y además, su cumplimiento extingue la obligación de pago de la multa, aunque mejore la situación económica del penado (art. 53.3 y 4).

Desde luego, el hecho de que un sujeto pueda cumplir una pena de prisión porque su situación económica le impide cumplir la pena de multa, resulta siempre dudoso[72], por lo que habría que intentar

[72] Cfr., en este sentido, con citas de los principios de igualdad y de proporcionalidad, Núñez Fernández, J., en *Curso de Derecho Penal. Parte General*, Madrid, 2011, pp. 838 y 839.

acudir siempre a otras posibilidades menos gravosas. Quizá esta sea la razón por la que el Código Penal prevé que esa responsabilidad personal subsidiaria por impago de la multa pueda cumplirse mediante trabajos en beneficio de la comunidad, así como que aquélla pueda inejecutarse, en su caso, por aplicación del beneficio de la suspensión, referido a todas las penas privativas de libertad no superiores a dos años.

2. PENAS CORTAS PRIVATIVAS DE LIBERTAD Y PENAS DE LARGA DURACIÓN. «DOCTRINA PAROT»

2.1. En cuanto a las penas cortas privativas de libertad, hay que partir de la base de un principio bastante generalizado en la doctrina, que propugna la eliminación de penas cortas privativas de libertad[73].

La eliminación de las penas cortas privativas de libertad es un principio irrenunciable de la política criminal moderna, que arranca del mismo von Liszt y cuya aceptación fue generalizándose principalmente a partir del Proyecto Alternativo alemán. En España, sin embargo, tuvimos que esperar a 1995 para ver reflejado dicho principio en el Código Penal, aunque con ocasión de la reforma operada en este código por la Ley Orgánica 15/2003, se redujo la pena mínima de seis a tres meses. En su lugar, los distintos Códigos prevén la pena de multa, bien según el sistema de multa proporcional (al daño producido, al enriquecimiento, etc.), o bien según el sistema más generalizado de los días-multa, que es el que se introdujo en España en 1995, un sistema muy extendido en el derecho comparado, por cuanto que reduce el impacto desigual sobre las personas y la dificultad de garantizar el pago efectivo.

En España, recuérdese, se introdujo también en la referida reforma de la Ley Orgánica 15/2003 el arresto de fin de semana, una figura muy criticada en la doctrina, pues no deja de ser una pena privativa de libertad, aunque de ejecución discontinua, luego con todos los inconvenientes de las penas cortas de ejecución continuada, es de-

[73] V. al respecto, Jaén Vallejo, M., en *Sistema de consecuencias jurídicas del delito: nuevas perspectivas*, Universidad Nacional Autónoma de México, México, 2002, pp. 29 y ss.

cir, con palabras de von Liszt, que "no intimidan, no mejoran y sólo corrompen". Penas cortas de duración que se ponen como ejemplo de "prevención especial al revés" (resocialización negativa), porque los lugares de cumplimiento suelen ser más bien "escuelas de criminalidad". Otra cosa sería si efectivamente existieran centros adecuados, con buenas terapias y buenos expertos en el tratamiento resocializador, para el cumplimiento, por ejemplo, de penas de arresto de fin de semana, que sí se prevén con más frecuencia en el ámbito de la regulación penal de responsabilidad de menores, en donde tienen precisamente su origen. Así, en la Ley alemana de Tribunales de Menores (*Jungendgerichtsgesetz*) se contempla el "arresto de tiempo libre" (*Freizeitarrest*)[74]. También en España se prevé la llamada "permanencia de fin de semana", que se puede cumplir en el propio domicilio o en un centro (art. 7.g), en el ámbito de la Ley reguladora de la responsabilidad penal de los menores (Ley Orgánica 5/2000, de 12 de enero).

2.2. En cuanto al otro extremo de duración de la pena privativa de libertad, esto es, las penas de larga duración, especialmente cuando llevan consigo su cumplimiento íntegro, presentan un problema común con el de la pena de prisión perpetua, cuando ésta es irrevisable, porque una y otra chocan frontalmente con la Constitución, desde el momento en que harían imposible la reinserción y reeducación del penado. Es decir, con arreglo al art. 25.2 de la Constitución, como ya quedó dicho, tanto la pena a perpetuidad, como las penas de prisión de larga duración de cumplimiento efectivo, serían inviables.

Lamentablemente, en España hemos vivido durante mucho tiempo una situación de permanente amenaza terrorista, que llevó incluso hace ya años a un replanteamiento de la duración máxima de la pena privativa de libertad y al debate social sobre la incorporación de la pena de prisión a perpetuidad. Y el debate no se llegó a extender a la pena de muerte porque la misma está expresamente prohibida en el art. 15 de la Constitución, y desde luego en una sociedad como la nuestra la vida siempre debe merecer protección, sea una vida después del nacimiento o antes del nacimiento, sea la vida de una perso-

---

[74] V. al respecto el interesante trabajo de investigación de Cano Paños, M.A., *El futuro del derecho penal juvenil europeo. Un estudio comparado del derecho penal juvenil en Alemania y España,* Barcelona, 2006, con prólogo de Jaén Vallejo, M.

na joven o la de una persona adulta, frágil o enferma, sea la vida de una persona inocente o la de una persona responsable del más execrable delito; precisamente desde esta perspectiva, resulta muy dudoso que pueda admitirse el aborto libre. Esta es, precisamente, una de las grandezas de la sociedad en la que vivimos: la protección de la vida, sin excepciones.

En la VI Legislatura se creó una comisión técnica para estudiar el sistema de penas del Código Penal[75], y tuvo lugar la importante reforma operada por la ley Orgánica 7/2003, de 30 de junio, sobre cumplimiento íntegro y efectivo de las penas[76].

Desde luego, no cabe duda que cuando la sociedad se rebela frente a la injusticia del terrorismo y de otros crímenes que tanto daño hacen a la normal convivencia, procediendo tal actitud no ya sólo de personas del entorno de las víctimas sino de un sentir generalizado de la colectividad, es porque la confianza general en la vigencia de las normas quebrantadas por sus responsables se encuentra cuestionada, en entredicho, exigiendo aquélla una mayor reacción jurídico penal que permita ratificar contundentemente la vigencia de las mismas. Ello es perfectamente legítimo y está claro que los gobernantes no pueden desatender tales inquietudes, si éstas se manifiestan como serias, y no meramente coyunturales, producto de ciertos acontecimientos puntuales. Y deben hacerlo, claro está, dentro del marco constitucional del art. 25.2 y otros preceptos de la Constitución aquí aplicables, así como de los principios que rigen en el derecho penal, tales como el de legalidad, culpabilidad y proporcionalidad, básicamente. No sería legítima, por inconstitucional, una norma que estableciera una pena de prisión para un hurto, por muy reiterada

[75] Dicha Comisión técnica se constituyó bajo el mandato del Ministro Ángel Acebes, y estaba integrada por juristas, jueces, fiscales y abogados, entre los que se encontraba el presidente de la Sala de lo Penal del Tribunal Supremo, Luis Román Puerta y el teniente fiscal del alto tribunal José María Luzón, presidida por el entonces director general de política legislativa y profesor de derecho penal, Francisco Bueno Arús.

[76] A partir de entonces, aunque el máximo de cumplimiento de la pena no puede exceder del triple del tiempo por el que se le imponga al condenado la más grave de las penas, sin exceder los veinte años, excepcionalmente, en los casos previstos en el art. 76, la pena puede llegar, según la hipótesis concurrente, a los veinticinco, treinta o incluso cuarenta años.

que pueda ser la conducta prevista, superior a la prevista para un delito de robo o una agresión sexual, o una norma que no concretara la pena. Hay un conjunto de principios, de decisiones previas a la ley, que gozan de consenso científico, algunas, como se dijo, de rango incluso constitucional, que no pueden desconocerse por los legisladores, y que permiten precisamente una aplicación segura y calculable del derecho penal, no arbitraria o irracional.

En verdad, tanto una pena privativa de libertad de por vida, sin mecanismo alguno de revisión, como una pena privativa de libertad de larga duración de cumplimiento efectivo, por más que pudiera demandarlas ocasionalmente la sociedad, serían penas incompatibles con el principio de humanización de las penas y del derecho penal.

Pero lo anterior no significa ni mucho menos, como veremos en el siguiente apartado, que el derecho penal no cuente con medios de protección y de reacción frente a los ataques permanentes de terroristas o delincuentes que tienen como único fin el asesinato u otros delitos extremadamente graves, que producen una verdadera conmoción social, socavando la convivencia en una sociedad plenamente democrática como la española, en la que tanto daño, y durante tantos años, ha ocasionado el terrorismo.

2.3. Una cuestión relacionada con las penas de larga duración tiene que ver con la acumulación de condenas, y ésta, a su vez, con la llamada «doctrina Parot»[77].

El Pleno de la Sala de lo Penal del Tribunal Supremo (Sentencia 197/2006, de 28 de febrero) pudo racionalizar la aplicación de los criterios propios de la acumulación de condenas, haciendo efectivo el cumplimiento de la pena impuesta, en casos de tan extrema gravedad como aquellos a los que se refiere dicha doctrina, al permitir computar los beneficios penitenciarios, no sobre el tope máximo de la pena aplicable (treinta años en el caso de Henri Parot, condenado a cerca de cinco mil años de prisión), sino sobre cada una de las condenas impuestas. Se trataba de una nueva interpretación del Pleno

---

[77] V. al respecto, Jaén Vallejo, M., "La relación entre la ley y su interpretación a propósito del debate sobre la «doctrina Parot»", Revista electrónica *El Derecho*, 5 de septiembre de 2012, y, del mismo autor, "El Tribunal Europeo de Derechos Humanos falla en contra de la «doctrina Parot»", Revista electrónica *El Derecho*, 22 de octubre de 2013.

del alto Tribunal sobre la forma de calcular, en adelante, los beneficios penitenciarios, expresión de la razón y el sentido común, basada en sólidos argumentos, y que desde la reforma operada por la Ley Orgánica 7/2003 aparece plasmada legislativamente en el art. 78 del Código Penal. Una doctrina que recibió el aval del Tribunal Constitucional, especialmente en su Sentencia 39/2012, negando que en el caso planteado nos encontráramos en el ámbito propio del derecho a la legalidad penal del art. 25.1, afirmando que de lo que se trataba más bien era de la ejecución de una pena privativa de libertad, cuestionándose el cómputo de la redención de penas por el trabajo, "sin que de la interpretación sometida a nuestro enjuiciamiento –añadía– se derive ni el cumplimiento de una pena mayor que la prevista en los tipos penales aplicados, ni la superación del máximo de cumplimiento legalmente previsto".

En cambio, el Tribunal Europeo de Derechos Humanos, en su Sentencia de 10 de julio de 2012, entendió que esta doctrina vulneraba la irretroactividad de las penas, previsto en el art. 7 de la Convención Europea de Derechos Humanos, que reconoce el principio de legalidad penal y el derecho a la libertad personal del art. 5 del mismo Convenio, argumentando en tal sentido que como existía, a su juicio, una jurisprudencia favorable al cómputo de las redenciones de penas por el trabajo sobre el máximo de cumplimiento de la pena fijado en treinta años, el nuevo criterio favorable a la aplicación de aquellas redenciones de penas sobre cada una de las condenas impuestas, no sobre el máximo, lo que supone en la práctica el cumplimiento de la pena máxima, implicaba la vulneración de los referidos preceptos de la Convención. Se apartaba así el Tribunal Europeo de lo que había venido sosteniendo hasta entonces, en el sentido de que las cuestiones relativas a la ejecución de la pena impuesta, no a la pena misma, no afectan al derecho a la legalidad penal, en la medida que no impliquen una ejecución de la pena más grave que la prevista en la ley.

La anterior sentencia fue recurrida ante la Gran Sala del Tribunal Europeo de Derechos Humanos, que falló igualmente en contra de la «doctrina Parot». Este Tribunal no percibió que una cosa es la aplicación del límite máximo de cumplimiento de la pena privativa de libertad, que en ningún caso se había negado, pues una pena superior, sin duda, sí que hubiera supuesto una palmaria vulneración del principio de legalidad penal, y otra diferente cómo deba calcularse dicho límite, algo sobre lo que se pronunció con argumentos plausibles y muy razonables el Pleno de la Sala de lo Penal del Tribunal Supremo en la sentencia que plasmó la «doctrina Parot», acabando así con la excesiva generosidad que suponía la práctica imperante hasta entonces, que a nuestro juicio ni vulnera el principio de legalidad, pues no aplicaba retroactivamente ninguna norma penal desfavorable, ni su interpretación, pues si al sujeto se le había hecho ya la liquidación de la condena y se le había puesto fecha para su excarcelación en resolución firme, ésta era inmodificable, como reiteradamente lo ha dicho el Tribunal Constitucional, ni vulnera el principio de igualdad en la aplicación de la ley, al estar razonado el cambio de orientación jurisprudencial, ni el derecho a la libertad del art. 17.1 de la Constitución, pues aunque es cierto que este derecho fundamental puede ser vulnerado como consecuencia de la forma de ejecución de la condena en relación con el cómputo del tiempo en prisión, por ejemplo en el caso de inaplicación de las disposiciones relativas a la refundición (art. 76 del Código Penal), que supondría una prolongación indebida de la privación de libertad, al permitir aquellas disposiciones que se inaplican una reducción del máximo de cumplimiento de la pena de prisión, lo cierto es que en los casos en los que se aplica la «doctrina Parot» en modo alguno se deja de aplicar norma alguna que pudiera tener aquel efecto ni, por supuesto, se priva a nadie de libertad fuera de los casos previstos en la ley penal.

3. LA «PRISIÓN PERMANENTE REVISABLE». RÉGIMEN DE REVISIÓN

3.1. Frente a la absoluta irracionalidad de atentados terroristas y otros delitos de extrema gravedad, la política criminal moderna, dentro del respeto de los principios que el Estado Democrático de Derecho exige, ofrece, al menos, dos soluciones.

Una solución, la más extendida en el ámbito de la Unión Europea, es la previsión de una pena de reclusión perpetua, pero revisable una vez cumplido un determinado número de años. Así, Austria y Luxemburgo prevén esta pena, pero revisable cuando se han cumplido quince años de condena. En Bélgica existe también la llamada pena de prisión a perpetuidad, pero a partir de los diez años cumplidos se puede disfrutar de algún tipo de libertad. En Gran Bretaña también está prevista la «cadena perpetua revisable», tanto para los autores de asesinato, como para aquellos otros que a juicio del Tribunal se debe imponer por su peligrosidad social, existiendo un «período de seguridad», a partir del cual se puede revisar la situación del condenado. En Italia la cadena perpetua, que se cumple en un centro penitenciario que está destinado exclusivamente a los condenados a esta pena, también se revisa cumplido un número de años. En Holanda cabe igualmente la posibilidad de recuperar la libertad, pero a través de indulto.

También el Estatuto del Tribunal Penal Internacional (Roma, 1998), ratificado por España, prevé la "reclusión a perpetuidad cuando lo justifiquen la extrema gravedad del crimen y las circunstancias personales del condenado" (art. 77), cuya revisión sólo es posible cuando el recluso haya cumplido veinticinco años de prisión (art. 110.3).

En Francia, el código establece la «reclusión criminal a perpetuidad» para delitos graves, con un endurecimiento en estos casos de la posibilidad de obtener beneficios penitenciarios, y todas las penas tienen un «período de seguridad», que es la mitad de la pena, momento a partir del cual se pueden obtener beneficios penitenciarios. La condena a perpetuidad es objeto de revisión tras quince años de privación de libertad, algo más en casos de reincidencia, revisión estricta pues ha de pasar por varias fases, como la de un período de observación de hasta un año, siendo sometido el condenado a exámenes, entrevistas, etc., un régimen de semilibertad (como un tercer grado) hasta dos años, y una libertad vigilada hasta un máximo de cinco años; con esta posibilidad de poder quedar en libertad se salva la posible inconstitucionalidad de la «reclusión criminal a perpetuidad».

Por su parte, Alemania prevé excepcionalmente la privación de libertad de por vida (§ 38 StGB). Es lo que ocurre, por ejemplo, en el delito de asesinato (§ 211 StGB). Ahora bien, el § 57 a) StGB prevé la posibilidad de suspensión de dicha pena una vez cumplidos quince años, que es el tiempo máximo que, según los expertos, ha de tener una pena privativa de libertad, quedando entonces el condenado en una situación de libertad a prueba o condicional; naturalmente debe existir un pronóstico favorable de conducta, pues de lo contrario el sujeto no podrá gozar de tal beneficio, quedando sometido a una custodia de seguridad, no ya como pena, sino como medida de seguridad basada, precisamente, en la peligrosidad del sujeto. El Tribunal, además, puede imponer al condenado la obligación de reparar los daños causados o, en su caso, que pague a una institución pública sin ánimo de lucro una suma de dinero, según los hechos cometidos (§ 56 b StGB). Y es que el Tribunal Constitucional federal alemán decidió en 1977 que la reclusión perpetua sólo resultaba compatible con la dignidad humana, "si al condenado le quedaba la posibilidad, seria, de participar de la vida libre, no siendo suficiente la posibilidad del indulto".

Con esta posibilidad de revisión de la prisión perpetua, debe insistirse en ello, se salva el obstáculo de una posible inconstitucionalidad de esta pena desde la perspectiva de la dignidad humana y del mandato constitucional dirigido al legislador penal y penitenciario consistente en la orientación de las penas y de las medidas de seguridad hacia la reeducación y reinserción social de los condenados.

De todos modos, no faltan voces críticas tanto contra la prisión perpetua como contra las penas de duración elevada, como la de la Comisión Redactora del Código Penal Tipo Iberoamericano, que en su V Encuentro (México 2001), acordó "la exclusión de penas privativas de libertad de larga duración o perpetuas, así como de las excepciones al límite superior general de la pena en base a la previsión de circunstancias agravantes particulares", interesando la "unificación de la pena privativa de libertad", con una duración mínima de seis meses y máxima de quince o veinte años"[78].

Y en la Unión Europea se ha estudiado la cuestión de la armonización de las penas, elaborándose al respecto un libro verde publicado por la Comisión en 2004, dirigido a analizar "si las diferencias nacionales relativas al sistema de penas eran un obstáculo para alcanzar el objetivo de ofrecer a los ciudadanos un alto nivel de protección en el marco de la libertad, la seguridad y la justicia".

---

[78] Cfr. Jaén Vallejo, M., "Informe sobre los últimos trabajos de la Comisión Redactora del nuevo Código penal tipo iberoamericano", en *Cuadernos de Política Criminal*, núm. 73, Madrid, 2011, pp. 203 y ss.

3.2. Otra solución es la que ofrecía España hasta la reforma del Código Penal llevada a cabo por la Ley Orgánica 1/2015, que no tenía prevista la pena de prisión a perpetuidad, a pesar de ser el país europeo que más ha sufrido el fenómeno criminal del terrorismo, aunque el sistema penal, en general, no podía calificarse ni mucho menos como blando, contemplando, para determinadas hipótesis delictivas, penas extremadamente graves. Algo parecido ocurre en Portugal, único país de la Unión Europea que no contempla la pena de prisión a perpetuidad sujeta a revisión, aunque tiene previstas penas de hasta veinticinco años de prisión, límite temporal máximo de cumplimiento.

3.3. La principal novedad de la reforma del Código Penal llevada a cabo por la Ley Orgánica 1/2015, en relación al sistema de penas fue, sin duda, la incorporación de la pena de «prisión permanente revisable» para los supuestos de excepcional gravedad, entre ellos los delitos de terrorismo con resultado de muerte.

La «prisión permanente revisable»[79] no renuncia a la reinserción del penado, pues una vez cumplida una parte mínima de la condena (que en el Derecho comparado se fija habitualmente entre los quince los veinticinco años), un Tribunal deberá valorar nuevamente las circunstancias del penado y del delito cometido y podrá revisar su situación personal.

En la regulación de esta figura en nuestro Código Penal, ese tiempo mínimo de cumplimiento para poder acceder a la revisión de la pena depende de la cantidad de delitos cometidos y de su naturaleza y, concretamente, va desde los veinticinco a los treinta y cinco años; en dicha revisión, una vez acreditado un pronóstico favorable de reinserción social, el penado puede obtener una libertad condicionada al cumplimiento de ciertas exigencias, en particular, la no comisión de nuevos hechos delictivos.

La previsión de esta revisión judicial periódica de la situación personal del penado, idónea para poder verificar en cada caso el ne-

---

[79] Esta denominación, en verdad, no es muy afortunada, pues toda pena privativa de libertad es permanente, durante el tiempo que dure, y necesariamente debe ser revisable a través de mecanismos tales como el de la libertad condicional, por exigencias derivadas de uno de los fines a los que se debe orientar la pena, esto es, la reeducación y reinserción social.

cesario pronóstico favorable de reinserción social, aleja toda duda de inhumanidad de esta pena, al garantizar un horizonte de libertad para el condenado. Una vez cumplido el tiempo mínimo de la pena, si el Tribunal considera que no concurren los requisitos necesarios para que el penado pueda recuperar la libertad, se fijará un plazo para llevar a cabo una nueva revisión de su situación; y si, por el contrario, el Tribunal valora que cumple los requisitos necesarios para quedar en libertad, se establecerá un plazo de libertad condicional en el que se impondrán condiciones y medidas de control orientadas tanto a garantizar la seguridad de la sociedad, como a asistir al penado en esta fase final de su reinserción social.

Por ello, dice la Exposición de Motivos de la Ley Orgánica 1/2015, de 30 de marzo, que "la pena de prisión permanente revisable no constituye, por ello, una suerte de «pena definitiva» en la que el Estado se desentiende del penado. Al contrario, se trata de una institución que compatibiliza la existencia de una respuesta penal ajustada a la gravedad de la culpabilidad, con la finalidad de reeducación a la que debe ser orientada la ejecución de las penas de prisión".

Tanto la pena de prisión a perpetuidad (o mal llamada «cadena perpetua», porque hoy los condenados a esta pena no van encadenados) y la de prisión de larga duración con cumplimiento íntegro, sin posibilidad de revisión, chocarían frontalmente con la Constitución, desde el momento en que harían imposible la reinserción y reeducación del penado (art. 25.2). Con arreglo a este precepto constitucional, tanto la pena a perpetuidad, como las penas de prisión de larga duración de cumplimiento efectivo, serían inviables.

Y el propio Tribunal Europeo de Derecho Humanos ha declarado contraria a la Convención Europea de Derechos Humanos toda legislación que niegue a los presos la posibilidad de revisión de su condena, algo que venía ocurriendo, por ejemplo, en Reino Unido, en donde la *Criminal Justice Act* (2003) tenía establecido que el condenado por determinados delitos no saliera nunca de prisión.

3.4. En conclusión, una pena de «prisión permanente revisable» para determinados supuestos delictivos de extrema gravedad, como terrorismo con resultado de muerte, asesinatos especialmente reprobables, como ocurre en el caso de determinadas agresiones a menores, atentando a su indemnidad sexual y su vida, etc., que es la regla general en los países de la Unión Europea, en los que en su gran mayoría está implantada la prisión perpetua desde hace tiempo, es tan legítima como una pena de privación de libertad de larga duración. Probablemente, más allá de las respectivas denominaciones, las consecuencias para el penado sean similares, aunque en el primer caso la reacción jurídico penal permite ratificar con mayor contundencia la vigencia de las normas quebrantadas por sus autores.

Lo importante, desde la perspectiva constitucional de los arts. 15 y 25.2, es que una y otra estén configuradas de tal manera que sea posible su revisión, una vez cumplido un número de años, para que el condenado pueda acceder a la libertad, siempre que exista un pronóstico razonable de reinserción social; de lo contrario deben continuar privados de libertad.

La previsión de la revisión judicial periódica de la situación personal del penado que contempla nuestro Código Penal, según la reforma introducida por la Ley Orgánica 1/2015, permite verificar en cada caso el necesario pronóstico favorable de reinserción social y, por tanto, afirmar el cumplimiento de aquellos dos preceptos constitucionales: la pena no es inhumana y no impide que el penado consiga su libertad.

Como dice la Exposición de Motivos de la Ley Orgánica 1/2015, "se trata, en realidad, de un modelo extendido en el Derecho comparado europeo que el Tribunal Europeo de Derechos Humanos ha considerado ajustado a la Convención Europea de Derechos Humanos, pues ha declarado que cuando la ley nacional ofrece la posibilidad de revisión de la condena de duración indeterminada con vistas a su conmutación, remisión, terminación o libertad condicional del penado, esto es suficiente para dar satisfacción al artículo 3 del Convenio (cfr. Sentencias del Tribunal Europeo de Derechos Humanos de 12 de febrero de 2008, caso Kafkaris vs. Chipre; 3 de noviembre de 2009, caso Meixner vs. Alemania; 13 de noviembre de 2014, caso Affaire Bodein vs. Francia; y 3 de febrero de 2015, caso Hutchinson vs. Reino Unido)" (apartado II).

En fin, aquí el Gobierno se inclinó por una opción político-criminal plenamente legítima, que es, además, la predominante en los países de nuestro entorno cultural y geográfico[80]. En cuanto a la revisión de esta pena, ciertamente ésta no es posible hasta transcurridos, al menos, veinticinco años, pero no hay que olvidar que, por lo general, a partir de los quince años el penado, si hay un pronóstico favorable de reinserción social, podrá acceder ya al tercer grado y, en los casos más extraordinariamente graves (comisión de varios delitos de terrorismo estando dos o más castigados con esta pena) aunque la revisión no será posible hasta los treinta y cinco años, será a partir de los treinta y dos años cuando el penado tendrá acceso al tercer grado.

En cualquier caso, habrá que esperar al pronunciamiento del Tribunal Constitucional sobre el recurso de inconstitucionalidad planteado contra la prisión permanente revisable y los límites temporales de revisión.

4. INDIVIDUALIZACIÓN JUDICIAL DE LA PENA Y DE LA MEDIDA DE SEGURIDAD

4.1. En el momento de la aplicación de la pena, el juez o tribunal cuenta con amplios márgenes, dentro de los cuales ha de concretar la pena a imponer. La ley establece una determinada pena a cada delito, y el órgano jurisdiccional, en la llamada fase de individualización judicial, establece la pena concreta a cumplir. Tan rechazable sería un sistema de arbitrio judicial ilimitado, difícilmente compatible con un sistema como el nuestro, basado en el principio de legalidad, como un sistema basado en un legalismo rígido.

En efecto, por un lado, el principio de legalidad no se refiere sólo al delito sino también a la pena. Concretamente, recuérdese, el art. 2.1 del Código Penal, deja claro que "no será castigado ningún delito con pena que no se halle prevista por ley anterior a su perpetración", de manera que el ciudadano no sólo debe conocer el límite de lo prohibido, sino también la pena que le puede ser impuesta si lo contraviene. Y, por otro lado, la ley sólo puede establecer la pena abstracta correspondiente a las circunstancias del delito y de su autor,

[80] Alcalá Pérez-Flores, R., Jaén Vallejo, M., Martínez Arrieta Márquez de Prado, C. y Perrino Pérez, A., "La reforma del Código Penal", en *El Derecho*, 6 de abril de 2015.

debiendo dejar un cierto margen de discrecionalidad al juez, pues hay factores personales que no se pueden valorar *a priori* por el legislador, y que deben ponderarse en cada caso por aquél, siempre motivadamente, en especial cuando la pena finalmente impuesta supera el límite mínimo de la pena.

El vigente Código Penal, como se vio, establece para la pena de prisión "una duración mínima de tres meses y máxima de veinte años" (art. 36.2), pero tanto uno como otro límite tienen un carácter relativo. El límite mínimo porque existen amplias posibilidades de inejecución de las penas privativas de libertad inferiores a los dos años (art. 80.1), de las penas privativas de libertad no superiores a los cinco años cuando los penados "hubiesen cometido el hecho delictivo a causa de su dependencia de las sustancias señaladas en el numeral 2º del art. 20" (art. 80.5), e incluso, excepcionalmente, sin límite alguno si el penado "está aquejado de una enfermedad muy grave con padecimientos incurables" (art. 80.4). Además, en no pocos delitos aunque está prevista la pena de prisión de tres meses, o incluso superior, se prevé alternativamente la imposición de la pena de multa, o incluso la de trabajos en beneficio de la comunidad. Y el límite máximo de los veinte años también es relativo, por cuanto que debe tenerse en cuenta la previsión de la prisión permanente revisable para determinados delitos de extrema gravedad, y las excepciones previstas en el art. 76 del Código Penal, que prevé penas de prisión de libertad de hasta cuarenta años.

4.2. Y si el arbitrio judicial es amplio en cuanto a la determinación de la pena, también lo es en cuanto a la otra consecuencia jurídica de la infracción penal, esto es, la medida de seguridad, cuya aplicación es siempre facultativa[81]. Las medidas de seguridad, que están orientadas a la peligrosidad del autor[82], no presuponen un juicio de culpabilidad, como las penas, y no pueden tener mayor duración "que la pena abstractamente aplicable al hecho cometido" (art. 6.2). Límite éste, como se verá más adelante, que plantea dudas, porque, en primer lugar, no es fácil determinar cuál es esa pena que le hubiera correspondido al acu-

[81] V. arts. 101 y ss. del Código Penal.

[82] Según el art. 6.1 del Código Penal, "las medidas de seguridad se fundamentan en la peligrosidad criminal del sujeto al que se impongan, exteriorizada en la comisión de un hecho previsto como delito".

sado, pero que, en realidad, no se le ha aplicado, y porque, en segundo lugar, no es razonable que si el sujeto es realmente un enfermo peligroso para la sociedad, quede en libertad tan pronto cumpla aquel límite de la pena, que, en realidad, no se sabe cuál es.

4.3. En la determinación de la pena el juez ha de partir siempre de la pena prevista en la parte especial para cada delito en particular, que es la que corresponde al autor del delito consumado, ajustándose al sistema de grados previsto en los arts. 61 y siguientes del Código Penal.

Y es el art. 70, que transcribimos a continuación, el que establece las reglas necesarias para el cálculo de la pena superior e inferior en grado, así como otros aspectos atinentes a la determinación de la pena.

Artículo 70.

1. La pena superior e inferior en grado a la prevista por la ley para cualquier delito tendrá la extensión resultante de la aplicación de las siguientes reglas:

1.ª La pena superior en grado se formará partiendo de la cifra máxima señalada por la ley para el delito de que se trate y aumentando a ésta la mitad de su cuantía, constituyendo la suma resultante su límite máximo. El límite mínimo de la pena superior en grado será el máximo de la pena señalada por la ley para el delito de que se trate, incrementado en un día o en un día multa según la naturaleza de la pena a imponer.

2.ª La pena inferior en grado se formará partiendo de la cifra mínima señalada para el delito de que se trate y deduciendo de ésta la mitad de su cuantía, constituyendo el resultado de tal deducción su límite mínimo. El límite máximo de la pena inferior en grado será el mínimo de la pena señalada por la ley para el delito de que se trate, reducido en un día o en un día multa según la naturaleza de la pena a imponer.

2. A los efectos de determinar la mitad superior o inferior de la pena o de concretar la pena inferior o superior en grado, el día o el día multa se considerarán indivisibles y actuaran como unidades penológicas de más o menos, según los casos.

3. Cuando, en la aplicación de la regla 1.ª del apartado 1 de este artículo, la pena superior en grado exceda de los límites máximos fijados a cada pena en este Código, se considerarán como inmediatamente superiores:

1.º Si la pena determinada fuera la de prisión, la misma pena, con la cláusula de que su duración máxima será de 30 años.

2.º Si fuera de inhabilitación absoluta o especial, la misma pena, con la cláusula de que su duración máxima será de 30 años.

3.º Si fuera de suspensión de empleo o cargo público, la misma pena, con la cláusula de que su duración máxima será de ocho años.

4.º Tratándose de privación del derecho a conducir vehículos a motor y ciclomotores, la misma pena, con la cláusula de que su duración máxima será de 15 años.

5.º Tratándose de privación del derecho a la tenencia y porte de armas, la misma pena, con la cláusula de que su duración máxima será de 20 años.

6.º Tratándose de privación del derecho a residir en determinados lugares o acudir a ellos, la misma pena, con la cláusula de que su duración máxima será de 20 años.

7.º Tratándose de prohibición de aproximarse a la víctima o a aquellos de sus familiares u otras personas que determine el juez o tribunal, la misma pena, con la cláusula de que su duración máxima será de 20 años.

8.º Tratándose de prohibición de comunicarse con la víctima o con aquellos de sus familiares u otras personas que determine el juez o tribunal, la misma pena, con la cláusula de que su duración máxima será de 20 años.

9.º Si fuera de multa, la misma pena, con la cláusula de que su duración máxima será de 30 meses.

4. La pena inferior en grado a la de prisión permanente es la pena de prisión de veinte a treinta años.

En aplicación, pues, de las reglas contenidas en el apartado primero, puede resultar una pena que exceda de los límites máximos previstos en el art. 36.2 para la pena de prisión, y lo mismo puede ocurrir en relación a las demás penas. Pues bien, para tales supuestos, el propio precepto transcrito, en su apartado tercero, establece los límites máximos excepcionales.

Y en cuanto a la duración mínima, el art. 71 del Código Penal contempla las diferentes posibilidades para la hipótesis de que los límites resultantes sean diferentes a los que correspondan a cada clase de pena. Su tenor es el que sigue.

Artículo 71.

1. En la determinación de la pena inferior en grado, los jueces o tribunales no quedarán limitados por las cuantías mínimas señaladas en la ley a cada clase de pena, sino que podrán reducirlas en la forma que resulte de la aplicación de la regla correspondiente.

2. No obstante, cuando por aplicación de las reglas anteriores proceda imponer una pena de prisión inferior a tres meses, ésta será en todo caso sustituida por multa, trabajos en beneficio de la comunidad, o localización permanente, aunque la ley no prevea estas penas para el delito de que se trate, sustituyéndose cada día de prisión por dos cuotas de multa o por una jornada de trabajo o por un día de localización permanente.

4.4. Entre otros supuestos de modificación del marco penal, cabe destacar los que se mencionan en los arts. 62 y 63.

El primero se refiere a la tentativa, formando una unidad con los arts. 15 y 16. El Código Penal de 1973 distinguía entre tentativa y frustración, en forma poco afortunada, pues es claro que toda tentativa es un delito frustrado y que, por tanto, tal distinción era innecesaria. Ahora bien, aunque el Código Penal actual, el de 1995, sólo mencione expresamente la tentativa, lo cierto es que aún habrá que seguir distinguiéndose entre uno u otro grado de ejecución, si bien es más correcta la denominación de tentativa inacabada y tentativa acabada, denominación esta última con la que se hace referencia a lo que antes se llamada delito frustrado. El propio principio de proporcionalidad exige esta distinción, e incluso el legislador ha sido consciente de ello al establecer en el art. 62 que en la aplicación de la pena habrá de tenerse en cuenta el "grado de ejecución alcanzado".

En cuanto al tenor del art. 16, cuando hace referencia a "los actos que objetivamente deberían producir el resultado", o el del art. 62, cuando se refiere al "peligro inherente al intento", debe llevar a la conclusión de que las tentativas inidóneas, no mencionadas expresamente en el vigente Código Penal, ya no se sancionan. La inidoneidad del medio utilizado, o del objeto sobre el que recae la acción, e incluso del propio autor, no es motivo para renunciar a la correspondiente sanción; sólo en los casos de tentativa irreal, en los que no se llega a producir conmoción social alguna, permaneciendo intacta la vigencia de la norma, se justifica aquella consecuencia[83]. Por tanto, cuando en el art. 16.1 se afirma que hay tentativa cuando el sujeto practica "todos o parte de los actos que objetivamente deberían producir el resultado", no hay ningún obstáculo para que se pueda entender el adverbio «objetivamente» desde la perspectiva del plan del autor, de manera que si éste ha realizado un acto que, según su representación, supone un comienzo de ejecución, dándose, además, la necesaria inmediatez respecto a la realización del tipo penal, ya habrá un comienzo de ejecución, luego una tentativa, al menos inacabada, punible, aunque no se haya llegado a poner en peligro «objetivamente» el bien jurídico de que se trate, siendo aquélla acabada si el autor, según su plan, realizó todos los actos necesarios para la consumación del delito que, sin embargo, no se llega a producir. Es necesario, pues, seguir distinguiendo entre uno y otro grado de ejecución, se debe seguir sancionando la tentativa inidónea, antes prevista expresamente en el código, porque, en realidad, toda tentativa es inidónea, y no hay por qué entender que el legislador ha optado en esta materia por la teoría objetiva, haciendo imposible la adopción de un criterio subjetivo en la interpretación, que es perfectamente compatible con el texto legal[84].

El art. 63 sigue manteniendo para los cómplices la reducción en un grado en relación a la pena prevista para los autores del delito consumado o intentado, de ahí la extraordinaria importancia que tiene la distinción entre cooperación necesaria y no necesaria (complicidad) (arts. 28 b) y 29).

También en los supuestos excepcionales en los que se sancionan los actos preparatorios (la conspiración, la proposición y la provocación) (arts. 17 y 18), la pena que se prevé es la inferior en uno o dos grados.

4.5. Pero el marco penal no sólo queda modificado en los anteriores casos. En la parte especial del Código Penal aparecen en ocasiones supuestos que autorizan al juez a aplicar una pena de distinta naturaleza, como es el caso, por ejemplo, del delito de lesiones, pues

---

83 V. Jaén Vallejo, M., *Derecho penal aplicado*, Madrid, 2003, pp. 89 y ss.

84 V., sobre el fundamento de la sanción de la tentativa, Pérez del Valle, C., *Lecciones de Derecho Penal, Parte General*, cit., p. 262 y ss.

las mismas lesiones del art. 147.1, que son aquellas que requieren para su sanidad tratamiento médico o quirúrgico, pueden ser castigadas con una pena de prisión de hasta cinco años, de concurrir alguna de las circunstancias específicas del art. 148, o con una pena de multa de seis meses. Naturalmente, el ejercicio de dicho arbitrio judicial habrá de ser conforme a las exigencias constitucionales derivadas de la necesaria motivación de las sentencias (art. 120.3 de la Constitución). E incluso hay supuestos que autorizan a la reducción de la pena en uno o dos grados, como es el caso, por ejemplo, del delito de robo con violencia o intimidación, pues aquí la pena contemplada en el art. 242.1 de prisión de dos a cinco años puede reducirse en un grado, "en atención a la menor entidad de la violencia o intimidación ejercidas y valorando además las restantes circunstancias del hecho". También el art. 143.4, por poner otro ejemplo, al regular la figura del «homicidio a ruego», prevé una reducción considerable de la pena, en uno o dos grados a las señaladas en los números 2 y 3 del mismo artículo, en atención tanto al consentimiento de la víctima como al móvil del autor, y el art. 376, en relación a los delitos contra la salud pública, prevé una reducción de hasta dos grados, "siempre que el sujeto haya abandonado voluntariamente sus actividades delictivas y haya colaborado activamente con las autoridades o sus agentes para impedir la producción del delito, bien para obtener pruebas decisivas para la identificación o captura de otros responsables o para impedir la actuación o el desarrollo de las organizaciones o asociaciones a las que haya pertenecido o con las que haya colaborado".

4.6. Otro aspecto que llama la atención y que pone igualmente de manifiesto el amplio arbitrio de que dispone el juez en el momento de individualizar la pena concreta a imponer, tiene que ver con los amplios márgenes de los marcos penales en algunos delitos. Por ejemplo, prisión de quince a veinticinco años en el delito de asesinato (art. 139), prisión de seis a doce años en el tipo agravado de agresión sexual del art. 179, prisión de uno a seis años y multa en el caso de las hipótesis de estafa agravada del art. 250, o prisión de diez a veinte años en el delito de incendio (art. 351).

4.7. En el caso de concurso de delitos deben tomarse en consideración para la determinación de la pena las reglas contenidas en los arts. 73 y siguientes. Ahora bien, no hay que confundir esta clase de concurso con el llamado concurso (aparente) de leyes, cuyas reglas se contienen en el art. 8; reglas que, en realidad, no tienen mucha utilidad, pues la dificultad del concurso de leyes no está en la determinación de las reglas que han de observarse para su resolución, sino en saber cuándo se dan entre los tipos penales las relaciones a que este artículo se refiere (especialidad, subsidiariedad y consunción). Precisamente, esta cuestión es la primera que se debe resolver en el momento de aplicación de la ley penal, cuando en un mismo hecho delictivo concurren varios tipos penales y, como se ha reconocido en la doctrina, en esta materia son muchas las cuestiones dudosas y discutibles.

Evidentemente, si los tipos penales concurrentes no se excluyen, se tratará de un verdadero concurso, no ya de leyes, sino de delitos. Por tanto, el concurso de delitos presupone que ya se ha resuelto la relación de los tipos penales entre sí, planteando dicho concurso otros problemas, como lo es el relativo al tratamiento de las formas de concurso (ideal y real), que requiere, a su vez, una definición previa de los criterios sobre la unidad y pluralidad de acciones. La pluralidad de acciones con pluralidad de subsunciones da lugar a un concurso real, cuya consecuencia es la aplicación del principio acumulativo, conforme al cual se acumulan las penas correspondientes a cada uno de los delitos, bien para su cumplimiento simultáneo si es posible (art. 73), bien para su cumplimiento sucesivo, siguiéndose entonces el orden de su respectiva gravedad (art. 75), aunque, en cualquier caso, según lo dispuesto en el art. 76.1, "el máximo de cumplimiento efectivo de la condena del culpable no podrá exceder del triple del tiempo por el que se le imponga la más grave de las penas en que haya incurrido", sin exceder los veinte años, límite este último que tiene las excepciones que el mismo precepto prevé, y que pueden permitir la imposición de una pena de hasta cuarenta años de prisión.

Junto al supuesto anterior de pluralidad de acciones con pluralidad de subsunciones (concurso real) está la unidad de acción con pluralidad de subsunciones (concurso ideal), previsto en el art. 77, que prevé para tales supuestos la aplicación de la pena prevista para el delito más grave en su mitad superior, "sin que pueda exceder de la que represente la suma de las que correspondería aplicar si se penaran separadamente las infracciones", en cuyo caso se sancionarán por separado.

Los supuestos de unidad de acción pueden ser diferentes. Puede haber una unidad de acción en sentido natural, esto es, cuando hay una acción natural; el autor realiza un único movimiento corporal que resulta típico. Puede haber también una unidad de acción cuando hay unidad de acción de carácter típico; por ejemplo, el caso del delito de robo con violencia o intimidación (arts. 237 y 242). Incluso, en algunos casos de pluralidad de actos, puede haber una unidad de acción, concretamente cuando se dé una conexión temporal y espacial de una serie de acciones u omisiones que fundamente una unidad de valoración jurídica y, por tanto, la apreciación de un único hecho punible (unidad natural de acción). Y, finalmente, también puede haber unidad de acción por continuidad; es el caso del llamado delito continuado, previsto en el art. 74.

4.8. El juez, pues, debe determinar inicialmente la pena a imponer tomando en consideración las reglas mencionadas, contenidas, principalmente, en los arts. 61 y siguientes, esto es, deberá determinar si hay o no comienzo de ejecución, qué clase de tentativa, si es que el hecho no se ha consumado, o si hay, en su caso, desistimiento, si el sujeto cuyo comportamiento se enjuicia es autor o simple partícipe y, en este último caso, si es cooperador necesario o no necesario, si hay unidad de acción o pluralidad de acciones, etc. El margen de arbitrio judicial, pues, es amplio, aunque, evidentemente, como ya se ha dicho, siempre habrá de razonar en su sentencia la solución jurídica adoptada.

Una vez que se ha determinado el marco penal, es claro que el juez debe concretar la pena dentro de los límites de ese marco penal, sin que de ninguna manera los pueda rebasar. Sólo, excepcionalmente, si el juez considera que la pena es "notablemente excesiva, atendidos el mal causado por la infracción y las circunstancias personales del reo", podrá dirigirse al Gobierno, "sin perjuicio de ejecutar desde luego la sentencia", para sugerir una reforma legislativa o proponer un indulto, que podrá ser total o parcial (art. 4.3 del Código Penal).

En nuestro Código no hay una cláusula que contenga los principios fundamentales de individualización de la pena, como ocurre, por ejemplo, en el Código Penal alemán, cuyo parágrafo 46 (*Grund-*

sätze der Strafzumessungs) hace referencia a la necesidad de tomar en cuenta en la medición de la pena las siguientes circunstancias: los móviles y fines del autor; la actitud que se desprende del hecho y la voluntad empleada en el hecho; el grado de infracción del deber; el modo de ejecución y los efectos atribuibles del hecho, la vida anterior del autor, sus circunstancias personales y económicas, así como su comportamiento posterior al hecho, especialmente sus esfuerzos por reparar el daño, así como sus esfuerzos por alcanzar la reparación del ofendido. Nuestro Código basa la individualización de la pena en un sistema de circunstancias agravantes y atenuantes (arts. 21, 22 y 23) previsto en el art. 66, pudiendo moverse el juez en toda la extensión de la pena cuando no concurren ni unas ni otras, aunque tomando en cuenta entonces las circunstancias personales del delincuente y la mayor o menor gravedad del hecho (regla 6ª); en cambio, su concurrencia determina que el juez deba moverse en la mitad superior o inferior de la pena.

Además del anterior sistema de circunstancias, el Código Penal establece en muchos tipos penales (caso, por ejemplo, del homicidio, las lesiones, detenciones ilegales, amenazas, agresiones sexuales, hurto, robo, etc.), junto al tipo básico, tipos agravados y, en ocasiones, tipos atenuados.

La técnica legislativa utilizada por nuestro Código en esta materia es la misma que se viene aplicado desde el Código de 1848. Quizá sería más satisfactorio prescindir del catálogo de circunstancias agravantes, pues ya la parte especial contiene tipos agravados en relación a determinados delitos, y prescindir igualmente del catálogo de circunstancias atenuantes, trasladándose su tratamiento, casi siempre basado en una menor culpabilidad, al ámbito de una regla o cláusula general de individualización de la pena.

En cualquier caso, el principio de culpabilidad debe ser tomado en consideración en el momento de individualización de la pena, traduciéndose aquí en la proporcionalidad entre la gravedad de la pena y la gravedad de la culpabilidad[85]. Y para la determinación de

[85] La Comisión Redactora del Código Penal Tipo Iberoamericano, en su reunión de Panamá (1998), aprobó un artículo del siguiente tenor: "Individualización de la pena. La culpabilidad por el hecho es la base de la individualización de la pena". De esta manera se quería destacar este principio fundamental de la individualización,

la gravedad de la culpabilidad en relación a la individualización de la pena, el Tribunal Supremo ha venido proporcionando algunos criterios: la gravedad de la ilicitud cometida; las circunstancias que permitan juzgar sobre una mayor o menos exigibilidad de cumplimiento de la norma; el mayor o menor disvalor ético-social de los motivos que impulsaron al autor[86]; y una conducta posterior al descubrimiento del hecho que implique un acatamiento y reconocimiento de la norma vulnerada[87]. Otro elemento que debe valorarse en el momento de la individualización es el de la pena natural[88], esto es, la que ya ha sufrido el autor en la realización del hecho, e incluso la propia duración del procedimiento, que hoy aparece como una circunstancia atenuante más en el art. 21.6ª.

5. ABONO DE LA PRISIÓN PROVISIONAL. COMPENSACIÓN EN LA HIPÓTESIS DE CONCURRENCIA DE MEDIDAS CAUTELARES CON PENA IMPUESTA DE DISTINTA NATURALEZA

5.1. El abono de la prisión provisional en la misma o en otras causas

Se trata de una materia de extraordinaria importancia, regulada en el art. 58 del Código Penal, que transcribimos seguidamente.

Artículo 58.

1. El tiempo de privación de libertad sufrido provisionalmente será abonado en su totalidad por el Juez o Tribunal sentenciador para el cumplimiento

---

que lleva a afirmar que la gravedad de la pena no puede superar la gravedad de la culpabilidad del autor por el hecho, aunque las necesidades de prevención, especial o general, pudieran llegar a justificarlo.

[86] V., por ejemplo, las Sentencias del Tribunal Supremo de 5 de julio de 1991 y 28 de octubre de 1991.

[87] V., por ejemplo, la Sentencia del Tribunal Supremo de 25 de noviembre de 1995.

[88] V., por ejemplo, la Sentencia del Tribunal Supremo de 7 de marzo de 1994.

de la pena o penas impuestas en la causa en que dicha privación fue acordada, salvo en cuanto haya coincidido con cualquier privación de libertad impuesta al penado en otra causa, que le haya sido abonada o le sea abonable en ella. En ningún caso un mismo periodo de privación de libertad podrá ser abonado en más de una causa.

2. El abono de prisión provisional en causa distinta de la que se decretó será acordado de oficio o a petición del penado y previa comprobación de que no ha sido abonada en otra causa, por el Juez de Vigilancia Penitenciaria de la jurisdicción de la que dependa el centro penitenciario en que se encuentre el penado, previa audiencia del ministerio fiscal.

3. Sólo procederá el abono de prisión provisional sufrida en otra causa cuando dicha medida cautelar sea posterior a los hechos delictivos que motivaron la pena a la que se pretende abonar.

4. Las reglas anteriores se aplicarán también respecto de las privaciones de derechos acordadas cautelarmente.

Una de las cuestiones más controvertidas en los últimos años en el ámbito del cumplimiento de las penas es la relativa a la prisión preventiva, y en concreto, al abono de la misma en un procedimiento distinto al que se acordó.

Dicha controversia tiene su origen en la redacción inicial del art. 58 del Código Penal (modificado en primer lugar por la Ley Orgánica 15/2003, de 25 de noviembre, y posteriormente por la Ley Orgánica 5/2010, de 22 de junio, que le dio la redacción actual), que permitía computar el período de prisión provisional en más de una causa.

Esta previsión legal, que estaba encaminada a dar soporte normativo a una concreta línea jurisprudencial, fue interpretada por el Tribunal Constitucional en su Sentencia 57/2008, de 28 de abril, mostrándose favorable a que la prisión preventiva en un proceso, coincidente con la condena firme en otro, pudiese ser abonada en ambas causas. En síntesis, el citado Tribunal reconocía que la prisión provisional posee una naturaleza diversa a la pena, por cuanto pretende primordialmente asegurar la disponibilidad del imputado, garantizando así el cumplimiento de la sentencia condenatoria que, en su caso, pudiera corresponderle, impidiendo la sustracción a la acción de la Justicia. No obstante y reconociendo la diversa funcionalidad de los citados institutos, el Tribunal declaraba que la privación de libertad que en ambos casos se produce puede cumplir las finalidades diversas por ellos perseguidas, de donde deduce la posibilidad de que el período de prisión provisional sufrido en una causa pueda computarse para el cumplimiento de la pena impuesta en otra, y viceversa.

Para avalar tal conclusión, se alegaba asimismo que el art. 58.1 del Código Penal, en su redacción anterior a la reforma llevada a cabo en 2010, no contenía una previsión expresa contraria al doble cómputo, lo que para el Tribunal constituía un argumento favorable a tal interpretación. Al respecto, se declaraba textualmente que "la situación de coincidencia entre la prisión provisional en una causa y la situación de penado en otra, por su frecuencia en la realidad, no es un supuesto que, lógicamente, pudiera haber pasado inadvertido al legislador, al regular el abono del tiempo de privación de libertad sufrido provisionalmente para el cumplimiento de la pena o penas impuestas en la misma causa (art. 58.1), lo que, desde la obligada pauta de la interpretación en el sentido de la mayor efectividad del derecho fundamental y de la correlativa interpretación restrictiva de sus límites permite entender que, si el legislador no incluyó ninguna previsión respecto a dicha situación en el art. 58.1 y, en concreto, el no abono del tiempo en el que simultáneamente han coincidido las situaciones de prisión provisional en una causa y de penado en otra, fue sencillamente porque no quiso hacerlo".

El silencio del precepto sobre el problema suscitado se convirtió, pues, en argumento decisivo para el Tribunal Constitucional en orden a la admisión de la posibilidad de computar, doblemente, la prisión provisional simultánea a la pena impuesta en un proceso distinto. Esta interpretación, indudablemente generosa del referido artículo, podía llevar a situaciones injustas sobre todo en personas con amplio historial delictivo, en tanto que la privación de libertad cautelarmente sufrida en una causa le podía servir, al mismo tiempo, para el cumplimiento de penas impuestas en otros procesos.

Así fue advertido por el Tribunal Supremo en su sentencia de fecha 10 de diciembre de 2009, en la cual, aplicando la doctrina sentada por el máximo intérprete de la Constitución, alertaba de las consecuencias negativas que la misma podía generar y proponía una nueva redacción del citado precepto en la que se excluyera, de forma expresa, la posibilidad del doble cómputo. El alto Tribunal, en la citada sentencia comienza restando solidez al argumento gramatical esgrimido por el Tribunal Constitucional, relativo a la no explícita exclusión del doble cómputo por el art. 58.1 del Código Penal. Al respecto, cuestionaba el Tribunal Supremo, que tal omisión deba conducir, necesariamente, a una interpretación literal del precepto, para a continuación considerar que la doctrina sentada por el Constitucional podía poner en peligro los principios de seguridad, igualdad y buena fe procesal.

Por lo que respecta al principio de seguridad, el mismo quedaría afectado por cuanto podría darse el caso en que el reo no tuviera que cumplir pena alguna si el periodo de prisión preventiva sufrido en una de las causas excedía del tiempo total de condena impuesto en las restantes, lo que podía provocar situaciones de impunidad o «vaciamiento», expresión esta última empleada por la Fiscalía General del Estado en la Memoria del año 2009.

En cuanto al principio de igualdad, también podría ser lesionado al resultar más favorecidos los reos que acumularan más delitos y largas penas, pues gracias al citado efecto multiplicador podían dejar de cumplir algunas de las condenas impuestas. En cambio, quienes hubieran delinquido una sola vez y no hubieran sufrido por ello prisión preventiva, no obtendrían reducción alguna de su condena, produciéndose de esta forma un patente tratamiento discriminatorio. En el mismo sentido, la referida sentencia indicaba que "también pueden ocasionarse consecuencias discriminatorias incluso respecto del pluri-reincidente en sí mismo considerado, ya que serían doblemente computables los períodos que hubiere pasado en prisión preventiva, pero no los de cumplimiento efectivo de condena, todo lo cual puede colisionar a su vez con el principio de proporcionalidad de las penas".

Finalmente, podría quebrar el principio de buena fe procesal en los casos en que el sujeto afectado, encontrándose imputado en varios procedimientos, aceptara en la comparecencia de la medida cautelar del art. 505 de la Ley de Enjuiciamiento Criminal de una de las causas la prisión preventiva con la finalidad de poder computarla doblemente, tanto en esa causa como en las otras. Del mismo modo, con tal interpretación se propiciaba que el imputado defendiera a ultranza la división de la continencia de la causa, pues al referirse el precepto a distintas causas, podría utilizar en tal caso la prisión preventiva acordada para el abono de la pena impuesta en las restantes.

En definitiva, el Tribunal Supremo concluye afirmando que "esta interpretación provoca la creación de facto, de un beneficio penitenciario no previsto precisamente por el Legislador, con clara incidencia en materia de ejecución de condenas y con efectos incalculables e imprecisos, al quedar el licenciamiento definitivo al albur del caso concreto, quebrando el principio de legalidad en materia penal y penitenciaria", y abogando por una reforma del precepto en la que, de modo indubitado y expreso, se excluyera la posibilidad del doble cómputo.

La Ley Orgánica 5/2010, de 22 de junio, vino a zanjar la polémica suscitada tras el citado pronunciamiento del Tribunal Constitucional, en el sentido de declarar que en ningún caso un mismo período de privación de libertad podrá ser abonado en más de una causa, habiendo quedado redactado el precitado art. 58 con la suficiente claridad como para que no ofreciera dudas.

Efectivamente, tras la polémica apuntada acerca de la interpretación que cabía dar al art. 58 del Código Penal en relación con la posibilidad de computar doblemente, como preso y penado, el período de prisión preventiva, la reforma establecida por Ley Orgánica 5/2010, de 22 de junio, se decanta claramente por las sugerencias del Tribunal Supremo y en clara discrepancia con el Constitucional. En concreto, el art. 58.1 del Código Penal mantiene la redacción anterior según la cual el tiempo de privación de libertad sufrido provisionalmente, será abonado para el cumplimiento de la pena o penas impuestas en la causa en que la referida privación fue acordada. Hasta aquí, pues, se viene a establecer el principio general de compensación del período de privación de libertad cautelarmente sufrido en la pena finalmente impuesta en la causa en la que se estableció.

La novedad viene a continuación, cuando en dicho precepto se añade que la referida compensación no tendrá lugar "en cuanto haya coincidido con cualquier privación de libertad impuesta" al penado en otra causa, que le haya sido abonada o le sea abonable en ella. Con ello, el legislador viene a admitir que la prisión preventiva sufrida en una causa pueda abonarse con el cumplimiento de la pena impuesta en otro procedimiento, pero en tal caso el período de prisión preventiva ya no será abonable en la causa en la que se acordó, declaración que intenta reforzar con el redundante inciso final, según el cual "en ningún caso un mismo período de privación de libertad podrá ser abonado en más de una causa". En el apartado tercero, se mantiene la previsión de que podrá ser abonada la prisión preventiva en causa distinta, siempre que dicha medida cautelar sea posterior a los hechos delictivos que motivaron la pena que se pretende abonar.

En definitiva, la reforma quiso dejar definitivamente resuelta la discusión suscitada por el Tribunal Constitucional en la mencionada Sentencia 57/2008, de 28 de abril, en el sentido de negar que la prisión preventiva pueda ser doblemente computada, siguiendo así las directrices marcadas por el Tribunal Supremo en la también citada Sentencia de 10 de diciembre de 2009.

La postura del Tribunal Constitucional fue modulándose posteriormente y, así, la Sentencia del Tribunal Supremo de 5 de octubre de 2015[89] recuerda que «la Sentencia del Tribunal Constitucional 92/2012, de 7 de mayo, atempera y modula el rigor inicial de la Sentencia 57/2008, que primaba en exceso la interpretación literal del art. 58 del Código Penal».

5.2. Compensación de medidas cautelares con penas de distinta naturaleza

Es una cuestión que trata el art. 59 del Código Penal.

Artículo 59.

Cuando las medidas cautelares sufridas y la pena impuesta sean de distinta naturaleza, el Juez o Tribunal ordenará que se tenga por ejecutada la pena impuesta en aquella parte que estime compensada.

La diferencia de este precepto con el anterior queda perfectamente delimitada por la Sentencia del Tribunal Supremo de 18 de octubre de 2015[90], en la que se explica que «es claro que el art. 59 del Código Penal se refiere a las medidas cautelares heterogéneas, es decir, aquellas que no coinciden literalmente con la prisión preventiva y las penas privativas de derechos impuestas en la sentencia. Y es que en

[89] Sentencia del Tribunal Supremo 549/2015, Sala Segunda. Recurso número 10248/2015. Ponente: Magistrado D. José Ramón Soriano Soriano.

[90] Sentencia del Tribunal Supremo 629/2015, Sala Segunda. Recurso número 10464/2015. Ponente: Magistrado D. Alberto Jorge Barreiro.

los supuestos de coincidencia entre la pena y la medida cautelar estaríamos ante una medida cautelar homogénea que entrañaría el mero abono y no la compensación de la medida cautelar».

Cuando el art. 59 del Código Penal hace referencia a que las medidas cautelares sufridas y la pena impuesta sean de distinta naturaleza, añade la sentencia, «ha de entenderse que está contemplando el cómputo de las medidas cautelares en la ejecución de sentencia, ya se trate de medidas cautelares relativas a la libertad o a medidas relacionadas con penas privativas de otros derechos. Pues tanto unas como otras al operar cautelarmente deben ser consideradas medidas cautelares, dado que se acuerdan en una fase del procedimiento previa a la sentencia, tienen carácter provisional y se rigen en su imposición con arreglo a los criterios del "fumus boni iuris" y del "periculum in mora".....siendo el fin del art. 59 abrir los supuestos del cómputo de las medidas cautelares a los casos en que éstas no sean sustancialmente idénticas a las penas que conllevan los delitos enjuiciados, sino a otras de "distinta naturaleza", no debe el intérprete restringir el concepto de heterogeneidad a los supuestos de la privación de libertad. Tal restricción interpretativa no se ajusta obviamente a las tres expresiones que resultan claves en la dicción de la norma: "medidas cautelares"; "distinta naturaleza"; y "compensación"», aclarando que «...."distinta naturaleza" difícilmente concuerda semánticamente con "ser coincidente".....sí concuerda en cambio la "distinta naturaleza" con el concepto de heterogeneidad de las medidas cautelares con respecto a las penas, que es el que se regula en el art. 59 del Código Penal». Así, por ejemplo, "en el caso de la libertad provisional con la obligación *apud acta* de comparecer ciertos días concretos del mes en el Juzgado, es claro que se está ante una medida cautelar restrictiva del derecho a la libertad y, por tanto, con un componente incuestionable de aflictividad o gravosidad para el imputado. Y ello porque cada comparecencia conlleva una limitación de libertad, al someter al encausado durante una o varias horas a una obligación de hacer, consistente en trasladarse a la sede judicial y, una vez identificado, extender su firma ante el funcionario competente, tiempo durante el que la libertad del imputado se halla sustancialmente limitada por encontrarse sometido al cumplimiento de tal obligación".

También en relación con las comparecencias «apud-acta», el Pleno no Jurisdiccional de la Sala Segunda del Tribunal Supremo de 19 de diciembre de 2013, estableció que: "La obligación de comparecencia periódica ante el órgano judicial es la consecuencia de una medida cautelar de libertad provisional. Como tal medida cautelar puede ser compensada conforme al art. 59 del Código Penal atendiendo al grado de aflictividad que su efectivo y acreditado cumplimiento haya comportado".

CAPÍTULO IV
LA INEJECUCIÓN DE LA PENA DE PRISIÓN

1. SUSPENSIÓN DE LA EJECUCIÓN DE LA PENA: UNIFICACIÓN DE LA SUSPENSIÓN Y LA SUSTITUCIÓN

1.1. La suspensión, sustitución y libertad condicional, reguladas separadamente en la tradición legislativa española, constituyen piezas claves en el sistema de consecuencias penales, de una extraordinaria importancia en orden a la resocialización y reinserción social, que comparten la misma naturaleza jurídica, esto es, las tres figuras representan formas de inejecución de la pena privativa de libertad, aunque mientras que la suspensión y la sustitución suponen la inejecución total de dicha pena, la libertad condicional supone sólo la inejecución parcial de aquella pena, y mientras que la suspensión y la sustitución se producen antes de la ejecución de la pena privativa de libertad, la libertad condicional tiene lugar justo en el otro extremo, esto es, en la última etapa de cumplimiento de dicha pena.

Aunque la suspensión está normalmente asociada a la ejecución de la pena de prisión, tal inejecución no tendría por qué limitarse a las penas privativas de libertad, como ocurre tradicionalmente en nuestro país. ¿Por qué no ampliar su aplicación a otras penas, como las pecuniarias y las de privación de derechos?, pues aunque éstas no generan, ciertamente, «contagio criminológico» alguno, que es lo que inicialmente se quería evitar con la suspensión, aplicable a delincuentes primarios, qué duda cabe que la suspensión en estos casos también favorece la reeducación y la reinserción social. Por ello, aunque esta figura ha estado reservada por lo general a la pena privativa de libertad, no faltan códigos que la prevén con más amplitud; por ejemplo, el art. 163 del *Codice penale* italiano (*Sospensione condizionale della pena*), la contempla también con respecto a la pena pecuniaria, y el Código penal francés, en su art. 132.31, prevé la aplicación de la remisión condicional (*sursis*) «a las condenas de prisión impuestas por una duración de un máximo de cinco años, a la multa o a la pena de días-multa, a las penas privativas o restrictivas de derechos ... y a las penas accesorias».

En el debate parlamentario de la reforma penal de 2015 se llegó a tratar esta cuestión, partiendo de la base de que una regulación tipo de la suspensión debía ser generosa, extensiva a penas pecuniarias y de privación de derechos, pero lo cierto es que finalmente no prosperó.

1.2. La reforma operada en el Código Penal por la Ley Orgánica 1/2015 en esta importante materia ha introducido cierta flexibilidad, al suprimir el actual requisito en virtud del cual no se pueden tener antecedentes penales para suspender una condena, cerrando la posibilidad de obtener este beneficio a todo aquel que haya sido condenado con anterioridad, a diferencia de lo que ocurre en el derecho comparado.

Según el art. 81 del Código Penal anterior a la reforma era condición necesaria de la suspensión «que el condenado haya delinquido por primera vez», es decir, sólo se podía aplicar una vez a cada condenado. En Italia, en cambio, se puede aplicar hasta dos veces. En Francia se excluye la remisión condicional simple (*sursis simple*) cuando el autor ha sido condenado a una pena de reclusión o de prisión los cinco años anteriores (art. 132-30), pero no se prevé ningún límite, en cambio, en la remisión condicional con puesta a prueba (*sursis avec misec à l'épreuve*) (art. 132-41), que es aquella que es aplicable a las condenas de prisión por un tiempo máximo de 5 años impuestas por delito grave o menos grave.

Con la regulación anterior a la reforma, un antecedente por cualquier delito excluía la posibilidad de suspensión; además, la comisión de ese delito generaba, automáticamente, la revocación de la suspensión de condena, aunque fuera un delito de diferente naturaleza. Por ejemplo, una persona que hubiera cometido en el año 2010 un delito patrimonial, siendo suspendida su condena unos años después, resulta que si luego tenía que pasar un control preventivo de alcoholemia y daba positivo, aquella condena por delito patrimonial cometido hace varios años tendría que ser ejecutada inexcusablemente. Situaciones como esta son precisamente las que se quisieron evitar con las modificaciones introducidas en la reforma de 2015, flexibilizándose esta figura, al permitir que los tribunales puedan acordar la suspensión, o no revocarla, valorando la gravedad del delito cometido o de los antecedentes existentes.

En la reforma del Código Penal aprobada por la Ley Orgánica 1/2015 sigue operando la misma condición de que el condenado haya delinquido por primera vez, pero se añade que no se tendrán en cuenta "los antecedentes penales correspondientes a delitos que, por su naturaleza o circunstancias, carezcan de relevancia para valorar la probabilidad de comisión de delitos futuros" (art. 80.2.1ª) y, además, se contempla la posibilidad de que, excepcionalmente, aun no concurriendo la anterior condición, siempre que no se trate de reos habituales[91], pueda acordarse "la suspensión de las penas de prisión que individualmente no excedan de dos años cuando las circunstancias personales del reo, la naturaleza del hecho, su conducta y, en particular, el esfuerzo para reparar el daño causado, así lo aconsejen" (art. 80.3), condicionada a la reparación del daño, o al cumplimiento del acuerdo alcanzado en caso de mediación, imponiéndose además, bien el pago de una multa, bien la realización de trabajos en beneficio de la comunidad (art. 80.3, párr. 2º, en relación al art. 84), en cuyo caso la extensión de estas medidas "no podrá ser inferior a la que resulte de aplicar los criterios de conversión fijados en el mismo sobre un quinto de la pena impuesta".

1.3. Es decir, se unifica la suspensión y la sustitución en un único sistema de suspensión de la pena privativa de libertad, quedando la pena suspendida condicionada al cumplimiento de aquellos sustitutivos penales (además de a la reparación o a lo acordado en mediación).

---

[91] Reos habituales son "los que hubieran cometido tres o más delitos de los comprendidos en un mismo capítulo, en un plazo no superior a cinco años, y hayan sido condenados por ello" (art. 94).

Ahora, pues, no queda excluida totalmente la posibilidad de aplicación de la suspensión a los reincidentes, y en cuanto a la revocación de este beneficio, ésta ya no es automática, abriendo la reforma de la Ley Orgánica 1/2015 la posibilidad de que los órganos jurisdiccionales puedan acordar la no revocación, valorando la gravedad del delito cometido y otras circunstancias (art. 86), que permitan basar racionalmente un pronóstico individualizado favorable sobre el comportamiento futuro del autor.

No es de extrañar, pues, que la referida reforma en esta materia de 2015 fuera valorada positivamente, por lo general, por los grupos parlamentarios, que incluso introdujeron a través de sus enmiendas diversas modificaciones, mejorando técnicamente la regulación. Concretamente, gracias al Grupo Parlamentario Socialista se pudo incorporar un trámite de audiencia para que el juez sentenciador adoptara su decisión después de haber oído al condenado (art. 82.1), e Izquierda Plural, propuso, para aquellos casos de penados que han cometido el delito a causa de su dependencia a las drogas, que el abandono del tratamiento de desintoxicación no sea el motivo de la revocación automática de la suspensión como lo era en el régimen anterior, enmienda aprobada, de manera que ahora es posible que se acuerde la continuación de dicho tratamiento si el juez o tribunal "oídos los informes correspondientes" estima necesaria la continuación del tratamiento (art. 87.2).

La comisión de delitos por toxicómanos, personas drogodependientes, siempre ha sido objeto de especial preocupación, concurriendo por lo general en estos casos una menor o incluso nula culpabilidad, que requiere una medida de tratamiento de la drogodependencia, y ello por razones humanitarias, pues un Estado que se define como social y de derecho no debe desentenderse de la posibilidad de curar y atender a una persona que ha cometido un delito por una situación de grave drogodependencia, debiéndose hacer los esfuerzos necesarios para la recuperación física y espiritual de estas personas. Además, no hay que olvidar que la sociedad y el orden público sólo podrán ser adecuadamente protegidos cuando estos sujetos sean socialmente recuperados; algo que, en verdad, podría generalizarse al conjunto de delincuentes.

Por eso, ha sido satisfactoria la reforma del régimen aplicable a los casos de comisión del delito por toxicómanos. Aquí, la suspensión se puede producir en condenas de hasta cinco años de prisión (no dos, como es la regla general), y las simples recaídas en el tratamiento que ha de seguir el sujeto no van a significar, como ocurría antes de la reforma de 2015, un abandono del mismo que se traduzca en la revocación de la suspensión (art. 80.5, párr. 3°).

Ahora bien, aquí, son variadas la situaciones que pueden producirse: puede ocurrir que el sujeto esté exento de responsabilidad criminal con arreglo al art. 20.2°, en cuyo caso, nada hay que suspender, aunque podrá aplicársele una medida de seguridad de internamiento en centro de deshabituación (art. 102); puede ocurrir que se le haya apreciado sólo una eximente incompleta, aplicándose entonces, además de la pena privativa de libertad la misma medida de internamiento en centro de deshabituación (art. 104), siempre con aplicación del principio vicarial (art. 99), lo que significa que primero se le aplicará la medida y luego la pena, abonándose el tiempo de la medida al de la pena, incluso con posibilidad de suspensión de la pena de prisión que le reste por cumplir cuando ello sea innecesario (art. 99, *in fine*); luego aquí la suspensión sólo tendrá lugar una vez se haya alzado la medida de seguridad; finalmente puede ocurrir que ninguna eximente, completa o incompleta, se le haya aplicado, en cuyo caso entra en consideración la suspensión prevista en el art. 80.5, "siempre que se certifique suficientemente, por centro o servicio público o privado debidamente acreditado u homologado, que el condenado se encuentra deshabituado o sometido a tratamiento para tal fin en el momento de decidir sobre la suspensión", caso este último en el que se someterá la suspensión a la condición de que el sujeto "no abandone el tratamiento hasta su finalización", aunque, como se dijo, no cualquier recaída en ese tratamiento tiene por qué dar lugar a la revocación de la suspensión; sólo cuando el abandono sea realmente definitivo. Además, es jurisprudencia reiterada que aun en el caso de que ninguna referencia se haga a la toxicomanía del sujeto en la sentencia a ejecutar, luego que no se haya apreciado en ésta eximente ni atenuante alguna en relación a este aspecto, podría beneficiarse aquél del beneficio de la suspensión, si tal circunstancia concurrente a la fecha de los hechos queda acreditada en la ejecutoria correspondiente.

A propuesta de otros grupos parlamentarios se pudo eliminar del texto la posibilidad de revocación por la comisión de delitos cometidos con anterioridad al plazo de suspensión, de manera que ahora el art. 86.1, cuando se refiere a la revocación de la suspensión, aclara que el penado debe haber sido condenado "por un delito cometido durante el período de suspensión" (apartado a), no con anterioridad al mismo.

1.4. Hay otro aspecto que ha mejorado con la reforma de 2015. Nos referimos al régimen de sustitución de condenas por multas o trabajos en beneficio de la comunidad, antes previsto en el art. 88 (suprimido con la reforma de la Ley Orgánica 1/2015). El Código anterior era realmente muy estricto, con una conversión automática: cada día de prisión se sustituía por dos cuotas de multa o por una jornada de trabajo o por un día de localización permanente. Este sistema se traducía, en el caso de la sustitución de penas largas, en la imposición de multas muy elevadas, prácticamente irrealizables, o en penas de trabajo en beneficio de la comunidad extraordinariamente prolongadas en el tiempo. Todo ello se traducía, a su vez, en la imposibilidad del pago de la multa o en la enorme dificultad de cumplimiento de la pena de trabajos y, por tanto, en el fracaso de la sustitución o alternativa.

Con la referida reforma se introduce una razonable flexibilización, de manera que los tribunales tienen ahora la posibilidad de que esa pena sustitutiva, multa o trabajos, como condiciones de la suspensión de la pena de prisión, no sea tan grave, ajustándola adecuadamente a las circunstancias del caso (art. 84.1), "sin que pueda exceder de la que resulte de computar un día de trabajos por cada día de prisión sobre un límite máximo de dos tercios de su duración", para que realmente pueda ser cumplida y la suspensión sea efectiva.

2. LA LIBERTAD CONDICIONAL COMO UNA MODALIDAD DE SUSPENSIÓN DE LA EJECUCIÓN DEL RESTO DE LA PENA

La libertad condicional es otra institución esencial en el ámbito de la ejecución de las penas privativas de libertad, en el llamado derecho penal de ejecución.

Su semejanza con la suspensión es evidente, con la diferencia de que mientras que aquélla tiene lugar antes de la ejecución de la pena, evitándola, la libertad condicional tiene lugar después de un tiempo determinado de ejecución.

Al compartir la misma naturaleza, las reglas de conducta, de control y asistencia, pueden ser las mismas, bastando en la regulación una simple remisión a las que rigen en la suspensión (art. 90.5). No es extrañar, pues, que algunos Códigos, como el alemán, regulen conjuntamente una y otra figura. Era razonable, pues, que la reforma de 2015 aprovechara para regular la libertad condicional como una modalidad de suspensión de la ejecución del resto de la pena (arts. 90-92).

En España, la libertad condicional, dentro del sistema de individualización científica de la pena consagrado en la Ley Orgánica General Penitenciaria de 26 de septiembre de 1979 (art. 72)[92], en el que se establecen tres grados, es el último de los grados de la clasificación penitenciaria. Según el art. 72 de aquella Ley, los clasificados en primer grado, que son aquellos que son calificados de peligrosidad extrema, o que no se adaptan a los regímenes ordinario y abierto (art. 10.1 Ley Orgánica General Penitenciaria), serán destinados a establecimientos de régimen cerrado, y los clasificados en segundo y tercer grado cumplen, respectivamente, en establecimientos de régimen ordinario y de régimen abierto. Por lo general, este último grado[93] se suele conceder a los reclusos un poco antes de alcanzar la libertad condicional, precisamente para facilitar en forma gradual su reinserción.

---

[92] Esta Ley - vigente - tuvo una importancia extraordinaria en España, porque desde 1849 (Ley de Prisiones) no se había promulgado Ley alguna reguladora de esta materia, y porque fue un texto de amplio consenso, aprobado por unanimidad en las Cortes, basándose su normativa en las Normas Mínimas para el Tratamiento de los Reclusos elaboradas por las Naciones Unidas y el Consejo de Europa, en los acuerdos internacionales sobre derechos humanos, y en las leyes penitenciarias de los países más avanzados. La Ley (y su Reglamento, de 1996) contiene un modelo resocializador, dentro de un sistema custodial, que pretende recuperar al delincuente sobre la base de una intervención positiva orientada hacia la reinserción social, a cuyo fin se dirige toda la organización penitenciaria, a través de la observación, clasificación y tratamiento del delincuente.

[93] Los internos en tercer grado son aquellos que sólo tienen que pernoctar en la cárcel. Pero, incluso, esto último se puede evitar en la regulación que ofrece la Ley Orgánica General Penitenciaria española, cuando «de modo voluntario, el interno acepte el control de su presencia fuera del centro mediante dispositivos telemáticos» (art. 86.4 del Reglamento Penitenciario).

En cuanto al tiempo de cumplimiento de la pena que se deba requerir para poder alcanzar la libertad condicional, el Código Penal anterior a la reforma de 2015 era muy exigente, pues para alcanzar la libertad condicional se contemplaba la exigencia de haber cumplido las tres cuartas partes de la pena impuesta (art. 90), situándose de este modo, como el Código europeo más estricto en esta materia[94].

Consciente de esta situación, el legislador español ha aprovechado la reforma de la Ley Orgánica 1/2015 para introducir modificaciones, principalmente en relación a los penados primarios, esto es, aquéllos que cumplen su primera condena en prisión, previendo ahora que éstos puedan obtener la libertad condicional al cumplir la mitad del cumplimiento de la condena, siempre que ésta no supere los tres años de duración (art. 90.3). Ello obedece a la filosofía de la reforma en cuanto al sistema de penas, puesta de relieve en la exposición de motivos: "se introducen mecanismos e instituciones que pretenden ofrecer una respuesta contundente a los delincuentes multirreincidentes; y, de un modo coherente, se ofrecen nuevas posibilidades de obtener la libertad a los penados primarios que presentan un pronóstico favorable de reinserción".

Era razonable también que se revisara el criterio sobre el cómputo del tiempo pasado en libertad condicional. Con el código anterior a la reforma de 2015, el tiempo de libertad condicional computaba como tiempo de cumplimiento de condena (art. 93). A partir de la reforma, el tiempo de libertad condicional no computa como tiempo de cumplimiento de condena, sino que, en palabras de su exposición de motivos, "la concesión de la libertad condicional determinará la suspensión de la ejecución del resto de la pena durante un determinado período de tiempo: si, durante ese tiempo, el penado no reincide y cumple las condiciones impuestas, se declarará extinguida la pena pendiente de cumplimiento; por el contrario, si durante ese período de libertad condicional (ahora llamada suspensión de la ejecución del resto de la pena) comete un nuevo delito o incumple gravemente

[94] Así, el § 46 del StGB austríaco exige el cumplimiento de dos tercios (2/3) de la pena impuesta, y el § 57 del StGB alemán establece la misma condición, lo mismo que Suiza; incluso, el Proyecto Alternativo autorizaba la libertad condicional a partir del cumplimiento de la mitad de la pena, e imperativamente a partir de los dos tercios. Otros Códigos, como los de Italia, Rusia, Eslovenia y Polonia, requieren el cumplimiento de la mitad de la pena.

las condiciones impuestas, la libertad será revocada y deberá cumplir toda la pena que restaba".

La reforma, consciente de la necesidad de resarcimiento de las responsabilidades civiles que se hayan podido acordar, contempla la posibilidad de denegación de la libertad condicional o suspensión de la ejecución del resto de la pena "cuando el penado hubiera dado información inexacta o insuficiente sobre el paradero de bienes u objetos cuyo decomiso hubiera sido acordado" o "no dé cumplimiento conforme a su capacidad al compromiso de pago de las responsabilidades civiles a que hubiera sido condenado" o "facilite información inexacta o insuficiente". Y también, muy sensible con el grave fenómeno delictivo de la corrupción, prevé la posibilidad de denegar la libertad condicional cuando el condenado por alguno de los delitos contra la Administración pública (prevaricación, cohecho, tráfico de influencias, malversación, etc.) haya eludido la obligación de devolver las cantidades sustraídas del erario público o, en general, la reparación del daño económico causado a la Administración (art. 90.4).

Por último, la reforma de 2015 introdujo una regulación pormenorizada del régimen de revisión de la prisión permanente revisable. Básicamente, clasificado el penado en tercer grado y cumplido el tiempo de extinción previsto para cada caso, que va desde los veinticinco a los treinta y cinco años, y concurriendo un pronóstico favorable de reinserción social, el tribunal puede acordar la suspensión de la ejecución de la pena, que se traduce en la libertad condicional, cuya duración va desde los cinco a los diez años, durante cuyo plazo el penado queda sujeto a condiciones, cuyo incumplimiento, así como la comisión de nuevos delitos, determina la revocación de la suspensión y el reingreso de aquél en prisión (art. 92).

3. EL INDULTO

Hoy, en pleno siglo XXI, la vieja figura del indulto no tiene explicación alguna[95], apareciendo a los ojos de todos como una manifiesta injerencia del Gobierno en el Poder judicial.

---

[95] V., en este sentido, Jaén Vallejo, M., en "¿Es explicable la figura del indulto?", Revista electrónica *El Derecho*, 30-10-2013. A favor de su mantenimiento, pero critican-

El ejercicio del derecho de gracia es una prerrogativa real, es decir, corresponde a la Corona, aunque hoy los indultos los aprueba el Consejo de Ministros, a propuesta del de Justicia, firmando los reales decretos de indulto el Rey, pero siempre con el refrendo del Ministro de Justicia, coherentemente con el carácter inviolable del Rey, no sujeto a responsabilidad, que exige que sus actos estén siempre refrendados por el presidente del Gobierno o ministros competentes, que sí son responsables de lo que firman. Y, naturalmente, el ejercicio del «derecho de la gracia de indulto» no es absoluto, sino que sólo puede tener lugar en los casos previstos en la ley. El Gobierno no se puede exceder en la aplicación del indulto, éste debe contar con el informe favorable del Ministerio Fiscal y Tribunal sentenciador, y el indulto debe limitarse a las penas impuestas, sin que pueda extenderse a otras consecuencias jurídicas, como los antecedentes penales. Es decir, el indulto conmuta penas, no sus consecuencias en el ámbito administrativo, pues la vigente Ley de indulto de 18 de junio de 1870 establece unas reglas claras sobre el alcance del indulto, que no se puede extender a aquellas consecuencias, como tampoco a la indemnización civil ni a las costas procesales.

En cuanto a su alcance, el art. 62 i) de la Constitución deja claro que aunque el Rey puede ejercer el derecho de gracia, "no podrá autorizar indultos generales", es decir, el derecho de gracia es un derecho limitado. Otra cosa diferente al derecho de gracia es la amnistía, que puede aprobar las Cortes Generales, que son las que representan al pueblo, utilizada poco antes de la promulgación de la Constitución en 1978 a través de la Ley de Amnistía de 1977.

No cabe duda de que el ejercicio del derecho de gracia, acordando indultos a favor de los condenados por los órganos jurisdiccionales, choca frontalmente con la función que, sólo a éstos corresponde, de juzgar y hacer ejecutar lo juzgado. ¿Cuál puede ser, pues, el fundamento de esta institución arcaica y retrógrada que perdura en el tiempo? La respuesta no es fácil, porque el Rey ha pasado a tener un carácter simbólico, en el marco, no ya de un Estado de poderes concentrado, como en tiempos de la Monarquía absoluta, en el que era la cabeza de todos los poderes, sino de un Estado moderno estructura-

---

do su obsoleta regulación, v. Sánchez-Vera Gómez-Trelles, J., en "Una lectura crítica de la Ley de Indulto", Revista electrónica *InDret* 2/2008.

do sobre la base de la división de poderes[96], y en el que el ejercicio del *ius puniendi* (derecho a penar o sancionar) a través de la elaboración de las pertinentes leyes penales corresponde al poder legislativo, y su aplicación al poder judicial. Hoy es difícilmente explicable la atribución de un derecho de gracia al Rey, que en realidad ejerce el Gobierno, cuando el Rey ya no tiene la titularidad del poder judicial, sino que la Constitución lo atribuye al pueblo, por más que se administre en nombre del Rey (art. 117.1 de la Constitución).

En cualquier caso, el derecho de gracia no puede ser entendido hoy como expresión de un poder de discrecionalidad plena del poder ejecutivo, como antaño, sino que su uso debe ser racional, que aleje toda sombra de arbitrariedad, proscrita en el art. 9.3 de la Constitución y, desde luego, sería necesario contar cuanto antes con una adecuada política de indultos que evitara excesos en este ámbito. Podría pensarse su aplicación, por ejemplo, para evitar una pena injusta, por ser cruel o desproporcionada, o por derivar de un error judicial, aunque estas penas, actualmente, están prohibidas en la Constitución, y los códigos penales modernos cuentan actualmente con mecanismos suficientes para evitar penas injustas (a través de la aplicación de atenuantes, de la suspensión de la ejecución de penas, de la aplicación de alternativas a la prisión, de la libertad condicional, etc.), y los posibles errores judiciales tienen su remedio judicial a través de un amplio sistema de recursos.

En fin, aunque el reconocimiento del indulto es una realidad indiscutible, no cabe duda que el requisito de la racionalidad es imprescindible para su correcto ejercicio, por más que suponga una institución retrógrada y arcaica, que supone una clara injerencia del poder ejecutivo en el judicial, y de la que no debería abusar el Gobierno, por quedar extramuros de su función. Institución prohibida, por cierto, en la bicentenaria Constitución de 1812, cuando señalaba en su art. 243 que "ni las Cortes ni el Rey podrán ejercer en ningún caso las funciones judiciales, avocar causas pendientes, ni mandar abrir los juicios fenecidos".

---

[96] En palabras de Bacigalupo, E., *Derecho penal y el Estado de Derecho*, Chile, 2005, el derecho de gracia se constituye como un límite no suficientemente justificado a la división de poderes, pp. 11 y ss.

CAPÍTULO V
LAS MEDIDAS DE SEGURIDAD

1. LA RELACIÓN ENTRE LA PENA Y LA MEDIDA DE SEGURIDAD. SISTEMA DUALISTA

1.1. La mayor parte de los derechos penales continentales europeos se basan en un sistema doble de reacciones penales (doble vía), con el que se pretende, por un lado, reprimir el hecho punible cometido y, por otro lado, evitar, en lo posible, su repetición, articulándose para ello dos clases de consecuencias jurídicas del delito: las penas y las medidas de seguridad. En España, el Tribunal Constitucional, en su Sentencia 150/1991[97], dejó claro que "no es constitucionalmente legítimo un derecho penal de autor que determinara las penas en atención a la personalidad del reo y no según la culpabilidad de éste en la comisión de los hechos", por lo que el legislador de 1995, consecuentemente con la anterior declaración, orientó el código penal hacia un sistema de doble vía, renunciando a utilizar la pena con fines exclusivamente preventivos. El surgimiento de las medidas de seguridad a finales del siglo XIX[98] tuvo su origen en la necesidad de que el derecho penal, hasta entonces con una función puramente represiva, extendiera su función a la prevención de comportamientos delictivos por parte de inimputables peligrosos, en los que la culpabilidad estaba

[97] En el mismo sentido, la Sentencia del Tribunal Constitucional 185/2014.

[98] V., ampliamente sobre esta cuestión, Jorge Barreiro, A., *Las medidas de seguridad en el Derecho español*, Madrid, 1976, pp. 33 y ss.

ausente, así como también a la prevención de los comportamientos de reincidentes, con una clara tendencia a la reiteración del delito. Unos y otros sujetos representaban un peligro, del que la sociedad debía protegerse.

En el marco del derecho penal de la llamada "escuela clásica" imperaba un "sistema monista" o de única vía, basado exclusivamente en la pena, que quedaba reducida a una función metafísica, consistente en la realización de un ideal de justicia[99]. Las teorías absolutas o de la retribución[100] no comprendían en su propia lógica la necesidad de una ejecución de la pena en atención a sus consecuencias sociales, es decir, la utilidad de la pena quedaba totalmente fuera del fundamento jurídico de la misma; sólo era legítima la pena justa, aunque no fuera útil.

Estas teorías, por su sentido limitador de la gravedad de la pena aplicable, tienen aún hoy un cierto reconocimiento, cuando se rechaza la utilización del condenado para fines preventivo generales; e incluso, como ya se vio en el capítulo I, están retornando a la discusión actual ante la impotencia de las ciencias sociales para legitimar en el conocimiento empírico las teorías preventivas, aunque teniendo en cuenta que la necesidad de la ejecución de la pena sin consideración alguna de sus consecuencias sociales, algo que estaba en la lógica de las teorías absolutas en sus formulaciones originales, choca hoy con el sentimiento jurídico moderno, lo mismo que la imposibilidad que tenían estas teorías de admitir la posibilidad de renuncia a la pena.

Una pena así concebida, puramente retributiva, no permitía resolver el problema que planteaban determinados delincuentes, como era el caso de los reincidentes y de los inimputables peligrosos; sólo demoraba el problema. Además, al fundamentarse la pena en la lesión cometida libremente del orden jurídico, esto es, con un abuso de la libertad que es reprochable, era evidente que la pena presuponía

---

[99] La pena era retribución por la comisión de un delito y se debía imponer, según Kant, por razones de «justicia» (*Methaphysik der Sitten*, 1797), y según Hegel por razones de «imperio del derecho» (*Grundlinien der Philosophie des Rechts*, 1821).

[100] Un buen panorama sobre las distintas teorías de la pena se puede encontrar en: Righi, E., *Teoría de la pena*, Buenos Aires, 2001, pp. 18 y ss., y del mismo autor, el artículo sobre "Estado actual de la teoría de la pena", en la *Revista de Derecho penal y procesal penal*, Buenos Aires, núm. 3 (noviembre de 2004), pp. 531 y ss. V. también Lesch, H., *La función de la pena*, en *Cuadernos Luis Jiménez de Asúa*, núm. 4, Madrid, 1999.

culpabilidad, algo que estaba ausente en los inimputables, y también, en cierto modo, en los reincidentes. Unos y otros delincuentes planteaban y, en verdad, siguen planteando hoy en día, un mismo problema: su peligrosidad y, por tanto, su recaída en el delito.

La anterior situación propició el surgimiento del "sistema dualista" o de doble vía, que se materializó por primera vez en el proyecto suizo de Carl Stooss, en 1893, ofreciendo dos consecuencias jurídicas como respuestas básicas en la lucha contra el delito, siendo el fundamento de una y otra consecuencia diferente: la culpabilidad en la pena y la peligrosidad en la medida de seguridad. Alemania introdujo las medidas en su Código en 1933, Italia en 1930, y España en el Código de 1928, y, más tarde en la Ley de Vagos y Maleantes de 1933 (seguida de la Ley de Peligrosidad y Rehabilitación Social de 1970). También forman parte ya, desde hace tiempo, de la tradición jurídica de los derechos penales iberoamericanos.

Al tiempo que surgió el sistema dualista, el positivismo criminológico dotó de nuevas características a la teoría de la prevención especial de la pena, que se convirtió en el siglo XX en el punto de partida del derecho penal moderno. A partir de entonces, los distintos códigos penales basaron sus reformas en la nueva concepción de la prevención especial, centrándose el derecho penal, principalmente, no en el hecho, sino en su autor.

Según este nuevo punto de vista, la pena podía permitir prevenir la comisión de delitos mediante la represión, es decir, aquélla ya no era pura retribución. Lo anterior exigía que se investigara en función de las distintas categorías de delincuentes, surgiendo los estudios de von Liszt, con su famoso programa de Marburgo, en 1882[101], y las investigaciones de Lombroso (*L'Uomo delinquente,* 1876) y Ferri (*Studi critici sull'Uomo delinquente di Lombroso,* 1878). Sin embargo, las consideraciones empíricas que permitieron elaborar estas clasificaciones no pudieron llegar a ser demostradas en ningún momento, por lo que finalmente fracasaron.

Aquellas clasificaciones de delincuentes fueron finalmente abandonadas, y fueron adquiriendo protagonismo los nuevos conocimientos sobre la idea de tratamiento y rehabilitación. La prevención

---

[101] V. Von Liszt, F., *La idea del fin en el derecho penal,* traducción de Carlos Pérez del Valle, cit., Granada, 1995.

especial, pues, experimentó, especialmente a partir del proyecto alternativo alemán de 1966, una importante transformación. Aquella idea del tratamiento y rehabilitación o resocialización en la ejecución de la pena, una vez superado el viejo causalismo antropológico de Liszt y Ferri, científicamente insostenible[102], ha predominado desde entonces, considerándose el derecho penal como el medio adecuado para lograr, a través de una ejecución penal basada en el tratamiento, el fin de la resocialización.

Lo cierto es que, como es bien sabido, tampoco el logro de este fin ha podido verificarse empíricamente, y el escepticismo ha ido creciendo entre los autores. Es bien conocida la expresión de Hassemer, en 1981, cuando afirmó la paradoja que supone "una educación para la libertad mediante la privación de la libertad"[103].

Al carecer, pues, la idea de resocialización, de una justificación científico-social, la misma pasó a ser una simple utopía[104], imponiéndose poco a poco un paradigma distinto de racionalidad en la comprensión del delito y de la pena, que independiza la cuestión de la teoría de la pena de su demostración empírica. La razón es clara: si no es posible confirmar empíricamente que el derecho penal permite alcanzar el fin que lo legitima, su racionalidad, entendida como racionalidad instrumental (la pena como instrumento para prevenir el delito), desaparece, e incluso la propia legitimidad del *ius puniendi*, algo difícilmente admisible[105]. Por tanto, si se pretende que el derecho

---

[102] Probablemente en un futuro, como consecuencia de los avances en la investigación de los genes, se pueda lograr una información muy precisa sobre las posibilidades que una persona puede tener de delinquir en un futuro, es decir, sobre su predisposición al delito. Una vez que lo anterior sea realidad, con conocimientos mucho más evolucionados que los de la época de von Liszt, Ferri y Lombroso, ¿será posible (en ese futuro) llevar a cabo alguna manipulación genética para evitar así que se cumplan tales pronósticos delictivos? Es decir, teniendo conocimiento de la elevada peligrosidad de una persona por esas predisposiciones genéticas, ¿sería posible someterlo preventivamente (incluso antes de la comisión del delito) a determinada terapia génica, es decir, administrarle material genético para corregir un defecto genético específico? Son preguntas que ya comienzan a formularse, aunque aún sea algo pronto para su tratamiento.

[103] *Einführung in die Grundlagen des Strafrechts*, 1981, p. 269.

[104] Así, Hassemer, op. cit., p. 298.

[105] Jaén Vallejo, M., *Cuestiones básicas del derecho penal*, Universidad Austral, Buenos Aires, 1998, cit., p. 47.

penal sea un derecho penal racional, algo que difícilmente se puede negar, la racionalidad no puede ser la meramente instrumental.

Surge entonces una nueva dirección en el pensamiento penal contemporáneo, que renuncia a esa racionalidad instrumental, volcándose en el paradigma de la racionalidad comunicativa, como es el caso de la teoría de la prevención general positiva: la pena tiene como finalidad estabilizar la vigencia de la norma vulnerada por el autor, por lo que adquiere una función social utilitaria, consistente en la comunicación de un determinado mensaje destinado a fortalecer la confianza en la vigencia de la norma infringida; por ello, constituye un medio para lograr un fin socialmente positivo. Se prescinde, pues, de toda demostración psicológico-social o psicológico-individual del efecto preventivo de la pena[106], manteniéndose ésta en un plano exclusivamente comunicativo: la pena es una respuesta al ilícito, en la que se comunica la decisión de ratificar la vigencia de la norma.

Por tanto, no cabe duda que el fracaso de las tradicionales teorías preventivas ha favorecido el desarrollo de las nuevas teorías de la prevención general positiva, en las que la pena cumple una función comunicativa.

Independientemente de las nuevas formulaciones de las teorías de las penas, basadas en la prevención general positiva, o en las nuevas versiones de las teorías absolutas[107], ninguna de ellas niega que la pena pueda cumplir otras funciones. Simplemente se trata de separar lo que es la esencia o fundamento de la pena, de las eventuales funciones preventivas instrumentales que a través de la misma se puedan cumplir, pero que no constituyen su fin legitimador[108].

---

[106] Por eso ha dicho Stratenwerth, G., que al prescindir de tales demostraciones empíricas, la pena sólo puede tener una función simbólica: así, en la 4ª ed. de su manual de Derecho Penal, Parte General; v. la edición en castellano de la obra de este autor, trad. de M. Cancio y M. Sancinetti, en Buenos Aires, 2005.

[107] V., por ejemplo, Lesch, H., en *La función de la pena,* Cuadernos "Luis Jiménez de Asúa", trad. de Javier Sánchez-Vera, Madrid, 1999, en donde defiende una teoría funcional de la retribución.

[108] Con certeras palabras lo expresa Bacigalupo, E., en sus *Principios de derecho penal,* Parte General, Madrid, 1990, diciendo que "la decisión a favor de la prevención general positiva requiere... que, al mismo tiempo, no se cierre la discusión sobre el progreso de la idea de un derecho más humano".

Y tanto en el marco de las teorías basadas en una racionalidad instrumental, como en el marco más actual de las teorías que se basan en una racionalidad comunicativa, el derecho penal necesita de la medida de seguridad, porque la pena, independientemente de la función que se le asigne, ha de tener como base la culpabilidad, algo inexistente en los inimputables, que no pueden ser destinatarios de una norma que no los puede motivar de una manera jurídicamente relevante, y, además, el límite de la gravedad de la culpabilidad por el hecho sólo se podría superar en el marco de un derecho de autor, nunca en el marco de un derecho, como el actual, basado en aquella culpabilidad por el hecho, es decir, en la responsabilidad del autor por el acto concreto cometido; al autor se lo castiga por lo que ha hecho, no por lo que es.

Sin embargo, es un hecho incuestionable que la pena adecuada a la culpabilidad por el hecho puede ser insuficiente para prevenir la reincidencia.

Hoy, pues, sigue siendo perfectamente válido el sistema de doble vía, de pena y medida como respuestas básicas en la lucha contra el delito.

De no existir este sistema, las penas se verían endurecidas en muchos casos, por razones de seguridad y defensa social; en realidad, es lo que ocurre, incluso en el vigente sistema de doble vía, con los reincidentes, castigándoselos muchas veces a penas que superan el límite de la gravedad de su culpabilidad por el hecho concreto cometido[109]. En cambio, con la previsión de medidas de seguridad es posible una intervención activa en el sujeto, independientemente de la gravedad de la culpabilidad por el hecho. Se brinda así una mayor protección al sujeto, al ofrecerle la posibilidad de curación y atención, y, naturalmente, a la sociedad, porque sólo a través del control y, en su caso, recuperación, de este tipo de autores, reincidentes, podrá aquélla ser protegida adecuadamente. Para ello, es imprescindible algo que muchas veces se olvida, esto es, tener en cuenta el verdadero fundamento de una y otra consecuencia: la culpabilidad en la pena y la peligrosidad en la medida de seguridad.

---

[109] V. Agudo Fernández, E., "La nueva agravante de reincidencia cualificada", *Cuadernos de Política Criminal,* núm. 81/2003.

Lo anterior significa que no tiene ninguna justificación trasladar los límites temporales que operan en las penas a las medidas de seguridad. Incluso, la duración indeterminada de éstas en el caso de los enfermos mentales puede resultar absolutamente inevitable.

No tiene ninguna explicación plausible, a nuestro juicio, someter la duración de la medida a la duración de la pena que le hubiera correspondido si el sujeto hubiera actuado culpablemente, como lo hace el Código Penal en el art. 6.2[110]. Ello no puede obedecer sino a una falsa y confusa relación entre pena y medida, al tratar como un problema de culpabilidad, luego de pena, lo que no es sino un problema de peligrosidad, luego de seguridad.

Es más razonable y satisfactorio que la duración dependa de la evolución de la enfermedad y peligrosidad del sujeto, siempre con los correspondientes controles judiciales periódicos, que garanticen tanto que no se vaya a producir un "fraude de etiquetas", como el cese de la medida tan pronto desaparezca la causa que la motivó, evitándose así posibles excesos y arbitrariedades[111]. Es verdad que una medida indeterminada en el derecho penal siempre producirá cierto recelo, de ahí la oposición que la misma suele generar en la teoría. Pero también es verdad que hay no pocos casos, como, por ejemplo, el de un esquizofrénico que haya cometido un delito muy grave, cuyo tratamiento no se va a resolver con una medida sujeta a la duración de la pena que, hipotéticamente, le hubiera correspondido de ser culpable del delito cometido.

Naturalmente, esta medida, consistente en un internamiento con duración indeterminada, debe estar proporcionada a la peligrosidad del sujeto, a las necesidades de prevención individual, cuando, por ejemplo, se trata de un esquizofrénico paranoico que ha cometi-

---

[110] Este precepto, luego de afirmar, con buen criterio, en el ap. 1, que "las medidas de seguridad se fundamentan en la peligrosidad criminal del sujeto al que se impongan, exteriorizada en la comisión de un hecho previsto como delito", añade, en el ap. 2, en forma palmariamente inconsecuente, que "las medidas de seguridad no pueden resultar ni más gravosas ni de mayor duración que la pena abstractamente aplicable al hecho cometido,...". Hubiera bastado con el inciso final del texto: "ni exceder el límite de lo necesario para prevenir la peligrosidad del autor".

[111] Con razón Righi, E., *Teoría de la pena*, cit., p. 57, llama la atención sobre el peligro, en el caso de medidas de seguridad privativas de libertad, de que se produzca un "fraude etiquetas".

do un hecho delictivo grave. Pero no parece que la proporcionalidad exija la determinación de la duración de la medida. Lo importante es alejar toda duda de posible prolongación arbitraria de la medida, lo que se puede conseguir con un buen control, no necesariamente con un límite apriorístico.

Una adecuada regulación del principio de proporcionalidad se encuentra en el parágrafo 62 StGB alemán, en el que se afirma que "no se ordenará una medida de corrección y seguridad cuando ésta se halle fuera de relación con el significado de los hechos punibles cometidos y esperables del autor, así como del grado de peligro emanado de él", no previendo siempre un plazo máximo, aunque sí la necesidad periódicamente de control y la posibilidad de suspensión del internamiento por libertad a prueba.

En la doctrina se ha criticado, con razón, la vinculación de la duración de la medida a la duración de la pena. Por ejemplo, Silva Sánchez ha denunciado que la regulación del vigente Código, al referirse a los límites de la duración, desnaturaliza por completo a las medidas de seguridad[112].

De todos modos, también se ha defendido el punto de vista de la ley. Así, por ejemplo, González Rus ha sostenido que una tesis contraria a la vinculación de la medida a la duración de la pena supondría sancionar a los inimputables peligrosos por "su forma de ser", lo que no es fundamento suficiente para la intervención del derecho penal, señalando que "a otras instancias, y no a la punitiva, corresponden esos menesteres"[113]. Podría pensarse, ciertamente, en la posibilidad de que estos casos quedaran fuera del derecho penal, y que la adopción de medidas de internamiento quedaran reservadas al ámbito puramente civil[114] o al administrativo. Pero, desde un punto de vista

[112] Silva Sánchez, J., *El nuevo Código penal: cinco cuestiones fundamentales*, Barcelona, 1997, p. 22. Este autor afirma, con razón, que "en la práctica podría afirmarse que el régimen del nuevo Código penal implica la desaparición del «derecho penal de la peligrosidad» tal como lo conocemos desde hace más de un siglo, esto es, como autónomo del «derecho penal del injusto culpable» (o Derecho penal de la culpabilidad, según denominación más usual)".

[113] González Rus, J.J., *Comentarios al Código penal*, dirigidos por M. Cobo del Rosal, Madrid, 1999, pp. 207 y ss. (p. 210).

[114] Por ej., el art. 211 del Código Civil se refiere a los casos de internamientos por razón de trastorno psíquico.

garantista, es mejor solución la de mantener la competencia en el ámbito penal, pues éste ofrece mayores garantías, tanto en su dimensión procesal, como en la sustantiva.

Además, no hay que olvidar que para la aplicación de la medida de seguridad, igual que para la aplicación de la pena, es preciso que concurran los presupuestos que todo delito exige, salvo la capacidad de culpabilidad; presupuestos, como la acción u omisión, la causalidad e imputación objetiva, dolo o imprudencia, ausencia de causas de justificación, de algún error relevante, etc., que sólo el juez penal puede verificar. Sin la concurrencia de tales presupuestos no puede imponerse ni pena ni medida de seguridad, pues aunque ésta se base en la peligrosidad, la medida requiere que el sujeto realice un hecho en el que concurran todos aquellos requisitos; de lo contrario, sólo podría proceder la absolución, aunque aquél sea un enfermo mental. Aquí, en su caso, sí habría que acudir a otras instancias distintas a la penal.

Es la misma situación que, en realidad, se produce en el ámbito del derecho penal de menores, en el que ha de ser requisito indispensable para su aplicación la realización previa de un hecho delictivo, lo que supone la concurrencia de los presupuestos que configuran el delito, salvo el de la edad que determine en cada legislación la capacidad de culpabilidad, por lo general los dieciocho años. Así, la vigente Ley Orgánica 5/2000, de 12 de enero, establece que "los menores serán responsables con arreglo a esta ley cuando hayan cometido los hechos a los que se refiere el art. 1 y no concurra en ellos ninguna de las causas de exención o extinción de la responsabilidad criminal previstas en el vigente Código penal", es decir, a *contrario sensu*, deben concurrir aquellos presupuestos que permiten afirmar la existencia del delito, salvo el atinente al de la edad.

1.2. Partiendo de la idea de que el fundamento de las medidas de seguridad está en la peligrosidad del sujeto, luego en la recaída de éste en el delito, algo que es común a los inimputables peligrosos y a los reincidentes, es decir, se trata de prevenir la reincidencia tanto cuando el autor no es culpable, caso del inimputable, como cuando aun siéndolo, caso del reincidente, la pena adecuada a la culpabilidad es insuficiente para aquel fin, es posible afirmar que la relación entre la pena y la medida no es necesariamente alternativa sino que la medida puede operar complementariamente. En este sentido se han pronunciado Bacigalupo[115], Jakobs[116], y Roxin[117], entre otros destacados autores. Es perfectamente posible, pues, que se pueda completar la pena con una medida de seguridad para los reincidentes, sin que ello suponga que se los vaya a sancionar por su "forma de ser"; son razones de prevención individual que surgen de la comisión de un nuevo delito concreto las que determinan la necesidad de un medida de seguridad complementaria a la pena, que se ha visto fracasada. Tampoco tiene por qué suponer un *bis in idem,* pues cuando la medida de seguridad opera complementariamente rige el sistema vicarial, según el cual la pena y la medida no se acumulan matemáticamente, sino que el tiempo de privación de libertad de la medida se contabiliza para el de la pena, al menos cuando aquélla se ha ejecutado antes que ésta.

Y si la medida de seguridad no es privativa de libertad, tampoco tiene por qué producirse un *bis in idem* si se respeta el principio de proporcionalidad en su aplicación. En realidad, la concurrencia de penas privativas de libertad y medidas no privativas de libertad, plantea una situación muy parecida a la que tiene lugar cuando concurren aquellas penas y otras de carácter accesorio consistentes en privación de derechos, como la no aproximación a la víctima o a su domicilio, que, en realidad, al basarse en la peligrosidad del sujeto, son auténticas medidas de seguridad[118].

---

115 *Principios de Derecho penal,* 5ª ed., 1998, p. 22.

116 *Strafrecht,* AT, 2ª ed., 1991, p. 30.

117 *Strafrecht,* AT, 3ª ed., 1997, § 1, 3.

118 Medidas que, en el caso de adoptarse antes de dictarse la Sentencia, lo que resulta posible a partir de la introducción en la Ley de Enjuiciamiento Criminal del art. 544 bis, algo que, sin duda, resulta razonable para poder articular el distanciamiento físico entre el agresor y la víctima, de manera que sea posible la inmediata protección de las víctimas de malos tratos en el ámbito familiar, un fenómeno que tanto preocupa en España, presentan el problema de cuál es su naturaleza, por cuanto que, por un lado, al igual que la pena la medida no puede ser aplicada en forma anticipada, pues una y otra requieren la prueba y la declaración correspondiente, bien de culpabilidad, bien de peligrosidad, en la sentencia, rigiendo mientras tanto, con todas sus consecuencias, la presunción de inocencia, y por otro lado, las finalidades de las medidas cautelares durante el proceso no son las que corresponden a aquellas consecuencias jurídicas (pena y medida), sino más bien las de carácter procesal, esto es, evitar la sustracción o el peligro de sustracción del inculpado a la justicia, su fuga, y el evitar el peligro de obstrucción de la investigación mediante destrucción o

En este sentido, el StGB alemán prevé tanto la "custodia de seguridad", que es una medida de internamiento, con un límite de diez años (§ 67d) 3 StGB), declarada constitucional por el Tribunal Constitucional alemán en su Sentencia de 5 de febrero de 2004. Se trata de una medida de seguridad aplicable cuando el sujeto ya ha cumplido la pena privativa de libertad, pero existe el peligro de que pueda cometer otros delitos. Medida que tiene un especial significado en los delitos contra la libertad sexual y otros de carácter violento. Incluso, una vez cumplida la pena privativa de libertad, o, en su caso, la medida de internamiento, se puede aplicar la supervisión de conducta (§§ 68 y ss. StGB).

La necesidad de la medida y su carácter complementario se pone con frecuencia de manifiesto en el delito de tráfico de drogas, cuando se da en el autor una fuerte dependencia de las drogas, aunque sin llegar a excluir totalmente su capacidad de culpabilidad. Al respecto, la Sala de lo Penal del Tribunal Supremo ha hecho interesantes declaraciones. Así, en su Sentencia de 23 de septiembre de 2002, el alto Tribunal puso de manifiesto que tanto el supuesto de hecho de la atenuante del art. 21.2ª del Código Penal (atenuante de drogadicción), como la eximente incompleta del art. 20.2º del Código penal, en relación con el art. 21.1ª (intoxicación por drogas que no llega a ser plena), obedecen a la misma razón: "la existencia de una perturbación de la conciencia proveniente de la drogodependencia del autor, que es insuficiente para excluir la capacidad de culpabilidad. Consecuentemente - dice la Sentencia -, dada la identidad del supuesto de hecho y la identidad de la consecuencia respecto de la amplitud de la atenuación de la pena (cuando la atenuante del art. 21.2ª se aprecia como muy cualificada), carecería de toda justificación una diversidad de consecuencias que excluyera la aplicación de una medida de seguridad. Por lo tanto, debemos afirmar –concluye la Sentencia– la identidad de la finalidad de la medida en tales casos y admitir que, cuando la atenuante del art. 21.2ª se estima muy cualificada, es también de aplicación el art. 104 del Código penal, interpretación que se apoya en la analogía *in bonam partem*".

---

falsificación de medios de prueba, o mediante la influencia en testigos, etc., algo que no es lo que se pretende mediante una medida como la no aproximación a la víctima.

Por su parte, la Sentencia de 21 de noviembre de 2003 se refirió a las razones que requieren completar la pena reducida por la menor culpabilidad, con una medida de tratamiento de la drogodependencia: "la primera es una razón humanitaria y considera a la persona ante todo: un Estado que se define como social y de derecho no debe desentenderse de la posibilidad de curar y atender a una persona que ha cometido un delito por una situación de grave drogodependencia. Aquí importa especialmente la recuperación física y espiritual del ser humano. La segunda razón es social y considera también los intereses del mundo social circundante del autor del delito que ha obrado bajo los efectos de un padecimiento que reduce su capacidad de inhibir el impulso delictivo", señalando al respecto que "sólo podrán ser adecuadamente protegidos la sociedad y el orden público en la medida en la que este tipo de autores sea socialmente recuperado". Por eso, la Sentencia concluye afirmando que en los casos como el que resuelve, en el que la drogadicción ha conducido al delito y tiene una muy severa manifestación, se debe aplicar, por regla general, una medida de internamiento de las previstas en el art. 102 del Código penal, pues el fracaso de tratamientos anteriores desaconseja un tratamiento ambulatorio, por lo que casa y anula la Sentencia impugnada, dictando una segunda sentencia, en la que reduce la pena por aplicación de la eximente incompleta e impone la medida de internamiento en un centro de deshabituación durante un tiempo no superior a los dos años, plazo que se estima, en general, debe durar como máximo un tratamiento de deshabituación, indicando que el tiempo de ejecución de la medida será abonado para el cumplimiento de la pena (art. 99 del Código penal).

Es satisfactorio que los códigos penales, como el español (art. 99), tengan en cuenta el principio vicarial. También es correcto que se parta de la idea de la prioridad de la ejecución de la medida de seguridad, cuando ésta concurre con una pena (así, el art. 104 del Código Penal), así como la posibilidad de que cumplida la medida de seguridad, de existir un pronóstico favorable de conducta a favor del condenado, pueda éste beneficiarse de la libertad condicional, incluso sin llegar a cumplir la pena privativa de libertad, como así lo contempla el art. 99 del Código Penal, al prever para aquella hipótesis la suspensión del cumplimiento de la pena. No tendría ningún sentido que, una vez recuperado el sujeto gracias a la terapia seguida a través de la medida, se lo hiciera ingresar en la cárcel, poniendo en riesgo lo conseguido a través de aquélla.

Ahora bien, la anterior regla (aplicación primero de la medida, y luego, en su caso, de la pena), no debería aplicarse siempre indiferenciadamente para todas las medidas de seguridad, pues hay casos en los que la medida, si no se quiere frustrar su función preventiva, debería ser ejecutada después de la ejecución de la pena, es decir, justo en el momento en que el condenado puede repetir los hechos.

Es el caso de las medidas de seguridad no privativas de libertad, que permiten una supervisión, control o vigilancia del sujeto, que tanta importancia tienen en delitos de fuerte impacto social, como los delitos contra la libertad sexual, los que tienen lugar en el ámbito familiar, y, en general, en todos aquellos de signo violento.

1.3. Una última consecuencia del fundamento de la medida de seguridad tiene que ver con la reincidencia.

No cabe duda que entre la culpabilidad por el hecho y la reincidencia existe una tensión, pues mientras que la primera se refiere al hecho concreto, la segunda se basa en la tendencia del autor del delito, luego en su personalidad peligrosa, es decir, una circunstancia palmariamente ajena a la gravedad de la culpabilidad por el hecho. Y, como es claro, esta gravedad de la culpabilidad por el hecho no tiene por qué coincidir con las necesidades de prevención especial de la pena. Dicho con otras palabras: la pena vinculada a esa culpabilidad puede ser insuficiente para prevenir la peligrosidad del sujeto.

Por ello, la mejor solución sería no contemplar la reincidencia como circunstancia agravante, porque su fundamento no está en la culpabilidad, que es el que corresponde a la pena, sino en la peligrosidad, que es el que corresponde, precisamente, a la medida. Por eso, el sistema de doble vía permite responder con la pena a la culpabilidad, y con la medida a la peligrosidad.

Actualmente, incluso, la reincidencia sólo debería aplicarse, si se quiere ser coherente con el reconocimiento del principio de la culpabilidad por el hecho, en tanto la pena agravada resultante no supere la medida de la pena determinada por la gravedad de esa culpabilidad por el hecho. Dicho con otras palabras: si se puede establecer la menor culpabilidad del acusado, la agravación debería inaplicarse, no obstante la concurrencia de los presupuestos fácticos formales de la reincidencia.

Naturalmente, estando el fundamento de la reincidencia en la peligrosidad del sujeto, la agravación de la pena, que ha de basarse en la culpabilidad, no puede ser un medio adecuado para resolver el problema.

Por tanto, el tratamiento del problema que plantea el reincidente no puede hallarse sino en las medidas de seguridad: medidas de terapia social, que permitan lograr los resultados para los que la pena privativa de libertad en su día impuesta se ha mostrado ineficaz, sin duda por las especiales características del autor[119].

Con buen criterio, Martínez Guerra defiende una rebaja de los límites máximos de las penas y una previsión, en su lugar, de medidas de seguridad específicas, en los casos de reincidencia, "como instrumentos que además de satisfacer las necesidades de la víctima mediante la protección de bienes jurídicos, permitan la resocialización del penado"[120].

1.4. La discusión sobre el sistema de penas gira casi siempre en torno a los mismos parámetros: intensificación de la privación de libertad o intensificación de la reeducación para la vida en libertad.

Mientras que, por un lado, se demanda una mayor protección frente a la delincuencia, proponiéndose un endurecimiento de las penas, afirmándose con frecuencia al respecto que hay que subir las penas, por otro se demanda la recuperación del delincuente para su reincorporación a la sociedad, proponiéndose un mayor esfuerzo en los medios para llevar a cabo esta necesaria rehabilitación, afirmándose así que hay que tratar a los delincuentes.

Esfuerzo este último que los gobiernos están pocas veces dispuestos a asumir, probablemente por el elevado coste económico que conlleva y los reducidos intereses políticos, al menos a corto plazo, que se pueden obtener. Se olvida así que un Estado que se define como social y de derecho tiene que asumir la tarea de intentar la recupera-

[119] Con toda razón decía la Sentencia del Tribunal Supremo de 5 de mayo de 2000, que la agravante de reincidencia "es un medio político criminal inidóneo para resolver los problemas que plantea la peligrosidad del autor".

[120] Martínez Guerra, A., *Nuevas tendencias político criminales en la función de las medidas de seguridad*, en *Cuadernos "Luis Jiménez de Asúa"*, Madrid, 2004, p. 86.

ción social de todo delincuente, y que la sociedad y sus intereses sólo podrán ser efectivamente protegidos si se logra la recuperación social de los delincuentes.

1.5. El sistema de penas y medidas, bien concebido, con la posibilidad de imponer éstas en forma complementaria a la pena[121], e incluso, en su caso, con posterioridad al cumplimiento de la pena, puede permitir el necesario control que se echa muchas veces en falta y que la sociedad demanda. No basta con establecer, sin más, un sistema progresivo de grados. Es necesario que tenga lugar un adecuado control, sobre todo cuando se trata de delincuentes con una clara tendencia a reiterar el delito, como es el caso, sin duda, por poner un ejemplo, de los violadores o de los maltratadores. Control que se debe llevar a cabo tanto cuando el preso vaya a disfrutar de algún permiso, alcance el tercer grado o logre la libertad condicional, como cuando cumpla la pena privativa de libertad, en este último caso durante el tiempo que se considere razonable según la experiencia.

La custodia, la supervisión, el control, la tutela personalizada a través de un experto, es esencial, porque es evidente que si una persona no ha tenido la fuerza suficiente para cumplir con la prohibición que está a la base del delito cometido, amenazada con una pena, e incluso con reiteración, en el caso de los reincidentes, es decir, cuando el derecho penal represivo ha fracasado con esa persona, no es fácil que ésta vaya a tener la fuerza necesaria para cumplir unas simples reglas de conducta, con las que se suele agotar el control de esa persona. Es imprescindible una auténtica vigilancia tuitiva y asistencial.

1.6. Y desde luego, el sistema de consecuencias jurídicas del delito podría lograr su optimización si la reforma sustantiva fuera acompañada de una reforma procesal, una reforma de la estructura del proceso.

---

[121] Esta posibilidad está prevista en el StGB alemán, y ha sido confirmada por el Tribunal Constitucional alemán en su interesante Sentencia de 5 de febrero de 2004, en donde se afirma que la dignidad de la persona no se tiene por qué ver lesionada por la larga duración de la custodia de seguridad, si éste es consecuencia de la continuada peligrosidad del sujeto, señalando que tanto la custodia como su ejecución deben ir dirigidas a la consecución por parte de aquél de una vida responsable en libertad.

Un juicio oral a dos fases[122] podría permitir hacer realidad con más facilidad y efectividad las exigencias impuestas por un programa político-criminal que pretende que las penas y medidas estén orientadas hacia la reeducación y reinserción social.

En la primera fase («conviction»), retrospectiva, la del juicio propiamente dicho, la pena podría cumplir su función de prevención general positiva, ratificando la norma quebrantada por el acusado («para que todos sepan y así conste, que la negación que es el delito, es negada, a su vez, mediante la consecuencia jurídica pertinente»), y la segunda, una fase ya no pública, prospectiva, dirigida exclusivamente al acusado, podría permitir alcanzar el objetivo de la rehabilitación, al dedicarse exclusivamente a la determinación de la pena y / o medida, con participación de expertos, como psicólogos, criminólogos, socioterapeutas, y otros profesionales.

1.7. No es muy frecuente que el Tribunal Supremo se pronuncie sobre las medidas de seguridad, de ahí el interés de la Sentencia 728/2016, de 30 de septiembre, recaída en un caso en el que la sentencia de instancia había absuelto a la acusada de un delito de asesinato intentado, por apreciar el tribunal que concurría en aquélla la eximente completa de anomalía o alteración psíquica del art. 20.1° del Código Penal, declarando probado que la acusada estaba aquejada de un trastorno esquizoafectivo que le causaba interpretaciones delirantes de perjuicio y que cursó en brotes psicóticos en tres ocasiones anteriores que habían provocado internamiento involuntarios, estando a la fecha de los hechos sin medicar, de manera que el acto agresivo fue la reacción incontrolada e incontrolable de la acusada a una interpretación delirante, careciendo además de capacidad de control de sus actos, imponiéndole las medidas de seguridad de sometimiento a custodia familiar y de libertad vigilada por tiempo de cinco años, pronunciamiento que fue recurrido por el Ministerio Fiscal en casación, por inaplicación indebida del art. 96.2.1ª del Código Penal (internamiento en centro psiquiátrico), en relación con los arts. 6.1, 95 y

[122] V. al respecto, Sánchez-Vera Gómez-Trelles, J., "Una reforma necesaria para acompañar al nuevo Código penal: el juicio oral en dos fases", en *Cuadernos de Política Criminal*, núm. 73, Madrid, 2001, pp. 159 y ss., con una amplia bibliografía y muy interesantes reflexiones sobre la cuestión.

101.1, recurso que fue estimado en la referida Sentencia, recordando el alto Tribunal que:

> "la mayoría de los sistemas penales vigentes se califican como dualistas en lo referente a las consecuencias jurídicas del delito, pues no sólo contemplan la imposición de una pena en supuestos de perpetración de una infracción penal, sino que prevén la aplicación de medidas de seguridad postdelictuales cuando el sujeto activo del delito presenta determinados componentes en su personalidad que revelan una peligrosidad delictiva, con probabilidad de reiteración y, además, que requieren un tratamiento especial, derivado de sus especiales condiciones personales (...). Unas medidas de seguridad que «*se fundamentan en la peligrosidad criminal del sujeto al que se impongan, exteriorizada en la comisión de un hecho previsto como delito*» (art. 6.1 del Código Penal), pero con sujeción en todo caso, al principio de legalidad, en la medida en que el artículo 1.2 del texto punitivo dispone que «*las medidas de seguridad sólo podrán aplicarse cuando concurran los presupuestos establecidos previamente en la ley*».

Esta Sentencia recordaba las exigencias ineludibles para la imposición de una medida de seguridad privativa de libertad en los siguientes términos:

> "A) La comisión de un hecho previsto como delito (art. 95.1 Código Penal); B) La condición de inimputable (arts. 101.1, 102.1, 103.1 y 105, párrafo 1) o semi-imputable (arts. 99 y 104) de su autor y C) La acreditación de una probabilidad de comisión de nuevos delitos por el mismo, es decir, la apreciación de una objetiva peligrosidad delictiva del autor, que -como se destaca en la Sentencia 482/2010, de 4 de mayo- resulta oportuno evaluar desde un doble juicio: i) el diagnóstico de peligrosidad, que se fundaría en el actuar peligroso para la sociedad, ya patentizado por la satisfacción del primero de los requisitos indicado (art. 6.1 del Código Penal), pero de distinto alcance según la naturaleza y circunstancias del delito cometido y ii) el pronóstico de comportamiento futuro, que supone una evaluación de las posibilidades de que el observado vuelva a cometer hechos dañinos para la sociedad, según se recoge en el art. 95.1.2º del Código Penal .
>
> No obstante, para la concreta imposición de la medida de seguridad de internamiento, por su naturaleza privativa de libertad, viene

a añadirse la exigencia de que el delito cometido tenga asignada una pena privativa de libertad (arts. 6.2, 95.2, 101.1, 102.1, 103.1 y 104.1) y que se justifique tal privación. Una justificación que exige el mayor compromiso valorativo del juez, considerando la constante doctrina constitucional que impone un deber reforzado de motivación en todos aquellos supuestos en los que el pronunciamiento judicial afecte a derechos fundamentales (Sentencias del Tribunal Constitucional 86/1995, 128/1995, 62/1996, 170/1996, 175/1997 o 200/1997, entre muchas otras) o cuando la resolución atañe "de alguna manera a la libertad como valor superior del ordenamiento jurídico" (Sentencia del Tribunal Constitucional 81/1997, con cita de la Sentencia 2/1997).

Debe destacarse también que esta valoración ha de realizarse desde la ponderación de los dos elementos que pueden constitucionalmente legitimar la adopción de la medida de internamiento que se analiza, esto es, la existencia de una recomendación terapéutica o educativa que muestre la mejor validez del internamiento para la búsqueda de la salud, la rehabilitación o la reinserción social del delincuente por un lado y, por otro, la necesidad fundada de su adopción para una eficaz protección de la víctima o del colectivo social, en atención a la propia peligrosidad del autor del delito (...). Ambas razones son contempladas en el texto punitivo (art. 101.1, 102.1, 103.1 del Código Penal) al facultar el internamiento de incapaces o semiincapaces, cuando "*fuera necesario*", habiendo declarado el Tribunal Europeo de Derechos Humanos (...) que la privación de libertad de una persona por razón de un trastorno psíquico y en beneficio tanto de quien lo padece como de la sociedad en su conjunto, se configura como una restricción legítima del derecho a la libertad contemplada en el artículo 5.1.e del Convenio Europeo de Derechos Humanos, siempre que se cumplan una serie de exigencias, asumidas por nuestro Tribunal Constitucional (Sentencias 112/1988, 129/1999), que se concretan en: a) Haberse probado de manera convincente la enajenación mental del interesado, es decir, haberse demostrado ante la autoridad competente, por medio de un dictamen pericial médico objetivo, la existencia de una perturbación mental real, b) Que ésta revista un carácter o amplitud que legitime el internamiento y c) Dado que los motivos que originariamente justificaron esta decisión pueden dejar de existir, es preciso averiguar si tal perturbación persiste y en consecuencia debe continuar el internamiento en interés de la seguridad de los demás ciudadanos, es decir, no puede prolongarse válidamente el internamiento cuando no subsista el trastorno mental que dio origen al mismo.

Es evidente que la legitimación del internamiento pasa así por la evaluación judicial de cada caso concreto, lo que entraña apreciar si concurren motivos que justifiquen la privación de libertad y si coexisten con circunstancias que muestren la conveniencia de su adopción. Y si la justificación terapéutica del internamiento descansa en la mayor parte de las ocasiones en que el internamiento facilite, en mejor medida que una atención ambulatoria, una actuación médico-asistencial que favorezcan la curación o la reinserción del enfermo o que prevenga la realización por su parte de actos autolesivos, la justificación preventivo general no sólo precisa que el padecimiento psíquico haya sido determinante en la comisión de la acción delictiva ya perpetrada (diagnóstico), sino la realidad de un *pronóstico* que debe conjugar, tanto la probabilidad de reiteración de crisis semejantes, como el riesgo de que confluyan de nuevo en graves ataques a bienes jurídicos de singular valor y protección. En todo caso, una justificación del internamiento así analizada, debe además venir acompañada de una ponderación de necesidad, entendida como la adecuada correspondencia entre la limitación del derecho a la libertad que va a imponerse al afectado por un lado y la potenciación que puede lograrse de los beneficios que justifican el internamiento, en confrontación con la satisfacción de estos beneficios que se obtendría dispensando un tratamiento psiquiátrico de un modo menos lesivo para los derechos individuales de enfermo".

En el caso concreto, no era la indicación terapéutica la que sirvió de justificación para el necesario internamiento sostenido en el recurso, y tampoco lo era la necesidad de prestar protección a la acusada respecto a sus propios comportamientos, sino más bien, dice la Sentencia del Tribunal Supremo, "una razón preventivo general, o de protección colectiva, la que reclamaría -y así lo sostiene el recurso- que deba adoptarse la medida de seguridad de internamiento en un centro psiquiátrico adecuado al tratamiento de la acusada y que deba anularse la decisión del Tribunal de instancia que optó por someterla a un tratamiento ambulatorio con control trimestral y a la medida de seguridad añadida de custodia familiar", añadiendo la Sentencia que "por más que la opción entre las medidas de seguridad corresponda al Tribunal de instancia, la decisión ha de ajustarse a los criterios rectores de la discrecionalidad judicial a los que se ha hecho referencia, pudiendo la casación revisar el pronunciamiento, no sólo cuando se haya adoptado una medida de seguridad inadmisible o manifiestamente arbitraria, sino además en todos aquellos casos en los que se hayan tenido en consideración factores de la individualización incorrectos".

La Sentencia, pues, estimó el recurso del Ministerio Fiscal, dictando una segunda sentencia, en cuyo fallo imponía a la acusada una medida de internamiento en centro psiquiátrico adecuado para su tratamiento por tiempo máximo de siete años, sin perjuicio de la eventual revisión de la decisión conforme con los arts. 97 y 98 del Código Penal.

2. CLASES DE MEDIDAS DE SEGURIDAD. CUSTODIA DE SEGURIDAD Y LIBERTAD VIGILADA

2.1. Las medidas de seguridad[123], cuyas disposiciones generales las encontramos en los arts. 95 a 100, pueden ser privativas de libertad, que en nuestro Código Penal están previstas en los arts. 101 a 104, y no privativas de libertad, reguladas en los arts. 105 a 108. Y aunque tradicionalmente se había afirmado la prioridad de la ejecución de las medidas cuando éstas concurrían con una pena, hoy se entiende, con mejor criterio, que ello no siempre debe ser así. En este sentido, si bien el art. 99, que consagra la aplicación del principio vicarial, afirma que en caso de concurrencia de penas y medidas de seguridad privativa de libertad, el juez ha de ordenar primero el cumplimiento de la medida, que se abonará para el de la pena, el art. 106, dedicado a la medida de seguridad no privativa de libertad, cual es la libertad vigilada, prevé que el cumplimiento de esta medida se cumpla después de la ejecución de la pena privativa de libertad. Y es que, en verdad, si la medida de seguridad debe estar dirigida a evitar en lo posible que el

---

[123] V., Sierra López, M.V., *Las medidas de seguridad en el nuevo Código Penal*, Valencia, 1997, pp. 181 y ss.

hecho delictivo se vuelva a repetir, protegiendo así a la víctima, su aplicación debe tener lugar en el momento en que la repetición del delito pueda tener lugar, esto es, cuando el condenado quede en libertad.

Por ello, fue acertada la decisión adoptada en la reforma de 2010[124] de introducir en el Código Penal la medida de libertad vigilada, un medio idóneo, desde luego más que el agravamiento automático de la pena, que permite lograr aquellos resultados que no han podido lograrse, en los casos en los que se aplica, a través de la pena de prisión[125]. Y desde luego es correcto que la libertad vigilada se contemple como una medida de seguridad, no como una pena, pues la permanencia de peligrosidad después de la prisión no es un problema que tenga que ver con la retribución de la culpabilidad, sino que sólo se puede solucionar a través de aquella otra consecuencia jurídica; con la pena se sanciona la culpabilidad, y con la medida de seguridad se previene la reincidencia, tanto cuando el autor no es culpable, como cuando aun siéndolo la pena adecuada a la culpabilidad es insuficiente para prevenir dicha reincidencia[126]. En realidad, inimputables y reincidentes presentan el mismo problema: su recaída en el delito, algo frente a lo cual la sociedad no puede permanecer impasible. Con buen criterio, en 1994, cuando se discutía en el Congreso de los Diputados el proyecto de ley orgánica de nuevo Código Penal, se propuso en el debate, a propósito del mantenimiento de la circunstancia agravante de reincidencia, contemplar la posibilidad de prever al mismo tiempo la aplicación de medidas de seguridad en los casos en que aquélla se aplicara, algo que, finalmente, no prosperó.

2.2. Aunque esta medida de libertad vigilada no sea la «piedra filosofal» que solucione el problema de la peligrosidad de determinados delincuentes y, por tanto, de la inseguridad social que deriva de la misma, sí resulta idónea –si no la única– para combatir, con ciertas po-

[124] V., ampliamente, Rubio Lara, P.A., *Las medidas de seguridad tras la reforma de la Ley Orgánica 5/2010, de 22 de junio, del Código Penal. Perspectivas doctrinales y jurisprudenciales. Problemas y soluciones,* Madrid, 2011.

[125] V. Jaén Vallejo, M., *Derecho Penal Aplicado,* Madrid, 2003, cit., pp. 122 y ss.

[126] Cfr., en este sentido, Bacigalupo, E., con cita de Roxin y Jakobs, que pone de relieve cómo en el derecho europeo moderno se puede comprobar que "la relación entre penas y medidas de seguridad no es alternativa, sino que, en muchos casos, opera complementariamente" (*Teoría y Práctica del Derecho Penal,* tomo I, Madrid, 2009, p. 71).

sibilidades de éxito, esta preocupante delincuencia. La peligrosidad de determinados delincuentes, que repiten una y otra vez la comisión del delito, ha sido, es, y seguirá siendo, un problema. Conscientes de este problema y con el ánimo de ofrecer una solución al mismo, el anteproyecto que precedió al que finalmente culminó en la Ley Orgánica 1/2015, introdujo inicialmente en la reforma un programa político criminal capaz de afrontarlo, introduciéndose una regulación de las medidas de seguridad coherente con su naturaleza jurídica, con el sistema dualista vigente, y ampliándose los supuestos en los que, junto con una pena, podía imponerse la libertad vigilada. También inicialmente, en el referido anteproyecto, se había incluido, entre las medidas de seguridad, la regulación de la custodia de seguridad, medida de seguridad privativa de libertad a ejecutar una vez cumplida la pena, que finalmente se suprimió del texto final del proyecto remitido a las Cortes.

En el anteproyecto se llevaba a cabo una reforma ambiciosa en esta materia de medidas de seguridad. Concretamente, en la parte general se llevaba a cabo una profunda reforma de las medidas de seguridad desarrollándose de un modo coherente el principio conforme al cual el fundamento de las medidas de seguridad reside en la peligrosidad del autor, no en su responsabilidad, por lo que no tiene ninguna justificación trasladar, como lo hacen actualmente los arts. 6.2, 101, 102, 103 y 104 del código vigente, los límites temporales que operan en las penas, basadas en la culpabilidad, a las medidas de seguridad, basadas en la peligrosidad. Atinadamente, ya en la Sentencia del Tribunal Supremo de 14 de abril de 1993 se había criticado la previsión legal de que el tiempo de duración de la medida de seguridad, de internamiento, no pudiera superar el tiempo de duración de la pena correspondiente al delito cometido, pues la naturaleza de una y otra consecuencia jurídica son palmariamente diferentes.

2.3. La «custodia de seguridad», que finalmente no se incorporó a nuestro Código Penal, es una medida de seguridad privativa de libertad, aplicable en aquellos casos en los que el sujeto, una vez cumplida la pena de prisión, una vez retribuida su culpabilidad por el hecho cometido, sigue ofreciendo una clara tendencia al delito, no existiendo, en ese momento, un pronóstico favorable de conducta que descarte razonablemente su peligrosidad, razón por la que queda sometido, no a una prolongación de la pena de prisión, pues ésta ha de basarse, al menos en el estado actual de la dogmática, en la culpabilidad, no en la peligrosidad, sino a aquella custodia de seguridad, porque lo que no ofrece dudas es que la sociedad no puede quedar expuesta a la desprotección e inseguridad de estos delincuentes de extrema gravedad.

En relación a esta última cuestión, llevado a los delitos de terrorismo, señala Jakobs que aquí la persona, de evidente peligrosidad, "muta para convertirse en fuente de peligro, en un problema de seguridad que debe abordarse de modo cognitivo"[127], de ahí que en estos casos la finalidad de la privación de libertad es distinta a los demás casos, los del derecho penal del ciudadano, pues allí de lo que se trata es de "compensar un déficit de seguridad cognitiva", siendo lo más relevante "el aseguramiento frente al autor, bien a través de una custodia de seguridad identificada como tal, bien mediante una pena privativa de libertad que garantice el aseguramiento, es decir, que sea correspondientemente extensa"[128].

Naturalmente, la legitimidad de dicha medida de seguridad presupone un buen aparato de cumplimiento, cuyo principal objetivo será el de orientar aquella medida hacia la rehabilitación y reinserción social del sujeto (art. 25.2 de la Constitución), algo que redundaría no sólo en beneficio de éste, sino también en el de la sociedad misma en su conjunto, pues no hay mejor forma de que aquélla quede protegida y segura que logrando la recuperación de quienes vienen representando un peligro para la sociedad. Esta medida de custodia de seguridad, que está prevista, por ejemplo, en el Código Penal alemán[129], se previó inicialmente en el anteproyecto de la ley orgánica de reforma del Código Penal tramitado en 2012, pero finalmente, como se dijo, se suprimió del texto final del proyecto remitido a las Cortes el 20 de septiembre de 2013, muy probablemente por una deficiente comprensión de la relación entre pena y medida de seguridad en el marco de un sistema dualista.

---

[127] Jakobs, G., "¿Terroristas como personas en Derecho?, en *Derecho penal del enemigo*, traducción de Manuel Cancio Meliá, 2ª ed., Madrid, 2006, p. 66.

[128] Op. cit., pp. 70 y 71.

[129] Cfr. el parágrafo 66 StGB («Internamiento en un establecimiento de custodia de seguridad»).

2.4. Frente a supuestos de peligrosidad, en los que el autor no es culpable, parece necesaria una profunda reforma de las medidas de seguridad, que deje de asociar la medida a aplicar a la gravedad de la pena del delito cometido, pues aquéllas se basan en la peligrosidad, en la tendencia del sujeto a repetir el delito, no en la culpabilidad. En este sentido, por ejemplo, Martínez Guerra, aunque proponiendo que las medidas de seguridad destinadas a inimputables con una patología o trastorno incurable queden fuera del Código Penal, pues de lo contrario, al perdurar la peligrosidad, se pondría de manifiesto la ineficacia de la medida, ha propuesto el resto de medidas se rijan por unos límites máximos determinados por la especial naturaleza de la causa que motive su aplicación, no por la culpabilidad[130], algo que es totalmente ajeno, en estos casos, al sujeto.

No es de extrañar que en otros países, los diferentes sistemas contemplen tanto la «custodia de seguridad» del penado, frente a los supuestos de mayor gravedad, medida contemplada hace tiempo en países como Alemania, Reino Unido o Francia, prevista para casos excepcionales en los que existe un pronóstico de comportamiento futuro que revela la probabilidad de comisión futura de delitos de extrema gravedad, como la «libertad vigilada», como medida de supervisión de la conducta, no privativa libertad, una vez que el sujeto recupere ésta.

Naturalmente, es imprescindible que ambas medidas de seguridad, tengan un buen régimen de cumplimiento, cuya finalidad sea el cumplimiento, en nuestro caso, del mandato constitucional: la reeducación y reinserción social. En particular, los lugares de cumplimiento de la «custodia de seguridad» no podrían consistir en meros depósitos, en donde se custodia a los delincuentes peligrosos, sino que tendrían que ser verdaderos establecimientos especiales de tratamiento orientados a la reinserción, con personal rehabilitador profesional, preparado para llevar a cabo aquella difícil tarea.

2.5. En los casos de clara peligrosidad del sujeto, pues, debida a la reiteración delictiva o a otros factores, como ocurre con el terrorismo, la criminalidad organizada o con la delincuencia sexual peligro-

[130] Martínez Guerra, A., *Nuevas tendencias político criminales en la función de las medidas de seguridad*, cit., p. 86.

sa, referida a aquellos sujetos con clara tendencia a repetir la acción sexual criminal, a la pena proporcional al hecho, basada en la culpabilidad, deben sumarse medidas orientadas a la peligrosidad del sujeto y al tratamiento de la tendencia del sujeto a cometer el delito.

En todos estos casos se percibe en el derecho comparado un claro endurecimiento de la respuesta penal, a diferencia de lo que ocurre con el tratamiento –más flexible– de la delincuencia en general. En esta última lo que se percibe más bien es una cierta indulgencia. Prueba de ello es que cada vez hay una mayor defensa de «alternativas» a la prisión, pasando ésta más bien a un segundo plano, así como de instituciones, especialmente aplicables a delincuentes primarios, que suponen la inejecución de la pena, total (como la suspensión condicional) o parcial (como la libertad condicional), o incluso, a través del principio de oportunidad, la misma renuncia, acaso con imposición de algunos deberes. En realidad, puede afirmarse que la pena privativa de libertad ya no constituye la regla general en la respuesta del derecho penal, y ello obedece, sin duda, al hecho de que no siempre es la pena más útil.

Pero así como el derecho penal en general es cada vez más indulgente, el derecho penal dirigido a la lucha contra los delincuentes peligrosos es cada vez más intenso, admitiéndose mayores injerencias. Esta situación ha llevado incluso a la doctrina a distinguir entre un «derecho penal del ciudadano», referido a los casos normales, puntuales, de reacción penal proporcional a la culpabilidad por el hecho, y un «derecho penal del enemigo», defendido por Jakobs en Alemania, que caracteriza el modo de proceder –más contundente– frente a ciertos autores peligrosos[131].

---

[131] V. Jakobs, G., "El derecho penal del ciudadano y derecho penal del enemigo", en *Derecho penal del enemigo*, traducción de Manuel Cancio Meliá, 2ª ed., Madrid, 2006, pp. 21 y ss. Sobre la misma cuestión y otros aspectos relacionados con el terrorismo, v. Agudo Fernández, E., Jaén Vallejo, M., y Perrino Pérez, A., *Terrorismo en el siglo XXI. La respuesta penal en el escenario mundial,* Madrid, 2016.

CAPÍTULO VI
LAS PENAS DE MULTA Y LAS PENAS PRIVATIVAS DE DERECHOS

1. LA PENA DE MULTA. SISTEMA DE DÍAS MULTA Y MULTA PROPORCIONAL

1.1. Origen y fundamento

Como destaca Jescheck[132], el protagonismo de la multa como pena comenzó a finales del siglo XIX, con la finalidad de desplazar a las penas privativas de libertad de corta duración, considerando que los autores que encabezaron esta postura fueron Franz Von Liszt en Alemania y Bonneville de Marsangy en Francia.

Unos años antes, en el mismo sentido, Mezger ya había afirmado que «su importancia se ha elevado en los últimos decenios merced a la triunfadora lucha contra las penas cortas privativas de libertad»[133].

Esa misma idea penetró también en España, y así Rodríguez Devesa[134] destacó igualmente que la pena de multa había adquirido en el derecho moderno una importancia cada vez más sobresaliente,

---

[132] Jescheck, H.H., *Tratado de derecho penal, parte general*, volumen segundo. Traducción y adiciones de Derecho español por Mir Puig y Muñoz Conde, Barcelona, 1981, págs. 1073 y 1074.

[133] Mezger, E. *Tratado de derecho penal*, traducción de la segunda edición alemana (1933) y notas de derecho español por Rodríguez Muñoz y Quintano Ripollés, Madrid, 1957, p. 411.

[134] Rodríguez Devesa, J.M., *Derecho penal español, parte general*, Madrid, 1976, pp. 775 y 776.

presentándose como sustitutivo frente a las penas cortas privativas de libertad.

Por lo que respecta al sistema de días-multa, se reconoce como creadores del mismo al danés Torp y al sueco Thyrén (Anteproyecto de Parte General del Código Penal sueco de 1916, estableciéndose el *dagsbot* o día multa)[135], señalando el propio Jescheck, que con dicho sistema, la multa conforme a su amplia función en el nuevo sistema penal «debe ser tanto más justa y comprensible para el delincuente y la sociedad, cuanto más sensible y controlable», siendo decisiva la idea de igualdad de sacrificio a través de la autonomía de la capacidad económica del delincuente como factor de la determinación de la pena frente a otros factores de determinación.

La idea fundamental del sistema de días-multa, por lo tanto, consiste en valorar en la determinación de la multa de manera separada dos factores, esto es, por un lado la gravedad del hecho, y por el otro la capacidad económica del reo.

En España, su origen se encuentra en el Proyecto de Código Penal de 1980[136], en el que aparecía por vez primera. Luego siguió figurando en el Anteproyecto de Código Penal de 1983, y de ahí pasó a los dos Proyectos posteriores, de 1992 y 1994, este último cristalizado finalmente en el Código Penal de 1995.

Debe considerarse a la pena de multa como una pena pecuniaria, que limita o restringe el derecho del condenado a disponer de sus haberes, de sus ingresos, o de sus bienes, con los que, llegado el caso, habrá de pagar por vía de apremio (art. 53, *ab initio*), sin perjuicio de los bienes y derechos inembargables. Igualmente, debe entenderse que la pena de multa tiene una naturaleza personal; por todo ello, uno de los problemas que implicaba el establecimiento de una multa «idéntica» para todos los condenados era que evidentemente esas multas «iguales» suponían un grado muy diferente de aflicción si las circunstancias económicas de los condenados eran desiguales.

Finalmente, cabe incidir en que la «pena de multa» se diferencia de la «multa» (sanción disciplinaria o administrativa) en su origen

---

[135] Sobre el particular, Antón Oneca, *Derecho penal*, 2ª edición, anotada y puesta al día por J.J Hernández Guijarro y L Beneytez Merino, Madrid, 1986, p. 577.

[136] El art. 55 del proyecto comenzaba señalando que "la pena de multa se impondrá por cuotas diarias, semanales o mensuales".

o fuente, que en el caso de la primera es la existencia de un delito; también en la autoridad que la impone, siendo la competencia exclusiva, para imponer penas de multa, del poder judicial; y, sobre todo, e inexorablemente unido a lo anterior, en que la pena de multa se impone tras un proceso penal.

1.2. Las penas de multa en el Código Penal

Está regulada en el art. 50.

Artículo 50.

1. La pena de multa consistirá en la imposición al condenado de una sanción pecuniaria.

2. La pena de multa se impondrá, salvo que la Ley disponga otra cosa, por el sistema de días-multa.

3. Su extensión mínima será de diez días y la máxima de dos años. Las penas de multa imponibles a personas jurídicas tendrán una extensión máxima de cinco años.

4. La cuota diaria tendrá un mínimo de dos y un máximo de 400 euros, excepto en el caso de las multas imponibles a las personas jurídicas, en las que la cuota diaria tendrá un mínimo de 30 y un máximo de 5.000 euros. A efectos de cómputo, cuando se fije la duración por meses o por años, se entenderá que los meses son de treinta días y los años de trescientos sesenta.

5. Los Jueces o Tribunales determinarán motivadamente la extensión de la pena dentro de los límites establecidos para cada delito y según las reglas del capítulo II de este Título. Igualmente, fijarán en la sentencia, el importe de estas cuotas, teniendo en cuenta para ello exclusivamente la situación económica del reo, deducida de su patrimonio, ingresos, obligaciones y cargas familiares y demás circunstancias personales del mismo.

6. El tribunal, por causa justificada, podrá autorizar el pago de la multa dentro de un plazo que no exceda de dos años desde la firmeza de la sentencia, bien de una vez o en los plazos que se determinen. En este caso, el impago de dos de ellos determinará el vencimiento de los restantes.

La redacción original de este artículo fue modificada por la Ley Orgánica 15/2003, de 25 de noviembre, que indicaba en su exposición de motivos que "en relación con la multa se introducen diversas modificaciones, que tienen como principales objetivos su coordinación con la pena de prisión, su adaptación a la verdadera situación económica y familiar del condenado y su imposición atendiendo a la verdadera naturaleza del delito. Estas modificaciones respetan el modelo del Código Penal actual, tanto, en términos generales, en cuanto a los supuestos en que configura la multa como una alternativa a la prisión, como en cuanto a la proporcionalidad de dos días de multa por uno de prisión", reformando dicha ley los apartados tres, cuatro y seis, dándoles una redacción muy similar a la actual, toda vez que con posterioridad, solo se añadieron a los párrafos cuatro y seis los límites de la pena de multa para las personas jurídicas, por la Ley Orgánica 5/2010, de 22 de junio, que introdujo precisamente como una de las principales novedades la responsabilidad penal de las mismas.

Hay autores que consideran que la crisis actual de la penas privativas de libertad en general, propiciada en gran medida, por no encontrarse una fórmula eficaz de ejecución y reinserción, y especialmente la gravísima crisis de las penas cortas o breves privativas de libertad, hacen necesaria la pena de multa, cuyo principal problema de eficacia estriba, igualmente, en su deficiente aplicación y ejecución. No obstante, no faltan otros autores que consideran que se sigue abusando nuestro Código Penal de la pena de multa, entendiendo que la multa no debería acompañar a la prisión, entre otras razones porque ésta impediría con frecuencia el pago de aquélla. En cierto modo, algo parecido ocurre cuando se debe pagar una elevada cantidad en concepto de responsabilidad civil, impidiendo el cumplimiento de la multa y el riesgo de tener que cumplir una responsabilidad personal subsidiaria.

Por otro lado, admitida la necesidad de la pena de multa en relación con los delitos leves, desde luego, y también en relación con muchos delitos menos graves, se impone su aplicación por el sistema de cuotas diarias en nuestro ordenamiento jurídico penal por razones de justicia, ya que al potenciarse en la estimación del total de la multa la situación económica del reo, es más factible llegar a lo que se puede denominar igualdad de sacrificio. Del mismo modo por razones de transparencia, pues, con la división en dos factores, es posible conocer nítidamente el importe que corresponde a la gravedad de lo injusto y aquel otro que se basa exclusivamente en las condiciones económicas del condenado; también porque implica un mayor efecto preventivo especial, ya que la posible repercusión psicológica que la multa cause al culpable, será tanto mayor cuanto más proporcionada se encuentre a dicha capacidad económica; y además implicará una disminución en las dificultades de exacción de la multa, pues debería de haber menos casos de impago, al no haberse impuesto al culpable, en atención a su situación patrimonial, una sanción desproporcionada.

La Sentencia del Tribunal Supremo de 11 de julio de 2001[137] indica que «el art. 50.5 del Código Penal señala que los Tribunales fijarán en la sentencia el importe de las cuotas diarias "teniendo en cuenta para ello exclusivamente la situación económica del reo, deducida de su patrimonio, ingresos, obligaciones, cargas familiares y demás circunstancias personales del mismo". Como señala la Sentencia núm. 175 /2001 de 12 de febrero, con ello no se quiere significar que los Tribunales deban efectuar una inquisición exhaustiva de todos los factores directos o indirectos que pueden afectar a las disponibilidades económicas del acusado, lo que resulta imposible y es, además, desproporcionado, sino únicamente que deben tomar en consideración aquellos datos esenciales que permitan efectuar una razonable ponderación de la cuantía proporcionada de la multa que haya de imponerse», añadiendo que «la insuficiencia de estos datos no debe llevar automáticamente y con carácter generalizado a la imposición de la pena de multa con una cuota diaria cifrada en su umbral mínimo absoluto... a no ser que lo que en realidad se pretenda es vaciar de contenido el sistema de penas establecido por el Poder Legislativo en el Nuevo Código Penal convirtiendo la pena de multa por el sistema legal de días-multa en algo meramente simbólico, en el que el contenido efectivo de las penas impuestas por hechos tipificados en el Código Penal acabe resultando inferior a las sanciones impuestas por infracciones administrativas similares, que tienen menor entidad que las penales, como señalaba la sentencia de esta Sala de 7 de julio de 1999».

---

[137] Sentencia del Tribunal Supremo 1377/2001, de 11 de julio. Sala Segunda. Recurso número 3154/1999. Ponente: Magistrado D. Cándido Conde-Pumpido Tourón.

1.3. Posibilidad de modificación de la multa

La multa impuesta en Sentencia no puede considerarse como inmutable. Así se deriva claramente del art. 51 del Código Penal.

Artículo 51.

Si, después de la sentencia, variase la situación económica del penado, el juez o tribunal, excepcionalmente y tras la debida indagación de dicha situación, podrá modificar tanto el importe de las cuotas periódicas como los plazos para su pago.

La redacción actual del precepto es fruto de la modificación efectuada por la Ley Orgánica 15/2003, de 25 de noviembre, ya que con anterioridad a la misma el artículo solo contemplaba la variación en caso de disminución de ingresos, y así indicaba que "si, después de la sentencia, el penado empeorare su fortuna, el Juez o Tribunal, excepcionalmente y tras la debida indagación de la capacidad económica de aquél, podrá reducir el importe de las cuotas".

Contemplaba este artículo, por lo tanto, antes de la citada ley, la modificación a la baja de la cuota diaria de multa fijada en la sentencia, lo que reforzaba la tesis de que la multa, por el sistema de cuotas diarias, no ha de pagarse por anticipado, cuando la sentencia quede firme, sino de forma periódica o, en su caso, al finalizar el tiempo o duración de la multa.

La Circular de la Fiscalía General del Estado 2/2004[138], en relación con esta previsión, establece que "por tanto, la multa se configura como sometida a una cláusula *rebus sic stantibus*, pudiendo modificarse no solo el importe de las cuotas sino también los plazos para su pago. Se permite por tanto una verdadera revisión de la sentencia firme con el fin de adaptar las cuantías a la situación económica del reo", añadiendo que "el art. 51 sí autoriza a que pueda dejarse sin efecto un aplazamiento concedido al reo para el pago de la multa, basado en sus circunstancias económicas precarias si *ex post facto* cambian las circunstancias y mejora su fortuna hasta el punto de evidenciarse la posibilidad de pago inmediato".

---

[138] Circular 2/2004, sobre aplicación de la reforma del Código Penal operada por ley orgánica 15/2003, de 25 de noviembre.

1.4. La multa proporcional

A ella se refiere el art. 52.

Artículo 52.

1. No obstante lo dispuesto en los artículos anteriores y cuando el Código así lo determine, la multa se establecerá en proporción al daño causado, el valor del objeto del delito o el beneficio reportado por el mismo.

2. En estos casos, los jueces y tribunales impondrán la multa dentro de los límites fijados para cada delito, considerando para determinar en cada caso su cuantía, no sólo las circunstancias atenuantes y agravantes del hecho, sino principalmente la situación económica del culpable.

3. Si, después de la sentencia, empeorase la situación económica del penado, el juez o tribunal, excepcionalmente y tras la debida indagación de dicha situación, podrá reducir el importe de la multa dentro de los límites señalados por la ley para el delito de que se trate, o autorizar su pago en los plazos que se determinen.

4. En los casos en los que este Código prevé una pena de multa para las personas jurídicas en proporción al beneficio obtenido o facilitado, al perjuicio causado, al valor del objeto, o a la cantidad defraudada o indebidamente obtenida, de no ser posible el cálculo en base a tales conceptos, el Juez o Tribunal motivará la imposibilidad de proceder a tal cálculo y las multas previstas se sustituirán por las siguientes:

a) Multa de dos a cinco años, si el delito cometido por la persona física tiene prevista una pena de prisión de más de cinco años.

b) Multa de uno a tres años, si el delito cometido por la persona física tiene prevista una pena de prisión de más de dos años no incluida en el inciso anterior.

c) Multa de seis meses a dos años, en el resto de los casos.

Se trata de un artículo cuyo contenido, hasta llegar a su redacción actual, ha sufrido varias reformas. En primer lugar, la operada por la Ley Orgánica 15/2003, de 25 de noviembre, así como la realizada posteriormente por la Ley Orgánica 5/2010, de 22 de junio, que incorporó el apartado 4 relativo a las personas jurídicas.

En relación con el apartado tercero, la Circular 2/2004 de la Fiscalía General del Estado estableció que "este precepto va a permitir, para dar una adecuada traducción penológica a la situación económica del reo, ya reducir el importe de la multa, ya conceder un pago aplazado. Esta última posibilidad abarcará tanto un único pago aplazado como varios plazos. Se produce por tanto una importante flexibilización del régimen de la multa proporcional".

El impago de la multa de cuantía proporcional también está sujeto a responsabilidad personal subsidiaria, como veremos a continuación, sin que esta responsabilidad pueda exceder de un año de duración; si bien su conversión no es automática como en el sistema de días-multa, sino que queda al «prudente arbitrio» del Juez o Tribunal (art. 53.2). Dicha responsabilidad personal podrá cumplirse mediante trabajos en beneficio de la comunidad.

Además, cabe recordar que, con arreglo al art. 71.1, el límite mínimo de la pena de multa de cuantía proporcional tampoco es rígido, por cuanto "en la determinación de la pena inferior en grado, los Jueces o Tribunales no quedarán limitados por las cuantías mínimas señaladas en la ley a cada clase de pena, sino que podrán reducirlas en la forma que resulte de la aplicación de la regla correspondiente".

Por lo que respecta al tráfico de drogas, y la necesidad de determinar la multa en función del valor de la droga, la Sentencia del Tribunal Supremo de 30 enero de 2001 [139], tras recordar que, «en materia de tráfico de drogas, la multa prevista se rige, precisamente, por el sistema secundario de multa proporcional, y así en el art. 368 y siguientes la multa viene impuesta en relación "al valor de la droga" en una proporción variable que puede llegar del tanto al séxtuplo", y que "se contiene, además, una norma específica en el art. 377 para la determinación del valor de la multa a imponer en relación a estos delitos, según la cual, para la determinación del valor de la droga, que actúa como presupuesto indispensable para la imposición de la multa "...será el precio final del producto o, en su caso, la recompensa o ganancia obtenida por el reo, o que hubiera podido obtener"...», señala que «el precepto ha merecido críticas doctrinales porque en la valoración del precio juegan de un lado factores que escapan del dominio del autor en el momento de la realización de la conducta para instalarse en futuribles de difícil si no imposible objetivación, y

---

[139] Sentencia 145/2001, de 30 de enero. Sala Segunda. Recurso 562/1999. Ponente: Magistrado D. Joaquín Giménez García.

de otro lado no debe olvidarse que se trata de sustancias de tráfico ilícito, y por lo tanto, cualquier aproximación valorativa procede inexcusablemente de un mercado esencial y radicalmente ilegal, y todo ello puede proyectar sombras sobre el principio de culpabilidad», concluyendo al respecto que «debe recordarse la consolidada doctrina de esta Sala que tiene declarado presupuesto indispensable para la imposición de la pena de multa, la determinación del valor de la droga, de suerte que ausente este dato, no procederá la imposición de la pena de multa. En tal sentido pueden citarse las Sentencias números 542/2000, de 12 de abril, 1085/2000 y 1501/2000, de 26 de junio y 2 de octubre, respectivamente, y más recientes las Sentencias números 1997/2000 y 1998/2000, ambas de 28 de diciembre».

En otro orden de cosas, y como es natural, hay que recordar que una eventual rebaja en grado de la pena a imponer, afecta no solo a la pena de prisión que lleve aparejado el delito, sino también a la multa proporcional, y así, en un supuesto de falsificación de moneda del art. 386 del Código Penal, la Sentencia de 20 de marzo de 2012[140] señala que "esta Sala en reiteradas ocasiones - por todas Sentencias 1240/2009, de 2 de diciembre - ha precisado que en las penas conjuntas el aumento o disminución del grado de la pena debe alcanzar a la totalidad de ella, privación de libertad y multa (Sentencias de 20 de diciembre de 1983, 22 de enero de 1986, y de 21 de julio de 1992). Esta reducción de su cuantía también afecta a las penas de multa fijadas con arreglo a un criterio proporcional, conforme se entendió en el Acuerdo del Pleno no Jurisdiccional de esta Sala celebrado el 22 de julio de 2008, en el cual se afirmó que el grado inferior de la pena de multa proporcional podía determinarse mediante una aplicación analógica de la regla prevista en el art. 70 del Código Penal".

Hay que recordar en este punto, que el acuerdo no jurisdiccional de la Sala segunda del Tribunal Supremo, Pleno de 22 julio de 2008, al que se hace referencia en la última sentencia mencionada, señaló que:

— En los casos de multa proporcional, la inexistencia de una regla específica para determinar la pena superior en grado,

[140] Sentencia 200/2012, de 20 de marzo. Sala Segunda. Recurso 1145/2011. Ponente: Magistrado D. Juan Ramón Berdugo y Gómez de la Torre.

impide su imposición, sin perjuicio de las reglas especiales establecidas para algunos tipos delictivos.

— El grado inferior de la pena de multa proporcional, sin embargo, sí podrá determinarse mediante una aplicación analógica de la regla prevista en el art. 70 del Código Penal. La cifra mínima que se tendrá en cuenta en cada caso será la que resulte una vez aplicados los porcentajes legales.

1.5. La responsabilidad personal subsidiaria

Está prevista en el art. 53 del Código Penal, que se transcribe a continuación.

Artículo 53.

1. Si el condenado no satisficiere, voluntariamente o por vía de apremio, la multa impuesta, quedará sujeto a una responsabilidad personal subsidiaria de un día de privación de libertad por cada dos cuotas diarias no satisfechas, que, tratándose de delitos leves, podrá cumplirse mediante localización permanente. En este caso, no regirá la limitación que en su duración establece el apartado 1 del artículo 37.

También podrá el juez o tribunal, previa conformidad del penado, acordar que la responsabilidad subsidiaria se cumpla mediante trabajos en beneficio de la comunidad. En este caso, cada día de privación de libertad equivaldrá a una jornada de trabajo.

2. En los supuestos de multa proporcional los Jueces y Tribunales establecerán, según su prudente arbitrio, la responsabilidad personal subsidiaria que proceda, que no podrá exceder, en ningún caso, de un año de duración. También podrá el Juez o Tribunal acordar, previa conformidad del penado, que se cumpla mediante trabajos en beneficio de la comunidad.

3. Esta responsabilidad subsidiaria no se impondrá a los condenados a pena privativa de libertad superior a cinco años.

4. El cumplimiento de la responsabilidad subsidiaria extingue la obligación de pago de la multa, aunque mejore la situación económica del penado.

5. Podrá ser fraccionado el pago de la multa impuesta a una persona jurídica, durante un período de hasta cinco años, cuando su cuantía ponga probadamente en peligro la supervivencia de aquélla o el mantenimiento de los puestos de trabajo existentes en la misma, o cuando lo aconseje el interés general. Si la persona jurídica condenada no satisficiere, voluntariamente o por vía de apremio, la multa impuesta en el plazo que se hubiere señalado, el Tribunal podrá acordar su intervención hasta el pago total de la misma.

Hasta llegar a su redacción actual, el contenido de este precepto fue objeto de sucesivas reformas. En primer lugar, mediante la Ley Orgánica 15/2003, de 25 de noviembre; posteriormente por la Ley Orgánica 5/2010, de 22 de junio, que introdujo el apartado 5 relativo a las personas jurídicas; y, finalmente, por la Ley Orgánica 1/2015, de 30 de marzo, que vino a sustituir la referencia a las «faltas» por «delitos leves».

Superado hace tiempo el viejo axioma relativo al impago de la pena de multa: el que no tiene bienes, que pague con su cuerpo («Qui non habet in aere, luat in corpore»), axioma que, en 1782, admite Lardizábal en su célebre Discurso sobre las penas[141], cabe plantearse la posible colisión del precepto actual con algún derecho fundamental, y en concreto, con el art. 17 de la Constitución.

Sobre el particular, el Tribunal Constitucional ha tenido ocasión de pronunciarse en varias ocasiones en sentido negativo, y así en la Sentencia de 5 de noviembre de 2007, con referencia a otras, establece que "respecto de la responsabilidad subsidiaria por impago de la multa, en la Sentencia 234/2007, de 5 de noviembre, reiterábamos: Ciertamente, como este Tribunal señalara en su Sentencia 19/1988, de 16 de febrero (en relación entonces con la regulación de la responsabilidad personal subsidiaria prevista en el art. 91 del Código Penal, en redacción introducida por la Ley Orgánica 8/1983, de 25 de junio), que - la sola previsión en la ley penal de una responsabilidad personal como subsidiaria de la pena de multa inejecutable no entraña, en suma, conculcación del derecho fundamental de libertad

[141] Aunque, sin embargo, no acepta que al penado se le prive de sus herramientas o instrumentos de trabajo para hacerse pago con ellas: «Por regla general, nunca deben tener efecto las multas y penas pecuniarias, cuando para exigirlas es necesario privar, en todo o en parte, a los multados, de los medios e instrumentos necesarios para el ejercicio de su oficio o profesión, en cuyo caso debe tener lugar aquel axioma comúnmente recibido: El que no tiene bienes, pague con su cuerpo. Hacer lo contrario será convertir el antídoto en veneno y valerse de las penas para destruir familias, siendo su objeto corregir y mejorar a los delincuentes».

personal, ni... menosprecio de tal derecho, al hacerle objeto de la sanción que no pudo alcanzar al patrimonio del condenado".

La referida Sentencia del Tribunal Constitucional añadía que "como en los supuestos en los que la misma ley penal establece alternativamente, para un mismo ilícito, penas patrimoniales o de privación de libertad... la norma no pretende establecer equivalencias abstractas entre los bienes objeto de la condena, sino atender a exigencias de política criminal, inobjetables en sí mismas, consistentes ya en la más correcta individualización judicial de la pena, ya... en la predisposición de una sanción sustitutiva de la que, impuesta con carácter principal, resultó de ejecución imposible- (Sentencia 19/1988, de 16 de febrero, fundamento jurídico 5)", añadiendo que "a la misma conclusión cabe llegar respecto a la regulación de la responsabilidad personal subsidiaria prevista en los arts. 33.5, 35 y 53 del Código Penal de 1995, tanto en su redacción inicial como en la resultante de la reforma introducida por la Ley Orgánica 15/2003, de 25 de noviembre, de suerte que la responsabilidad personal subsidiaria por impago de la pena de multa prevista en nuestra legislación penal no entraña, *per se*, vulneración del derecho a la libertad personal (art. 17.1 de la Constitución)".

En otro orden de cosas, recordaba la Sentencia de la Audiencia Provincial de Madrid (Sección 5.ª), núm. 6/2000, de 10 enero, que la responsabilidad personal subsidiaria por impago de la pena de multa nada tiene que ver con la proscrita «prisión por deudas», por cuanto que "el Estado ejecuta la pena de multa con fines punitivos (no recaudatorios) a través del principio de legalidad en su ejecución por medio de uno de los poderes del Estado, y en concreto y en exclusiva, el Poder Judicial ... porque la multa no es una consecuencia civil del delito, ni una sanción administrativa, sino una pena ... la cualidad de acreedora de la Administración Pública o de la Hacienda Pública no aparece por ningún lado, precisamente porque el Estado está ejerciendo el «ius puniendi» a través del Poder Judicial y no actividad recaudatoria alguna. Porque es una pena puede ser sustituida por otra, cual el arresto, porque no es deuda ni obligación no se responde con todos los bienes, presentes y futuros (art. 1911 del Código Civil) sino que su incumplimiento genera una responsabilidad penal que, de ser el Estado mero acreedor, habría que calificar llanamente de prisión por deudas".

Por su parte, el acuerdo del Pleno no Jurisdiccional de la Sala Segunda del Tribunal Supremo, de 1 marzo de 2005, sobre cómputo de la pena privativa de libertad a los efectos de la responsabilidad personal subsidiaria por impago de multa, estableció lo siguiente: «La responsabilidad personal subsidiaria de la pena de multa debe sumarse a la pena privativa de libertad a los efectos del límite del art. 53 del Código Penal» (actualmente cinco años, art. 53.3), acuerdo del que se han hecho eco, entre otras, las Sentencia del Tribunal Supremo de 12 de diciembre de 2008[142], de 2 de diciembre de 2009[143], y de 17 de noviembre de 2015[144].

2. LAS PENAS PRIVATIVAS DE DERECHOS

2.1. Breve introducción

Franz Von Liszt[145] consideraba que las penas privativas de derechos formaban el tercer grupo de las denominadas «penas aflictivas». Así, el primer grupo lo constituía la pena de muerte, entendida como la pena biológica, el segundo las penas privativas de libertad, a las que consideraba penas sociales y, finalmente, en el tercer grupo, se encontraban las penas privativas de derechos, entendidas como penas políticas, siendo la más representativa de todas ellas la pena de inhabilitación.

Por su parte, Antón Oneca[146] indicaba que toda pena es una lesión en el patrimonio jurídico del reo, y que bajo el nombre de pe-

[142] Sentencia 826/2008. Sala Segunda. Recurso 10384/2008. Ponente: Magistrado D. Juan Ramón Berdugo y Gómez de la Torre.

[143] Sentencia 1257/2009. Sala Segunda. Recurso 10029/2009. Ponente: Magistrado D. Carlos Granados Pérez.

[144] Sentencia 700/2015. Sala Segunda. Recurso 303/2015. Ponente: Magistrado D. Perfecto Andrés Ibáñez.

[145] Von Liszt, F., *Tratado de derecho penal*, tomo III, traducido por Jiménez de Asúa, y adicionado con el derecho penal español por Quintiliano Saldaña, Madrid, 1917, p. 307.

[146] Antón Oneca, J. A., *Derecho penal*, 2ª ed., anotada y puesta al día por José Julián Hernández Guijarro y Luis Beneytez Merino, Madrid, 1986, p. 572.

nas privativas de derechos, se comprenden de modo exclusivo las que consisten en ciertas incapacidades jurídicas parciales.

Conviene recordar que las penas privativas de derechos tuvieron en la antigüedad una extraordinaria gravedad, como era el caso de la muerte civil, pena que por ejemplo subsistió en Francia hasta 1854, por la que se consideraba al condenado como muerto para la sociedad, cesando todos sus derechos políticos y civiles. De ese modo, perdía derechos como la patria potestad e incluso sus derechos patrimoniales, abriéndose la sucesión en favor de sus herederos, privándole además de la facultad disponer de los bienes adquiridos con su trabajo[147].

Ciertamente, no cabe duda de que cada una de las posibles privaciones de derechos reguladas en nuestro ordenamiento jurídico penal afecta a un ámbito determinado de la libertad del penado.

2.2. Las penas privativas de derechos en nuestro Código Penal

La regulación de estas penas se encuentra en el art. 39, que se transcribe a continuación.

Artículo 39.

Son penas privativas de derechos:

a) La inhabilitación absoluta.

b) Las de inhabilitación especial para empleo o cargo público, profesión, oficio, industria o comercio, u otras actividades determinadas en este Código, o de los derechos de patria potestad, tutela, guarda o curatela, tenencia de animales, derecho de sufragio pasivo o de cualquier otro derecho.

c) La suspensión de empleo o cargo público.

d) La privación del derecho a conducir vehículos a motor y ciclomotores.

e) La privación del derecho a la tenencia y porte de armas.

f) La privación del derecho a residir en determinados lugares o acudir a ellos.

---

[147] En España la encontramos en "Las Partidas", estableciéndose que aunque el condenado "non sea muerto naturalmente, tienen las leyes que lo es en cuanto a la honra, o a la nobleza e a los efectos de este mundo".

g) La prohibición de aproximarse a la víctima o a aquellos de sus familiares u otras personas que determine el juez o el tribunal.

h) La prohibición de comunicarse con la víctima o con aquellos de sus familiares u otras personas que determine el juez o tribunal.

i) Los trabajos en beneficio de la comunidad.

j) La privación de la patria potestad.

Este art. 39 del Código Penal fue objeto de diversas modificaciones hasta llegar a la redacción actual, siendo la primera la efectuada por la Ley Orgánica 14/1999, de 9 junio en materia de protección a las víctimas de malos tratos familiares. Posteriormente, fue reformado por la Ley Orgánica 15/2003, de 25 de noviembre. También resultó alterado en su contenido por la Ley Orgánica 5/2010, de 22 de junio. Y, finalmente, por la Ley Orgánica 1/2015, de 30 de marzo.

Además de las enumeradas expresamente en el precepto, hay otras penas privativas de derechos a lo largo y ancho del articulado de la parte especial, de ahí la mención que en el apartado b), con discutible técnica legislativa, se hace a «*otras actividades determinadas en este Código*», y a «*cualquier otro derecho*».

2.3. Inhabilitaciones y suspensiones: la inhabilitación absoluta; la inhabilitación especial para empleo o cargo público, profesión, oficio, industria o comercio; la suspensión de empleo o cargo público; la inhabilitación especial para el derecho de sufragio pasivo

Se ocupa el Código Penal, en primer lugar, de la pena de inhabilitación absoluta, que es indudablemente la más grave de las penas privativas de derechos reguladas en el precepto. Sus efectos están claramente reflejados en el art. 41 del Código Penal, cuando establece que: «*produce la privación definitiva de todos los honores, empleos y cargos públicos que tenga el penado, aunque sean electivos*», añadiendo que del mismo modo también implica «*la incapacidad para obtener los mismos o cualesquiera otros honores, cargos o empleos públicos, y la de ser elegido para cargo público, durante el tiempo de la condena*». Su duración será de seis a veinte años, de conformidad con el artículo 40 del Código Penal.

Además, el art. 55 del Código Penal, como se verá más adelante, comienza señalando que «*la pena de prisión igual o superior a diez años llevará consigo la inhabilitación absoluta durante el tiempo de la condena, salvo que ésta ya estuviere prevista como pena principal para el supuesto de que se trate*».

Por lo que respecta a la inhabilitación especial para empleo o cargo público, que tendrá una duración de tres meses a veinte años, el art. 42 del Código Penal señala que «*produce la privación definitiva del empleo o cargo sobre el que recayere, aunque sea electivo, y de los honores que le sean anejos. Produce, además, la incapacidad para obtener el mismo u otros análogos, durante el tiempo de la condena. En la sentencia habrán de especificarse los empleos, cargos y honores sobre los que recae la inhabilitación*».

En realidad, la pena tipificada en este art. 42 es similar a la inhabilitación absoluta, aunque restringida, lógicamente, a un empleo o cargo público determinados y a otros análogos que han de especificarse pormenorizadamente en la sentencia. En definitiva, produce los siguientes efectos: «privación del empleo o cargo (público) sobre el que recayere y de los honores que le sean anejos»; e «incapacidad para obtener el mismo u otros análogos durante el tiempo de la condena».

En relación a «los empleos o cargos análogos», y a modo de ejemplo, la Sentencia del Tribunal Supremo de 15 de abril de 2015, tras señalar que «cuando se trata de pena principal, como sucede con el delito de prevaricación, que tiene a la inhabilitación como pena única, el art 42 solo exige que la sentencia especifique los empleos o cargos sobre los que debe recaer la inhabilitación y establece expresamente que esta pena alcanza no solo al empleo o cargo en el que se cometió el delito, sino también a la incapacidad para obtener el mismo, "u otros análogos", durante el tiempo de la condena», aclara que «es obvio que cuando el delito de prevaricación se comete en un cargo público de naturaleza política, como lo es el de miembro de Consejo de Gobierno de una Comunidad Autónoma, constituiría una burla al respeto que los ciudadanos deben al buen funcionamiento de los Poderes Públicos, que la pena de inhabilitación se limitase al cargo específico en el que se cometió la prevaricación, y permitiese al condenado seguir cometiendo esta clase de delitos en otro cargo análogo, fruto directo o indirecto de unas elecciones políticas, por el mero hecho de trasladarse de un cargo de representación política a otro similar, en el propio Gobierno Autonómico o de la Nación, en el Parlamento Autonómico, del Estado o de la Unión Europea, o en el ámbito municipal».

Por lo tanto, la inhabilitación especial implica la pérdida definitiva del derecho afectado, que solo podrá ser recuperado, pasado el tiempo correspondiente, mediante los procedimientos legalmente previstos, y esto precisamente es lo que la diferencia de la suspensión de empleo o cargo público, que tiene una duración de tres meses a seis años, y que de conformidad con el art. 43 del Código Penal, solo «*priva de su ejercicio al penado durante el tiempo de la condena*».

Por su parte, la inhabilitación especial para el derecho de sufragio pasivo, como establece el art. 44 del Código Penal «*priva al penado, durante el tiempo de la condena, del derecho a ser elegido para cargos públicos*».

La inhabilitación especial para el derecho de sufragio pasivo se establece con carácter principal en los siguientes delitos: prevaricación (art. 404); cohecho (art. 419, cohecho pasivo propio, y art. 420, cohecho pasivo impropio); tráfico de influencias (art. 428); malversación (arts. 432 y 433); fraudes y exacciones ilegales (arts. 436 y 438); y negociaciones y actividades prohibidas a funcionarios públicos (arts. 439 y 442).

En relación con estas penas, hay que recordar que la exposición de motivos de la Ley Orgánica 1/2015, de 30 de marzo explicaba que se producía con la misma una revisión de las penas correspondientes a los delitos relacionados con la corrupción. De manera que, "en primer lugar, la reforma lleva a cabo el aumento generalizado de las penas de inhabilitación especial para empleo o cargo público. Así sucede en los delitos de prevaricación administrativa, infidelidad en la custodia de documentos y revelación de secretos, cohecho, tráfico de influencias, en la apropiación indebida y administración desleal cometida por funcionario público, fraudes y exacciones ilegales, entre otros. Y en segundo lugar, en los delitos más graves en los que ya se prevé la posible imposición de una pena de inhabilitación especial para cargo o empleo público, se añade la imposición adicional (no alternativa) de otra pena de inhabilitación especial para el ejercicio del derecho de sufragio pasivo. La inhabilitación especial para cargo público alcanza únicamente al que se ostenta al cometer el delito. De este modo, se impide que el condenado por el delito de corrupción pueda optar durante el tiempo de la condena a un cargo electivo. Así se ha establecido, entre otros, en los delitos de cohecho, prevaricación de funcionario público o tráfico de influencia".

Finalmente, la inhabilitación especial para profesión, oficio, industria o comercio o cualquier otro derecho, como indica el art. 45 del Código Penal, «*priva al penado de la facultad de ejercerlos durante el tiempo de la condena*». Sin embargo, debe quedar claro que no produce la pérdida definitiva del oficio o profesión, industria o comercio sobre el que recaiga. Es decir que, transcurrido el tiempo de la condena, el condenado podrá volver a desempeñar su anterior trabajo o profesión, sin más requisitos.

El precepto exige, asimismo, que la profesión, oficio, industria o comercio a que afecte la inhabilitación, se concrete expresa y motivadamente en la sentencia[148].

2.4. La privación de la patria potestad

Está prevista en el art. 46, que se transcribe a continuación.

> *Artículo 46.*
>
> *La inhabilitación especial para el ejercicio de la patria potestad, tutela, curatela, guarda o acogimiento, priva al penado de los derechos inherentes a la primera, y supone la extinción de las demás, así como la incapacidad para obtener nombramiento para dichos cargos durante el tiempo de la condena. La pena de privación de la patria potestad implica la pérdida de la titularidad de la misma, subsistiendo los derechos de los que sea titular el hijo respecto del penado. El Juez o Tribunal podrá acordar estas penas respecto de todos o alguno de los menores o incapaces que estén a cargo del penado, en atención a las circunstancias del caso.*

---

[148] La Sentencia del Tribunal Supremo 519/2000, de 31 de marzo, Sala Segunda, (Ponente: Magistrado D. Enrique Bacigalupo), no aplica la inhabilitación para el ejercicio de la profesión que tenía en ese momento el condenado, sobre la base de que «es evidente que el recurrente no empleó conocimientos profesionales... sino que se comportó como lo hubiera hecho cualquiera que hubiera perseguido el mismo fin».

A los efectos de este artículo, la patria potestad comprende tanto la regulada en el Código Civil, incluida la prorrogada, como las instituciones análogas previstas en la legislación civil de las Comunidades Autónomas.

La redacción de este artículo ha sufrido varias modificaciones desde su redacción original, o cabría decir mejor, en este caso, sucesivas incorporaciones. Así, la Ley Orgánica 15/2003, de 25 de noviembre, modificó el entonces párrafo único, mientras que la Ley Orgánica 5/2010, de 22 de junio, retocó el mismo, que es el vigente párrafo primero, y añadió el segundo.

La exposición de motivos de esta última ley explicó que «para completar el elenco de normas destinadas a otorgar mayor protección a los menores, se considera adecuado crear la pena de privación de la patria potestad o instituciones análogas previstas en la legislación civil de las Comunidades Autónomas que se incluye en el catálogo de penas privativas de derechos previstas en el art. 39, fijándose su contenido en el art. 46. Esta nueva pena tendrá el carácter de principal en los supuestos previstos en el art. 192 y el de pena accesoria de acuerdo a lo establecido en los arts. 55 y 56, cuando los derechos derivados de la patria potestad hubieren tenido una relación directa con el delito cometido».

La Circular de la Fiscalía General del Estado 2/2004, de 22 de diciembre recordaba que con la inicial redacción del Código Penal, un sector de la doctrina defendió la tesis de que la pena se refería exclusivamente a los menores víctimas del delito, explicando que "ésta era la postura de la Sentencia del Tribunal Supremo 568/2001, de 6 de julio, que declaró que la pena de inhabilitación se refería exclusivamente al menor o incapacitado objeto del agravio y no a cualquier otro".

Sin embargo, señala la Circular que la redacción operada por la Ley 15/2003, de 25 de noviembre, "supera esta interpretación y permite extender sus efectos a los demás menores que estén a cargo del penado, a todos o solo a algunos, en atención a las circunstancias del caso. Lo decisivo será si existen elementos que lleven a un convencimiento racional de que respecto de los hijos con los que el delito no guarda relación directa el condenado no está en condiciones de desempeñar correctamente las facultades inherentes a la patria potestad, atendiendo como criterio fundamental el del superior interés del menor", concluyendo que "la extensión de la inhabilitación especial será especialmente procedente cuando la índole del delito y la ausencia de arrepentimiento puedan poner de manifiesto un riesgo de reiteración de la conducta delictiva respecto de los demás menores distintos de la víctima", y este criterio lo encontramos también en la jurisprudencia, por ejemplo, en la Sentencia del Tribunal Supremo de 27 de mayo de 2009[149], cuando establece que "la patria potestad en cuanto derecho-deber que se estima no ha sido ejercido debidamente por la acusada no puede ser escindido, manteniéndose para unos hijos y no para otro. El deficiente ejercicio de la misma, aunque se haya concretado en la exposición a un riesgo para uno de ellos, se proyecta como potencialmente peligroso sobre todos los menores y determina la inhabilitación para su futuro ejercicio que alcanza por igual a todos quienes están sujetos a la misma".

2.5. La privación del derecho a conducir vehículos a motor y ciclomotores y la privación del derecho a la tenencia y porte de armas.

El art. 47 regula esta pena en los siguientes términos.

Artículo 47.

La imposición de la pena de privación del derecho a conducir vehículos a motor y ciclomotores inhabilitará al penado para el ejercicio de ambos derechos durante el tiempo fijado en la sentencia.

La imposición de la pena de privación del derecho a la tenencia y porte de armas inhabilitará al penado para el ejercicio de este derecho por el tiempo fijado en la sentencia.

Cuando la pena impuesta lo fuere por un tiempo superior a dos años comportará la pérdida de vigencia del permiso o licencia que habilite para la conducción o la tenencia y porte, respectivamente.

La pena de privación del derecho a conducir vehículos a motor y ciclomotores y la de privación del derecho a la tenencia y porte de armas tienen una duración de tres meses a diez años, de conformidad

---

[149] Sentencia 559/2009, Sala Segunda, recurso 1685/2008. Ponente: Magistrado D. Diego Antonio Ramos Gancedo.

con el art. 40 del Código Penal. Se trata además de unas penas que también aparecen reguladas en el Código Penal como medidas de seguridad no privativas de libertad, con un periodo de hasta diez años (art. 105.2, b y c).

Por lo que respecta a la pena de privación del derecho a conducir vehículos a motor y ciclomotores, la Fiscalía General del Estado, en la Circular nº 2/2004, de 22 de diciembre, señalaba que "el condenado no podrá conducir vehículos a motor ni ciclomotores cuando se le imponga dicha pena, pues la misma abarca ambas modalidades conjuntamente y sin que sea dable seleccionar una u otra. Por tanto, se sanciona legalmente la conclusión alcanzada por la Consulta 4/1998, de 14 de julio, sobre el alcance de la pena de privación del derecho a conducir vehículos de motor y ciclomotores en el art. 379 del Código Penal, que estableció que la pena de privación del derecho a conducir vehículos a motor y ciclomotores que impone el art. 379 del Código Penal comprende ambos derechos: el derecho a conducir vehículos a motor y el derecho a conducir ciclomotores ya se haya cometido el delito con un vehículo a motor o con un ciclomotor".

Los delitos que llevan aparejada esta pena están delimitados en el Libro II, y así aparece, siempre con carácter obligatorio: en el homicidio imprudente (art. 142), si bien con distinta graduación según que la imprudencia sea grave o menos grave, de conformidad con la redacción dada por la Ley Orgánica 1/2015, de 30 de marzo; en las lesiones imprudentes (art. 152), igualmente en los mismos casos de imprudencia tanto grave, como menos grave; y lógicamente en los delitos contra la seguridad vial, esto es, en los arts. 379, 380, 381 y 383 del Código Penal.

Por lo que respecta a la legislación procesal, hay que recordar que el art. 529 bis de la Ley de Enjuiciamiento Criminal establece que "*cuando se decrete el procesamiento de persona autorizada para conducir vehículos de motor por delito cometido con motivo de su conducción, si el procesado ha de estar en libertad, el Juez, discrecionalmente, podrá privarle provisionalmente de usar el permiso, mandando que se recoja e incorpore al proceso el documento en el que conste. El Secretario judicial lo comunicará al organismo administrativo que lo haya expedido*".

En relación con la ejecución de la pena, el art. 794 de la Ley de Enjuiciamiento Criminal señala que "*en los casos en que se haya impuesto la pena de privación del derecho a conducir vehículos a motor y ciclomotores, el Secretario judicial procederá a la inmediata retirada del permiso y licencia habilitante, si tal medida no estuviera ya acordada, dejando unido el documento a los autos y remitirá mandamiento a la Jefatura Central de Tráfico para que lo deje sin efecto y no expida otro nuevo hasta la extinción de la condena".*

Por lo demás, en orden al inicio de su cómputo, suele hacerse a partir del requerimiento por parte del Tribunal al condenado, para que se abstenga de conducir vehículos de motor (y ciclomotores), sin perjuicio de adoptar simultáneamente o inmediatamente después las medidas previstas en la normativa procesal, debiendo tener conocimiento de las sentencias condenatorias la Dirección General de Tráfico, a los efectos de que las Fuerzas y Cuerpos de seguridad públicos puedan vigilar el efectivo cumplimiento de la pena.

Por lo que respecta a privación del derecho a la tenencia y porte de armas, la ejecución se hará igualmente por medio de requerimiento al penado y remitiendo urgentemente la nota de condena al Registro Central de Penados y Rebeldes, pues el certificado «de penales» es preceptivo para la obtención y la renovación de la licencia de armas (art. 97.1, a) del Reglamento de Armas, aprobado por Real Decreto 137/1993, 29 enero).

2.6. La privación del derecho a residir en determinados lugares o acudir a ellos; la prohibición de aproximarse a la víctima o a aquellos de sus familiares u otras personas que determine el juez o el tribunal; y la prohibición de comunicarse con la víctima o con aquellos de sus familiares u otras personas que determine el juez o tribunal

Todas estas privaciones de derecho y prohibiciones están previstas en el art. 48.

Artículo 48.

1. La privación del derecho a residir en determinados lugares o acudir a ellos impide al penado residir o acudir al lugar en que haya cometido el delito, o a aquel en que resida la víctima o su familia, si fueren distintos. En los casos en que exista declarada una discapacidad intelectual o una discapacidad que tenga su origen en un trastorno mental, se estudiará el caso concreto a fin de resolver teniendo presentes los bienes jurídicos a proteger y el interés superior de la persona con discapacidad que, en su caso, habrá de contar con los medios de acompañamiento y apoyo precisos para el cumplimiento de la medida.

2. La prohibición de aproximarse a la víctima, o a aquellos de sus familiares u otras personas que determine el juez o tribunal, impide al penado acercarse a ellos, en cualquier lugar donde se encuentren, así como acercarse a su domicilio, a sus lugares de trabajo y a cualquier otro que sea frecuentado por ellos, quedando en suspenso, respecto de los hijos, el régimen de visitas, comunicación y estancia que, en su caso, se hubiere reconocido en sentencia civil hasta el total cumplimiento de esta pena.

3. La prohibición de comunicarse con la víctima, o con aquellos de sus familiares u otras personas que determine el juez o tribunal, impide al penado establecer con ellas, por cualquier medio de comunicación o medio informático o telemático, contacto escrito, verbal o visual.

4. El juez o tribunal podrá acordar que el control de estas medidas se realice a través de aquellos medios electrónicos que lo permitan.

La redacción original de este artículo fue modificada en primer lugar por la Ley Orgánica 14/1999, de 9 de junio, y posteriormente por la Ley Orgánica 15/2003, de 25 de noviembre, que aportó la redacción actual, salvo en el apartado 1, que se reformó de nuevo por la Ley Orgánica 5/2010 de 22 de junio, para introducir la posibilidad de que la privación del derecho a residir en determinados lugares o acudir a ellos, afectase al lugar en el que se hubiera cometido no solo un delito sino también una falta, y finalmente, por la Ley Orgánica 1/2015, de 30 de marzo, para suprimir precisamente la referencia a las faltas, en consonancia con la correlativa supresión del Libro III del Código Penal, así como para reflejar los supuestos de discapacidad intelectual o trastorno mental del penado.

Actualmente, las penas que contempla este art. 48 pueden también adoptarse como medidas cautelares, a lo que cabría añadir que también pueden imponerse como deberes o reglas de conducta en las suspensiones condicionales de la pena de prisión (art. 83 del Código Penal).

En efecto, siguiendo un orden lógico, el art. 13 de la Ley de Enjuiciamiento Criminal permite acordar como primeras diligencias las necesarias para «*proteger a los ofendidos o perjudicados por el mismo, a sus familiares o a otras personas, pudiendo acordarse a tal efecto las medidas cautelares a las que se refiere el artículo 544 bis o la orden de protección prevista en el artículo 544 ter de esta ley*».

Las medidas cautelares del art. 544 bis, que sólo pueden adoptarse en procedimientos seguidos por los delitos previstos en el art. 57 del Código Penal, se rigen, obviamente, por los principios de necesidad y proporcionalidad: "*... el Juez o Tribunal podrá, de forma motivada y cuando resulte estrictamente necesario al fin de protección a la víctima, imponer cautelarmente ...*" (art. 544 bis, párrafo 1°, de la Ley de Enjuiciamiento Criminal); "*... para la adopción de estas medidas se tendrá en cuenta la situación económica del inculpado y los requerimientos de su salud, situación familiar y actividad laboral ...*" (art. 544 bis, párrafo 3°, de la Ley de Enjuiciamiento Criminal); "*en caso de incumplimiento por parte del inculpado de la medida acordada por el juez o tribunal, éste convocará la comparecencia regulada en el artículo 505 para la adopción de la prisión provisional en los términos del artículo 503, de la orden de protección prevista en el artículo 544 ter o de otra medida cautelar que implique una mayor limitación de su libertad personal, para lo cual se tendrán en cuenta la incidencia del incumplimiento, sus motivos, gravedad y circunstancias, sin perjuicio de las responsabilidades que del incumplimiento pudieran resultar*" (art. 544 bis, párrafo 4° de la Ley de Enjuiciamiento Criminal).

Por lo que respecta a la orden de protección prevista en el art. 544 ter, está prevista para las víctimas de violencia doméstica en los casos en que, "*existiendo indicios fundados de la comisión de un delito o falta contra la vida, integridad física o moral, libertad sexual, libertad o seguridad de alguna de las personas mencionadas en el artículo 173.2 del Código Penal, resulte una situación objetiva de riesgo para la víctima que requiera la adopción de alguna de las medidas de protección reguladas en este artículo*". Se puede adoptar de oficio por el juez o a instancia de la víctima o persona que tenga con ella alguna de las relaciones previstas en el art. 173.2, o del Ministerio Fiscal.

En cuanto a la solicitud de dicha orden de protección, puede realizarse directamente ante la autoridad judicial o el Ministerio Fiscal, o bien ante las Fuerzas y Cuerpos de Seguridad, las oficinas de atención a la víctima o los servicios sociales o instituciones asistenciales dependientes de las Administraciones públicas. Eso sí, en cualquier caso, *"habrá de ser remitida de forma inmediata al juez competente"*.

Una vez recibida la solicitud de orden de protección, el Juez de guardia, "*convocará a una audiencia urgente a la víctima o su representante legal, al solicitante y al presunto agresor, asistido, en su caso, de Abogado. Asimismo será convocado el Ministerio Fiscal*", aclarando el precepto que la audiencia "*se podrá sustanciar simultáneamente con la prevista en el artículo 505 cuando su convocatoria fuera procedente, con la audiencia regulada en el artículo 798 en aquellas causas que se tramiten conforme al procedimiento previsto en el Título III del Libro IV de esta Ley*", aclarando respecto de los plazos, que "*cuando excepcionalmente no fuese posible celebrar la audiencia durante el servicio de guardia, el Juez ante el que hubiera sido formulada la solicitud la convocará en el plazo más breve posible. En cualquier caso la audiencia habrá de celebrarse en un plazo máximo de setenta y dos horas desde la presentación de la solicitud*", pudiéndose destacar, que "*celebrada la audiencia, el Juez de guardia resolverá mediante auto lo que proceda sobre la solicitud de la orden de protección, así como sobre el contenido y vigencia de las medidas que incorpore. Sin perjuicio de ello, el Juez de instrucción podrá adoptar en cualquier momento de la tramitación de la causa las medidas previstas en el artículo 544 bis*"

En otro orden de cosas, y por lo que respecta a su cumplimiento, el art. 57.1, 2º párrafo establece que "*si el condenado lo fuera a pena de prisión y el juez o tribunal acordara la imposición de una o varias de dichas prohibiciones, lo hará por un tiempo superior entre uno y diez años al de la duración de la pena de prisión impuesta en la sentencia, si el delito fuera grave, y entre uno y cinco años, si fuera menos grave. En este supuesto, la pena de prisión y las prohibiciones antes citadas se cumplirán necesariamente por el condenado de forma simultánea*".

Estas penas tienen la característica de estar previstas exclusivamente como accesorias, siendo de imposición facultativa, salvo en los supuestos de malos tratos familiares, en los que es de imposición obligatoria (art. 57.2). Por todo ello, ha sido denominada «pena accesoria impropia», ya que su peculiaridad es que no la lleva aparejada otra pena sino algunos delitos, y además, su duración no depende de la principal.

Como pena de imposición facultativa, se prevé en el art. 57.1 para los delitos que el precepto enumera (homicidio, aborto, lesiones, contra la libertad, de torturas y contra la integridad moral, la libertad e indemnidad sexuales, la intimidad, el derecho a la propia imagen y la inviolabilidad del domicilio, el honor, el patrimonio y el orden socioeconómico), en los que podrá acordarse atendiendo a la gravedad de los hechos o al peligro que el delincuente represente, pudiendo imponerse una o varias de las prohibiciones contempladas en el art. 48.

Por el contrario, la pena prevista en el apartado 2 del art. 48, es de imposición obligatoria, como se prevé en el apartado 2° del art. 57 para los mismos delitos anteriores cuando se hubieran cometido "*contra quien sea o haya sido el cónyuge, o sobre persona que esté o haya estado ligada al condenado por una análoga relación de afectividad aun sin convivencia, o sobre los descendientes, ascendientes o hermanos por naturaleza, adopción o afinidad, propios o del cónyuge o conviviente, o sobre los menores o incapaces que con él convivan o que se hallen sujetos a la potestad, tutela, curatela, acogimiento o guarda de hecho del cónyuge o conviviente, o sobre persona amparada en cualquier otra relación por la que se encuentre integrada en el núcleo de su convivencia familiar, así como sobre las personas que por su especial vulnerabilidad se encuentran sometidas a su custodia o guarda en centros públicos o privados*".

En cuanto a la necesidad de motivar la imposición de esta pena, en los casos en los que como se ha visto, es facultativa, la Sentencia del Tribunal Supremo de 13 de febrero de 2014[150], tras recordar que "el artículo 57.1 del Código Penal prevé la posibilidad de que, en caso de determinados delitos, entre ellos el de lesiones, los tribunales, acuerden la imposición de una o varias de las prohibiciones contempladas en el artículo 48 del Código Penal, entre las que se encuentra la de acercarse a la víctima", añade que "a diferencia de los casos a los que se refiere el apartado segundo de ese mismo artículo, se trata de una decisión facultativa del órgano jurisdiccional, pero que deberá ser adoptada en atención a la gravedad de los hechos o al peligro que el delincuente represente. Lo cual supone que el mero hecho de la comisión de uno de esos delitos no justifica por sí mismo la imposición de las referidas prohibiciones", añade que "por el contrario, será preciso acreditar en cada caso, mediante el oportuno, expreso y suficien-

[150] Sentencia 93/2014. Recurso 1264/2013. Ponente: Magistrado D. Miguel Colmenero Menéndez de Luarca.

te razonamiento, que la privación de derechos que se impone, además de la pena, está justificada por uno de aquellos dos parámetros valorativos establecidos por la ley", y continúa explicando que "en el caso, el Tribunal impone la prohibición que denomina «pena de alejamiento e incomunicación por un periodo de tres años», y lo justifica en que solo así se dará debida protección a la víctima. Sin embargo, no explica cuáles son las amenazas frente a las que debe darse esa protección. No existe ninguna referencia a la gravedad de los hechos.... tampoco se contiene en la sentencia una referencia a una eventual peligrosidad del acusado, pues no se relata otra cosa que un enfrentamiento puntual con discusión y agresiones recíprocas, sin que tras el mismo conste que hayan tenido lugar otros sucesos que aconsejen añadir a la intimación que supone la pena privativa de libertad, que se impone, una prohibición de acercamiento a la víctima... en consecuencia, no se considera debidamente justificada la imposición de la prohibición de acercamiento a la víctima".

2.7. Los trabajos en beneficio de la comunidad

Como se apuntaba en relación con la pena de multa, la búsqueda y potenciación de las medidas alternativas a la prisión se ha constituido como una de las líneas básicas de la política criminal de los países de nuestro entorno cultural y geográfico, para reducir, en su caso, el número de personas privadas de libertad. Sin embargo, para la consecución de este objetivo, no basta la simple adopción de modificaciones a nivel normativo dirigidas a introducir nuevas posibilidades de reacción ante el comportamiento delictivo, sino que es necesario también contar con la infraestructura necesaria para transformarlas en realidad, y no faltan autores que consideran que también es necesario que se produzcan cambios en la mentalidad de los operadores jurídicos. Pues bien, es dentro de este contexto, en el que se debe incluir la pena de trabajos en beneficio de la comunidad.

Así, el tenor literal del art. 49 del Código Penal dedicado a esta pena es el siguiente.

Artículo 49.

Los trabajos en beneficio de la comunidad, que no podrán imponerse sin el consentimiento del penado, le obligan a prestar su cooperación no retribuida en determinadas actividades de utilidad pública, que podrán consistir, en relación con delitos de similar naturaleza al cometido por el penado, en labores de reparación de los daños causados o de apoyo o asistencia a las víctimas, así como en la participación del penado en talleres o programas formativos o de reeducación, laborales, culturales, de educación vial, sexual y otros similares. Su duración diaria no podrá exceder de ocho horas y sus condiciones serán las siguientes:

1.ª La ejecución se desarrollará bajo el control del Juez de Vigilancia Penitenciaria, que, a tal efecto, requerirá los informes sobre el desempeño del trabajo a la Administración, entidad pública o asociación de interés general en que se presten los servicios.

2.ª No atentará a la dignidad del penado.

3.ª El trabajo en beneficio de la comunidad será facilitado por la Administración, la cual podrá establecer los convenios oportunos a tal fin.

4.ª Gozará de la protección dispensada a los penados por la legislación penitenciaria en materia de Seguridad Social.

5.ª No se supeditará al logro de intereses económicos.

6.ª Los servicios sociales penitenciarios, hechas las verificaciones necesarias, comunicarán al Juez de Vigilancia Penitenciaria las incidencias relevantes de la ejecución de la pena y, en todo caso, si el penado:

a) Se ausenta del trabajo durante al menos dos jornadas laborales, siempre que ello suponga un rechazo voluntario por su parte al cumplimiento de la pena.

b) A pesar de los requerimientos del responsable del centro de trabajo, su rendimiento fuera sensiblemente inferior al mínimo exigible.

c) Se opusiera o incumpliera de forma reiterada y manifiesta las instrucciones que se le dieren por el responsable de la ocupación referidas al desarrollo de la misma.

d) Por cualquier otra razón, su conducta fuere tal que el responsable del trabajo se negase a seguir manteniéndolo en el centro.

Una vez valorado el informe, el Juez de Vigilancia Penitenciaria podrá acordar su ejecución en el mismo centro, enviar al penado para que finalice la ejecución de la misma en otro centro o entender que el penado ha incumplido la pena.

En caso de incumplimiento, se deducirá testimonio para proceder de conformidad con el artículo 468.

7.ª Si el penado faltara del trabajo por causa justificada no se entenderá como abandono de la actividad. No obstante, el trabajo perdido no se le computará en la liquidación de la condena, en la que se deberán hacer constar los días o jornadas que efectivamente hubiese trabajado del total que se le hubiera impuesto.

En relación con los trabajos en beneficio de la comunidad, hay que tener presente el Real Decreto 840/2011, de 17 de junio, por el que se establecen las circunstancias de ejecución de las penas de trabajo en beneficio de la comunidad y de localización permanente en centro penitenciario, de determinadas medidas de seguridad, así como de la suspensión de la ejecución de la penas privativas de libertad y sustitución de penas.

El Real Decreto destaca en su exposición de motivos que tras las sucesivas reformas legales se ha producido una ampliación de su contenido estricto, "consistente en la prestación no remunerada de actividades de utilidad social, al contemplarse la posibilidad de la eventual participación del penado en talleres o programas formativos o de reeducación de contenido y proyección plural -laborales, culturales, de educación vial, sexual y otros similares-, que si bien ya se había anticipado en el Real Decreto 1849/2009, de 4 de diciembre, que modificó el Real Decreto 515/2005, de 6 de mayo, ahora ya no ve restringida su aplicación a infracciones relacionadas con la seguridad vial".

Además, dedica todo el Capítulo II a los trabajos en beneficio de la comunidad, y así, se establece como inicio de la ejecución la recepción de la resolución o mandamiento judicial que determine las condiciones de cumplimiento de la pena de trabajos en beneficio de la comunidad, por parte de los servicios de gestión de penas y medidas alternativas del lugar donde el penado tenga fijada su residencia, para que los mismos realicen las actuaciones necesarias para hacer efectivo el cumplimiento de la pena.

Cabe destacar que se refleja expresamente, que el trabajo en beneficio de la comunidad será facilitado por la Administración estatal, autonómica o local (art. 4), por lo que a tal fin, "*podrán establecer los oportunos convenios entre sí o con entidades públicas o privadas que desarrollen actividades de utilidad pública, debiendo remitir mensualmente a la Administración penitenciaria la relación de plazas disponibles en su territorio*". La Administración penitenciaria es la encargada en cualquier caso de la supervisión de sus actuaciones y deberá prestarles el apoyo y asistencia necesaria.

La valoración y selección del trabajo está encomendada a los servicios de gestión de penas y medidas alternativas, que deben efectuar la valoración del caso para determinar la actividad más adecuada, debiendo informar al penado del cometido y del horario en que debería realizarlo (pudiendo escuchar propuestas del penado).

En relación con la eventual quebrantamiento de condena, se prevé que los servicios de gestión de penas y medidas alternativas, cuando citen al penado, le advertirán de las consecuencias de su no comparecencia, y además se establece que realizada la valoración, se elaborará el plan de ejecución dándose traslado al Juzgado de Vigilancia Penitenciaria para su control.

Por lo que respecta a la jornada y horario, el art. 6 establece que cada jornada tendrá una duración máxima de ocho horas diarias, de conformidad con el art. 49 del Código Penal. Para determinar la duración y el plazo en el que deberán cumplirse las jornadas, se valorarán las cargas personales o familiares del penado, así como sus circunstancias laborales y, en el caso de programas o talleres, la naturaleza de los mismos.

Uno de los principios que rige la ejecución es la flexibilidad, con el objeto de compatibilizar el normal desarrollo de las actividades diarias del penado con el cumplimiento de la pena impuesta.

En otro orden de cosas, el Real Decreto establece unos mecanismos de seguimiento y control de la ejecución de la pena, y por ello, la administración pública o entidad privada que desarrolle actividades de utilidad pública y que haya facilitado el trabajo al penado, informará periódicamente a los servicios de gestión de penas y medidas alternativas de la actividad que va siendo desarrollada por el penado, así como de las incidencias relevantes durante el desarrollo del plan de ejecución, o en su caso de la finalización del mismo.

Una vez cumplido el plan de ejecución, los servicios de gestión de penas y medidas alternativas deberán informar al Juez de Vigilancia Penitenciaria y al órgano jurisdiccional competente para la ejecución.

Finalmente, una importante previsión la encontramos en el art. 11 cuando establece que "*los penados a trabajos en beneficio de la comu-*

nidad que se encuentren cumpliéndola, únicamente estarán incluidos en la acción protectora del Régimen General de la Seguridad Social a efectos de las contingencias de accidentes de trabajo y enfermedades profesionales por los días de prestación efectiva de dicho trabajo, salvo que realicen el cumplimiento de esta pena mediante su participación en talleres o programas formativos o de reeducación, laborales, culturales, de educación vial, sexual y otros similares, en cuyo caso estarán excluidos de la citada acción protectora", además, cabe añadir que también estarán protegidos por la normativa laboral en materia de prevención de riesgos laborales.

3. NUEVAS PENAS PRIVATIVAS DE DERECHOS INTRODUCIDAS POR LA LEY ORGÁNICA 1/2015

3.1. Inhabilitación especial para profesión u oficio educativos, en el ámbito docente, deportivo y de tiempo libre, e inhabilitación especial para cualquier profesión u oficio que conlleve contacto regular y directo con menores de edad.

La Ley Orgánica 1/2015, de 30 de marzo de reforma del Código Penal introdujo como novedades dos nuevas penas privativas de derechos relacionadas con la docencia: por un lado, la inhabilitación especial para profesión u oficio educativos, en el ámbito docente, deportivo y de tiempo libre; y, por otro, la inhabilitación especial para cualquier profesión u oficio, sea o no retribuido, que conlleve contacto regular y directo con menores de edad.

En relación con la primera de ellas, esto es, la pena de inhabilitación especial para profesión u oficio educativos, en el ámbito docente, deportivo y de tiempo libre, se establece para aquellos delitos que, por su gravedad, requieren una respuesta punitiva que abarque también el impedir a los condenados, por la comisión de tales delitos, el llevar a cabo cualquier tipo de actividad relacionada con el ámbito docente. Está prevista para los denominados «delitos de odio» (arts. 510, 511, 512), genocidio (art. 607), delitos de lesa humanidad (art.

607 bis), así como para los responsables de delitos terroristas (art. 579 bis).

Dentro de este catálogo de infracciones penales, los que con mayor habitualidad se pueden dar, y pueden plantear en ocasiones una evidente problemática en su aplicación, son sin duda los «delitos de odio», ya que debido a la poca frecuencia con la que dichos delitos pueden llegar al conocimiento de la Sala Segunda por vía del recurso casación, como consecuencia de la pena que llevan aparejada, lo cierto es que los elementos de los diversos tipos que los integran no están suficientemente desarrollados ni doctrinal, ni jurisprudencialmente, circunstancia por la que se impone una aplicación prudente de los mismos.

Por lo que respecta a la pena de inhabilitación especial para cualquier profesión u oficio, sea o no retribuido que conlleve contacto regular y directo con menores de edad, el art. 192, apartado 3, establece que "*a los responsables de la comisión de alguno de los delitos de los Capítulos II bis o V se les impondrá, en todo caso, y sin perjuicio de las penas que correspondan con arreglo a los artículos precedentes, una pena de inhabilitación especial para cualquier profesión u oficio, sea o no retribuido que conlleve contacto regular y directo con menores de edad por un tiempo superior entre tres y cinco años al de la duración de la pena de privación de libertad impuesta en su caso en la sentencia, o por un tiempo de dos a diez años cuando no se hubiera impuesto una pena de prisión atendiendo proporcionalmente a la gravedad del delito, el número de los delitos cometidos y a las circunstancias que concurran en el condenado*". Se impondrá, por lo tanto, en todos los delitos de abusos y agresiones sexuales a menores de 16 años (Capítulo II bis del Título VIII: arts. 183, 183 bis, 183 ter y 183 quáter), y en los delitos relativos a la prostitución y a la explotación sexual y corrupción de menores (Capítulo V del Título VIII: arts. 187 a 194). La justificación se encuentra, como menciona la Sentencia del Tribunal Supremo de 2 de diciembre de 2016[151], en el riesgo que tales conductas generan para los menores.

Para completar esta protección de los menores frente a personas condenadas por delitos de carácter sexual, y con el fin de incorporar a nuestra legislación la normativa supranacional, en concreto, el Con-

[151] Sentencia 917/2016, de 2 de diciembre (Sala Segunda). Recurso 933/2016. Ponente: Magistrado D. Alberto Jorge Barreiro.

venio del Consejo de Europa para la protección de los niños contra la explotación y el abuso sexual, de 25 de octubre de 2007, se aprobó el Real Decreto 1110/2015, de 11 de diciembre, por el que se regula el Registro Central de Delincuentes Sexuales, que estaba previsto en la Ley 26/2015, de 28 de julio, de modificación del sistema de protección a la infancia y a la adolescencia, con una triple finalidad: por un lado, como dice la exposición de motivos "se pretende la prevención y protección de los menores frente a la delincuencia de naturaleza sexual, de conformidad con las normas nacionales y supranacionales, y acorde con los sistemas registrales de otros países de nuestro entorno"; por otro lado "se desarrolla un sistema para conocer si quienes pretenden acceder y ejercer profesiones, oficios y actividades que impliquen un contacto habitual con menores carecen de condenas, tanto en España como en otros países" por los delitos a los que se refiere el propio Real Decreto; y, finalmente, "se busca facilitar la investigación e identificación de los autores de los delitos contra la libertad e indemnidad sexuales, así como de trata de seres humanos con fines de explotación sexual, incluyendo la pornografía, con independencia de la edad de la víctima".

Por lo tanto, y como establece el art. 3 del Real Decreto, la finalidad del Registro es contribuir a la protección de los menores contra la explotación y el abuso sexual, con independencia de quién sea el autor del delito, mediante el establecimiento de un mecanismo de prevención que permita conocer si quienes pretenden el acceso y ejercicio de profesiones, oficios y actividades que impliquen el contacto habitual con menores, carecen o no de condenas penales por cualquier delito contra la libertad e indemnidad sexuales o por la actividad de trata de seres humanos con fines de explotación sexual, incluyendo la pornografía infantil.

El acierto de la introducción de estas medidas en nuestro ordenamiento jurídico no ofrece dudas, ya que la experiencia nos muestra que en no pocas ocasiones, los delincuentes sexuales que enfocan su actuación delictiva en personas menores de edad, tienden a ubicarse en profesiones en las que el contacto con los mismos es más directo, buscando situaciones de impunidad a través de ciertas actividades laborales, que con la exigencia del certificado, ahora les estarán proscritas.

3.2. Inhabilitación especial para el ejercicio del derecho de cazar, pescar o realizar actividades de marisqueo

Otra inhabilitación especial que se contempla en la parte especial del código es la prevista en el art. 335.1[152] que establece que "*el que cace o pesque o realice actividades de marisqueo relevantes sobre especies distintas de las indicadas en el artículo anterior en terrenos públicos o privados ajenos, sometidos a régimen cinegético especial, sin el debido permiso de su titular o sometidos a concesión o autorización marisquera o acuícola sin el debido título administrativo habilitante, será castigado con la pena de multa de cuatro a ocho meses e inhabilitación especial para el ejercicio del derecho de cazar, pescar o realizar actividades de marisqueo por tiempo de uno a tres años,...*", dentro del capítulo dedicado a los delitos relativos a la protección de la flora, fauna y animales domésticos.

3.3. Inhabilitación especial para el ejercicio de profesión, oficio o comercio que tenga relación con animales y para la tenencia de animales

La otra pena privativa de derechos que introduce la reforma penal operada por la Ley Orgánica 1/2015 es la relativa a la inhabilitación especial para el ejercicio de profesión, oficio o comercio que tenga relación con animales y para la tenencia de animales, y que responde a la natural evolución de la sensibilidad en relación con los animales, y el trato que debe darse a los mismos, que se ha ido desarrollando en las últimas décadas en la sociedad, a la que el derecho penal no ha sido ajeno, endureciendo determinadas conductas de lo que podríamos denominar «maltrato animal» en las últimas reformas de nuestro Código Penal.

En el art. 337 se prevé, para todos los supuestos de maltrato injustificado de animales, además de las penas de prisión, inhabilitaciones para el ejercicio de profesión, oficio o comercio que tenga relación con animales y para la tenencia de animales. Esta última inhabilitación, la referida a la tenencia de animales, es una novedad de

[152] En relación con la inhabilitación para actividades de marisqueo, a modo de ejemplo sobre su aplicación, v. Sentencia de la Audiencia Provincial de A Coruña, Sección 6ª, nº 203/2016, de 30 de septiembre (Recurso 405/2016).

la reforma que va dirigida a impedir que el infractor pueda, durante el tiempo que se le señale, poseer cualquier tipo de animal.

Dada la especificidad de la inhabilitación para la tenencia de animales, se menciona la misma expresamente en el catálogo de penas privativas de derechos contenidas en el art. 39, algo que sin embargo no ocurre en relación a las anteriores inhabilitaciones especiales, que encajan sin embargo perfectamente en el concepto general de inhabilitación especial para profesión, oficio u otra actividad determinada en este código, previsto en aquel precepto[153].

4. LAS PENAS ACCESORIAS

Para Maurach[154] «son penas accesorias aquellas medidas penales que únicamente pueden ser aplicadas, complementariamente, junto a una principal».

El Código Penal español de 1822 no preveía de forma expresa penas accesorias. Sin embargo, en el art. 60, al referirse a la ejecución de determinadas penas, ampliaba notablemente sus efectos ("el reo condenado a reclusión... sin poder salir hasta que cumpla el tiempo de su condena, trabajará constantemente en el oficio, arte u ocupación..."). También dicho Código, como se verá en el capítulo correspondiente, incluía entre las penas el decomiso de los efectos e instrumentos del delito como una especie de multa añadida, en su caso, así como el pago de las costas y la responsabilidad civil derivada del delito.

Fue el Código Penal de 1848, en la escala de penas de su art. 24, el primero de nuestros Códigos históricos en dedicar un apartado específico a las penas accesorias, que eran entonces las de: argolla, degradación, interdicción civil, pérdida o comiso de los instrumentos y efectos del delito, resarcimiento de los gastos ocasionados por el juicio, y pago de las costas procesales. Y el art. 25 del mismo Código de 1848 dispuso que "*las penas de inhabilitación y suspensión para cargos*

[153] Sobre el particular, Jaén Vallejo, M., y Perrino Pérez, A., *La reforma penal de 2015*. Madrid, 2015.

[154] Maurach, R., *Tratado de derecho penal II*, traducción con notas de Juan Córdoba Roda, Barcelona, 1962, p. 515.

públicos, derechos políticos, profesión u oficio, son accesorias en los casos en que no imponiéndolas especialmente la ley, declara que otras penas las llevan consigo".

Por lo que respecta a su naturaleza, las penas accesorias no difieren del resto de las penas privativas de derechos, es decir, constituyen igualmente privaciones o restricciones temporales de ciertos derechos, y están sometidas a los mismos principios, requisitos y fines que el resto de las penas. En ello se diferencian, al menos de alguna manera, de las llamadas consecuencias accesorias (arts. 127-129 bis del Código Penal). Ahora bien, en su calidad de penas accesorias están supeditadas a la aplicación de otras penas principales, cuyos efectos amplifican o complementan, de ahí que el art. 54 del Código Penal señale que "las penas de inhabilitación son accesorias en los casos en que, no imponiéndolas especialmente, la Ley declare que otras penas las llevan consigo".

Sin embargo, como ya se dijo, el art. 57 del Código Penal contempla como accesorias unas penas (privación del derecho a residir en determinados lugares o acudir a ellos, prohibición de aproximarse a la víctima, o a aquellos de sus familiares u otras personas que determine el juez o tribunal; prohibición de comunicarse con la víctima, o con aquellos de sus familiares u otras personas que determine el juez o tribunal), que no están condicionadas por otras penas principales, sino por la realización de una serie de delitos, «atendiendo a la gravedad de los hechos o al peligro que el delincuente represente»; por ello, estas penas del art. 57.1 presentan más bien un carácter de penas principales facultativas o potestativas, que de penas verdaderamente accesorias.

Así, el art. 55 del Código Penal tiene el siguiente tenor literal.

Artículo 55.

La pena de prisión igual o superior a diez años llevará consigo la inhabilitación absoluta durante el tiempo de la condena, salvo que ésta ya estuviere prevista como pena principal para el supuesto de que se trate. El Juez podrá además disponer la inhabilitación especial para el ejercicio de la patria potestad, tutela, curatela, guarda o acogimiento, o bien la privación de la patria potestad, cuando estos derechos hubieren tenido relación directa con el delito cometido. Esta vinculación deberá determinarse expresamente en la sentencia.

La inhabilitación absoluta es de obligada imposición, por tanto, cuando se condene a pena de prisión igual o superior a diez años (se refiere el art. 55 a la pena concreta de la sentencia y no a la genérica o abstracta prevista en el Código para el delito de que se trate), y, aunque conviene que sea solicitada por la acusación en sus conclusiones provisionales y definitivas, el Juez o Tribunal habrá de aplicarla por ministerio o disposición expresa de la ley, ya que: "*Siempre que los Jueces o Tribunales impongan una pena que lleve consigo otras accesorias condenarán también al reo a estas últimas*" (art. 79 del Código Penal). Así las cosas, no faltan autores que señalan que este último precepto citado encontraría mucho mejor acomodo dentro de la Sección relativa a las penas accesorias (Sección 5ª, Capítulo I), que en el lugar en el que le ubicó el legislador (Sección 2ª, Capítulo II).

Para el supuesto de que la inhabilitación absoluta hubiera sido impuesta de manera indebida, acompañando a una pena de prisión inferior a diez años, también es posible la imposición de la pena correcta por el tribunal *ad quem*, y así cabe citar a modo de ejemplo la Sentencia del Tribunal Supremo de 20 de marzo de 2003[155], que en su fundamento jurídico cuarto establece que "esta sala ha advertido la existencia de un error en el fallo de la sentencia recurrida, pues se ha aplicado la pena accesoria de inhabilitación absoluta, que es la ordenada en el art. 55 del Código Penal para los casos en que hay pena de prisión igual o superior a diez años, cuando lo procedente era haber impuesto alguna de las previstas en el 56 para los casos, como el presente, en que la pena de prisión es inferior a los diez años. Acordamos imponer la de inhabilitación especial para el derecho de sufragio pasivo, que se ha convertido en la pena accesoria usual en nuestros tribunales para estos casos. Todo ello de oficio en beneficio del reo".

En otro orden de cosas, en ocasiones se ha señalado que en la mayoría de los casos esta pena accesoria podría ser inútil o, incluso, contraproducente, entendiendo que la prisión, en cierto modo, ya constituye una cuasi inhabilitación absoluta para el interno. En definitiva, la inhabilitación absoluta del penado a lo largo de toda la pena de prisión puede llegar a colisionar, en principio, con la finalidad de

---

[155] Sala Segunda, Sentencia 400/2003. Recurso. 595/2002. Ponente: Magistrado D. Joaquín Delgado García.

las penas privativas de libertad, que nuestra Constitución proclama "estarán orientadas hacia la reeducación y reinserción social".

Por su parte, el art. 56 del Código Penal, referido a las penas de prisión inferiores a los diez años, tiene el siguiente tenor.

> *Artículo 56.*
>
> *1. En las penas de prisión inferiores a diez años, los jueces o tribunales impondrán, atendiendo a la gravedad del delito, como penas accesorias, alguna o algunas de las siguientes:*
>
> *1.º Suspensión de empleo o cargo público.*
>
> *2.º Inhabilitación especial para el derecho de sufragio pasivo durante el tiempo de la condena.*
>
> *3.º Inhabilitación especial para empleo o cargo público, profesión, oficio, industria, comercio, ejercicio de la patria potestad, tutela, curatela, guarda o acogimiento o cualquier otro derecho, la privación de la patria potestad, si estos derechos hubieran tenido relación directa con el delito cometido, debiendo determinarse expresamente en la sentencia esta vinculación, sin perjuicio de la aplicación de lo previsto en el artículo 579 de este Código.*
>
> *2. Lo previsto en este artículo se entiende sin perjuicio de la aplicación de lo dispuesto en otros preceptos de este Código respecto de la imposición de estas penas.*

Hasta llegar a la redacción actual, el art. 56 ha sido objeto de numerosas reformas. La primera fue la operada por la Ley Orgánica 15/2003, de 25 de noviembre; por su parte, la Ley Orgánica 5/2010, de 22 de junio, introdujo en el apartado 1.3º la inhabilitación especial para el ejercicio de la patria potestad, tutela, curatela, guarda o acogimiento, así como la privación de la patria potestad, dándole al precepto la redacción vigente en la actualidad.

La Consulta 2/2000, de 14 de diciembre, de la Fiscalía General del Estado señalaba que "la reforma 15/2003 deja claro que la pena accesoria de suspensión de empleo o cargo público no requiere para su aplicación una relación directa entre el empleo o cargo público y el delito cometido. Cuando concurra relación directa del cargo con el delito cometido la accesoria aplicable será la inhabilitación especial para empleo o cargo público. La reforma deja también claro que puede imponerse más de una pena accesoria y que cuando el reo no ejerza función pública y el delito no tenga relación con su profesión, habrá necesariamente de imponérsele inhabilitación del derecho de sufragio pasivo", indicando que "por lo demás a estas conclusiones ya había llegado con anterioridad la jurisprudencia del Tribunal Supremo recogida entre otras en Sentencia 112/2003, de 3 febrero, conforme a la cual la exigencia de que los derechos afectados por estas penas hubieran tenido relación directa con el delito cometido «se refiere a la pena accesoria de inhabilitación especial para empleo o cargo público, profesión, oficio, industria o comercio o cualquier otro derecho, y no a las otras dos penas accesorias expresadas en la parte inicial del precepto, es decir a la mera suspensión de cargo o empleo público y a la inhabilitación especial para el derecho de sufragio pasivo durante el tiempo de la condena», añadiendo que "el art. 56 del Código Penal 1995, emplea una expresión preceptiva, «impondrán», y no potestativa, «podrán imponer», por lo que ha de deducirse que, como regla general, el precepto legal determina que ha de imponerse necesariamente alguna de las penas accesorias en él prevenidas. En el mismo sentido, entre otras, Sentencias 1442/1999 de 18 de octubre, 430/1999 de 23 de marzo y 1273/2000, de 14 de julio".

La Sentencia del Tribunal Supremo de 8 de febrero de 2007[156], por su parte, recuerda la posibilidad de acumular varias penas accesorias, a diferencia de lo que ocurría antes de la reforma operada por la Ley Orgánica 15/2003.

En relación con la necesidad de la vinculación con el delito cometido de las inhabilitaciones accesorias, la Sentencia del Tribunal Supremo de 13 de marzo de 2001[157] establece claramente, con referencia a Sentencias anteriores de la propia Sala Segunda, que "como señala la jurisprudencia de esta Sala, ya reiterada, sentencias de 26 enero, 23 marzo, 25 setiembre y 18 octubre, todas de 1999, el art. 56 del Código Penal de 1995, *in fine*, establece efectivamente la exigencia para la imposición de determinadas penas accesorias, de que los derechos afectados por estas penas «hubieran tenido relación directa

[156] Sala 73/2007, Sala Segunda. Recurso 1214/2006. Ponente: Magistrado D. Enrique Bacigalupo.

[157] Sala 388/2001, Sala Segunda. Recurso 2077/1999. Ponente: Magistrado D. Eduardo Moner Muñoz.

con el delito cometido, debiendo determinarse expresamente en la Sentencia esta vinculación». Pero este requisito se refiere a la pena accesoria de inhabilitación especial para empleo o cargo público, profesión, oficio, industria o comercio o cualquier otro derecho, «si éstos hubieran tenido relación directa con el delito cometido», y no a las otras dos penas accesorias expresadas en la parte inicial del precepto, es decir a la mera suspensión de cargo o empleo público y a la inhabilitación especial para el derecho de sufragio pasivo durante el tiempo de la condena".

Finalmente, el art. 57 del Código Penal se refiere a la privación del derecho de acudir o residir en determinados lugares en los términos que se transcriben seguidamente.

> *Artículo 57.*
>
> *1. Los jueces o tribunales, en los delitos de homicidio, aborto, lesiones, contra la libertad, de torturas y contra la integridad moral, trata de seres humanos, contra la libertad e indemnidad sexuales, la intimidad, el derecho a la propia imagen y la inviolabilidad del domicilio, el honor, el patrimonio y el orden socioeconómico, atendiendo a la gravedad de los hechos o al peligro que el delincuente represente, podrán acordar en sus sentencias la imposición de una o varias de las prohibiciones contempladas en el artículo 48, por un tiempo que no excederá de diez años si el delito fuera grave, o de cinco si fuera menos grave.*
>
> *No obstante lo anterior, si el condenado lo fuera a pena de prisión y el juez o tribunal acordara la imposición de una o varias de dichas prohibiciones, lo hará por un tiempo superior entre uno y diez años al de la duración de la pena de prisión impuesta en la sentencia, si el delito fuera grave, y entre uno y cinco años, si fuera menos grave. En este supuesto, la pena de prisión y las prohibiciones antes citadas se cumplirán necesariamente por el condenado de forma simultánea.*
>
> *2. En los supuestos de los delitos mencionados en el primer párrafo del apartado 1 de este artículo cometidos contra quien sea o haya sido el cónyuge, o sobre persona que esté o haya estado ligada al condenado por una análoga relación de afectividad aun sin convivencia, o sobre los descendientes, ascendientes o hermanos por naturaleza, adopción o afinidad, propios o del cónyuge o conviviente, o sobre los menores o personas con discapacidad necesitadas de especial protección que con él convivan o que se hallen sujetos a la potestad, tutela, curatela, acogimiento o guarda de hecho del cónyuge o conviviente, o*

sobre persona amparada en cualquier otra relación por la que se encuentre integrada en el núcleo de su convivencia familiar, así como sobre las personas que por su especial vulnerabilidad se encuentran sometidas a su custodia o guarda en centros públicos o privados se acordará, en todo caso, la aplicación de la pena prevista en el apartado 2 del artículo 48 por un tiempo que no excederá de diez años si el delito fuera grave, o de cinco si fuera menos grave, sin perjuicio de lo dispuesto en el párrafo segundo del apartado anterior.

3. También podrán imponerse las prohibiciones establecidas en el artículo 48, por un periodo de tiempo que no excederá de seis meses, por la comisión de los delitos mencionados en el primer párrafo del apartado 1 de este artículo que tengan la consideración de delitos leves.

Como precedente legislativo, cabe recordar que el Código Penal de 1928[158] ya recogía en su art. 90.12, dentro de las medidas de seguridad, "la prohibición de que el reo, al extinguir la condena, vuelva a residir en el lugar en que cometió el delito o en que residan la víctima o su familia". Su fundamento consistía en tratar de evitar peligrosos encuentros después de extinguida la pena, prolongando el distanciamiento que implícitamente se habían producido durante la ejecución de la misma.

Por lo que respecta al Código Penal de 1995, la redacción de este artículo tiene como primer referente la Ley Orgánica 14/1999, de 9 junio, cuya exposición de motivos señalaba que: "El Plan de acción contra la violencia doméstica, aprobado por Acuerdo del Consejo de Ministros de 30 de abril de 1998, incluía entre sus medidas determinadas acciones legislativas encaminadas a la modificación del Código Penal y de la Ley de Enjuiciamiento Criminal para lograr la erradicación de las conductas delictivas consistentes en malos tratos, a la par que otorgar una mayor y mejor protección a las víctimas de tan deplorables conductas ... modificación que supone, entre otras innovaciones, la inclusión como pena accesoria de determinados delitos de la prohibición de aproximación a la víctima".

Añadiendo al tiempo en la Ley de Enjuiciamiento Criminal (art. 544 bis), la introducción de una medida cautelar consistente en el

---

[158] El art. 106 insistía en la referencia temporal al inicio del cómputo de la prohibición «después de extinguida la pena» y concedía al Tribunal una amplia discrecionalidad para determinar ese periodo (sin límite máximo, al menos expreso) «según las circunstancias del caso».

distanciamiento físico entre agresor y víctima, para «facilitar la inmediata protección de la víctima en los delitos de referencia», medida que podrá acordarse entre las primeras diligencias.

Por su parte, la Ley Orgánica 15/2003, de 25 de noviembre, destacaba en su exposición de motivos que «se amplía la duración máxima de las penas de alejamiento y de no aproximación a la víctima, incluyéndose la previsión de su cumplimiento simultáneo con la de prisión e incluso concluida la pena, para evitar el acercamiento durante los permisos de salida u otros beneficios penitenciarios o después de su cumplimiento. Se establecen por separado las tres modalidades existentes en la actualidad, con el fin de que se pueda imponer la que corresponda a la verdadera naturaleza del delito: la prohibición de residir y acudir a determinados lugares, la prohibición de aproximación a la víctima u otras personas y la prohibición de comunicación con la víctima u otras personas. Y, por último, se mejora técnicamente para que sirva con más eficacia a la prevención y represión de los delitos y, en especial, a la lucha contra la violencia doméstica, estableciéndose la posible suspensión del régimen de visitas, comunicación y estancia de los hijos, así como la prohibición de comunicaciones por medios informáticos o telemáticos. Esta misma reforma se hace en la regulación de la medida de seguridad equivalente», modificando, por lo tanto, a estos efectos, tanto el art. 48 como el art. 57.

En última instancia, la Ley Orgánica 1/2015, de 30 de marzo, efectuó pequeñas modificaciones en el precepto. Así, añadió en el catálogo de delitos previstos en el apartado 1, la «trata de seres humanos», en el apartado 2 sustituyó la expresión «incapaces» por «personas con discapacidad necesitadas de especial protección», y finalmente, reemplazó las antiguas «faltas» de los arts. 617 y 620 del antiguo Libro III (derogadas por la misma ley), por los «delitos leves».

En otro orden de cosas, se puede afirmar que además de ser consideradas como penas accesorias cuando se acuerden en sentencia, bien con carácter obligatorio (art. 57.2), bien con carácter potestativo (art. 57.1 y 3), estas prohibiciones previstas en el art. 57, también pueden adoptar la naturaleza de reglas de conducta, como se refleja en el art. 83.1 del Código Penal (números 1°, 2° y 4°). Además, el art. 106 señala que «la libertad vigilada consistirá en el sometimiento del condenado a control judicial a través del cumplimiento por su parte de alguna o algunas de las siguientes medidas…», entre las que se encuentran las analizadas, en el art. 106.1, f), g), h).

Finalmente, también pueden ser contempladas como medidas cautelares personales por la vía de los arts. 13, 544 bis y 544 ter de la Ley de Enjuiciamiento Criminal, cuando se adopten en fase de instrucción o investigación de determinadas clases de hechos delictivos, como se vio al tratar el art. 48 del Código Penal.

CAPÍTULO VII
LAS CONSECUENCIAS ACCESORIAS

1. EL DECOMISO: DECOMISO AMPLIADO, DECOMISO SIN SENTENCIA Y DECOMISO DE BIENES DE TERCEROS

1.1. Naturaleza y evolución de la regulación del decomiso en nuestro Derecho

Como recuerda Pérez del Valle[159], el decomiso es «la privación coercitiva de un bien o derecho vinculados con un hecho punible, bien porque es medio o instrumento para su realización, bien porque es efecto, beneficio o ganancia de aquél, bien porque supone un valor equivalente a los anteriores cuando no fuera posible el comiso de aquellos».

Por lo que respecta a su naturaleza jurídica, la Sentencia del Tribunal Supremo de 5 de marzo de 2014[160] establece que "ha señalado esta Sala (Sentencia 442/2013, de 23 de mayo) que el comiso guarda una directa relación con las penas y con el Derecho sancionador, en todo caso, con la lógica exigencia de su carácter personalista y el obligado cauce procesal penal para su imposición. Pues bien, con independencia de esta naturaleza jurídica que implica que tal medida

---

[159] Carlos Pérez del Valle, *Lecciones de derecho penal*, cit., p. 362.

[160] Sentencia 157/2014, de 5 de marzo. Sala Segunda. Recurso 1778/2013. Ponente: Magistrado D. Francisco Monterde Ferrer.

ha de ser solicitada por el Ministerio Fiscal o partes acusadoras (Sentencias de 30 de mayo de 1997 y de 17 de marzo de 2003), de donde se deduce la necesidad de su planteamiento y debate en el juicio oral (Sentencia de 6 de marzo de 2001), que la resolución que lo acuerde ha de ser motivada (Sentencias de 28 de diciembre de 2000, 3 de junio de 2002, 6 de septiembre de 2002) y que la finalidad del precepto es anular cualquier ventaja obtenida por el delito. Las dudas interpretativas se concentran fundamentalmente en las tres categorías de bienes que se incluyen como objeto de comiso, al amparo de la norma general, contenida en el citado art. 127: los efectos que provengan del delito, es decir, el producto directo de la infracción; los bienes, medios o instrumentos con los que se haya preparado o ejecutado; y las ganancias provenientes del delito".

El decomiso se encuentra regulado en nuestro Código Penal en el Título VI, del Capítulo IV, del Libro I, dentro de las denominadas «consecuencias accesorias», aunque no siempre fue así, ya que como recuerda Jiménez Villarejo[161], el decomiso fue considerado como pena pecuniaria en el Código Penal de 1822[162]; posteriormente como pena accesoria en los Códigos Penales de 1848 y 1870; como medida de seguridad en el Código Penal de 1928[163]; y de nuevo como pena accesoria en los Códigos Penales de 1932 y de 1944. Esta concepción del decomiso se mantuvo en el texto revisado de 1963[164], modificado parcialmente en 1967, y en el Decreto 3096/1973, de 14 de septiembre, por el que se publica el Código Penal, texto refundido conforme a la Ley 44/1971, de 15 de noviembre.

---

[161] Jiménez Villarejo, F., "La nueva regulación del decomiso y la recuperación de activos delictivos en el ordenamiento jurídico español", *Revista del Ministerio Fiscal*, nº 0/2015.

[162] El art. 90 incluía, en el catálogo de penas pecuniarias, la pérdida de los efectos e instrumentos con los que se cometió el delito.

[163] El art. 90, 9º establecía el "comiso" entre las medidas de seguridad de los instrumentos o efectos del delito o falta que podían acordarse como consecuencia de los delitos o faltas, o como complementos de pena.

[164] Decreto 691/1963, de 28 de marzo, por el que se aprueba el «Texto revisado de 1963» del Código Penal.

A estos cambios de percepción en torno a la figura del decomiso se refiere la Sentencia del Tribunal Supremo de 1 de julio de 2008[165], cuando señala que "si bien el comiso se entendió como pena accesoria hasta el Código de 1995, pues el antiguo art. 27 del Código Penal de 1973 lo incluía como pena accesoria, en el vigente Código ya no puede sostenerse dicha naturaleza puesto que no aparece incluida en dicho catálogo y por ello debe caracterizarse como una consecuencia accesoria de determinados delitos, lo cual, teniendo en cuenta la cláusula de proporcionalidad que incorpora el vigente art. 128 debe suponer que la aplicación del decomiso no debe entenderse preceptiva en todo caso por no tratarse de una pena accesoria".

La regulación del decomiso en nuestro Código Penal vigente fue objeto de revisión a través de la Ley Orgánica 15/2003, de 25 de noviembre, posteriormente a través de la Ley Orgánica 5/2010, de 22 de junio, y finalmente mediante la Ley Orgánica 1/2015, de 30 de marzo, que obedeció a la necesaria transposición de la Directiva 2014/42/UE, sobre el embargo y el decomiso de los instrumentos y del producto del delito en la Unión Europea.

El decomiso de los efectos e instrumentos del delito está regulado en el art. 127, que transcribimos a continuación.

Artículo 127.

1. Toda pena que se imponga por un delito doloso llevará consigo la pérdida de los efectos que de él provengan y de los bienes, medios o instrumentos con que se haya preparado o ejecutado, así como de las ganancias provenientes del delito, cualesquiera que sean las transformaciones que hubieren podido experimentar.

2. En los casos en que la ley prevea la imposición de una pena privativa de libertad superior a un año por la comisión de un delito imprudente, el juez o tribunal podrá acordar la pérdida de los efectos que provengan del mismo y de los bienes, medios o instrumentos con que se haya preparado o ejecutado, así como de las ganancias provenientes del delito, cualesquiera que sean las transformaciones que hubieran podido experimentar.

---

[165] Sentencia del Tribunal Supremo 397/2008, de 1 de julio. Sala Segunda. Recurso de casación 1519/2008. Ponente: Magistrado D. Juan Ramón Berdugo y Gómez de la Torre.

3. Si por cualquier circunstancia no fuera posible el decomiso de los bienes señalados en los apartados anteriores de este artículo, se acordará el decomiso de otros bienes por una cantidad que corresponda al valor económico de los mismos, y al de las ganancias que se hubieran obtenido de ellos. De igual modo se procederá cuando se acuerde el decomiso de bienes, efectos o ganancias determinados, pero su valor sea inferior al que tenían en el momento de su adquisición.

1.2. Decomiso ampliado, decomiso sin sentencia y decomiso de bienes de terceros

1.2.1. El decomiso ampliado[166], se introdujo en nuestro Código Penal por la ya citada Ley Orgánica 5/2010, de 22 de junio, incorporando esta figura en el párrafo segundo del apartado 1 del art. 127, si bien limitado exclusivamente a los efectos, bienes, instrumentos y ganancias procedentes «de actividades delictivas cometidas en el marco de una organización o grupo criminal o terrorista, o de un delito de terrorismo».

Como explica la Sentencia del Tribunal Supremo de 26 de noviembre de 2015[167], "el decomiso ampliado se caracteriza, porque los bienes o efectos decomisados provienen de otras actividades ilícitas del sujeto condenado, distintas a los hechos por los que se le condena y que no han sido objeto de una prueba plena; de modo que no se fundamenta en la acreditación plena de la conexión causal entre la actividad delictiva y el enriquecimiento, sino en la constatación por el juez, sobre la base de indicios fundados y objetivos, de que han existido otra u otras actividades delictivas, distintas a aquellas por las que se condena al sujeto, de las que deriva el patrimonio que se pretende decomisar; de modo que si mediara prueba plena determinaría la condena por aquellas otras actividades delictivas de las que razonablemente proviene".

---

[166] Sobre esta materia, ampliamente, Jaén Vallejo, M., y Perrino Pérez, A.L, *La recuperación de activos frente a la corrupción*, Madrid, 2015, pp. 125 y ss.; y Jaén Vallejo, M., y Perrino Pérez, A.L., "Recuperación de activos derivados del delito: un objetivo prioritario de la reforma penal", Diario *La Ley*, nº 8545, de 22 de mayo de 2015.

[167] Sentencia 740/2015, de 26 de noviembre. Sala Segunda. Recurso 818/2015. Ponente: Magistrado D. Andrés Palomo del Arco.

La Circular de la Fiscalía General del Estado 4/2010[168] ya advertía que la dificultad probatoria acerca de la vinculación con la actividad criminal de los bienes y efectos pertenecientes a quienes son condenados por actividades delictivas cometidas en el seno de organizaciones criminales viene preocupando desde hace décadas a la Comunidad Internacional, conscientes de que ello puede constituir un serio obstáculo para la incautación de los efectos y las ganancias derivadas del hecho criminal y en definitiva para el estrangulamiento de las actividades de dichas organizaciones. "Así, el artículo 5.7 de la Convención de Viena de 1988, ya sugería a los Estados la posibilidad de invertir la carga de la prueba respecto del origen lícito de los bienes susceptibles de decomiso, en la medida en que ello fuera compatible con los principios informadores de los derechos internos y en igual sentido el artículo 12.7 de la antes citada Convención de las Naciones Unidas contra la Delincuencia Organizada Transnacional y el artículo 31 de la Convención de las Naciones Unidas contra la Corrupción de diciembre de 2003, hecha en Mérida (México), contemplaban la posibilidad de que los Estados parte, pudieran exigir del delincuente la demostración del origen lícito del presunto producto del delito o de otros bienes expuestos a decomiso en la medida en que ello fuera conforme con los principios de su normativa interna y con la índole de los respectivos procedimientos judiciales".

La novedad por lo tanto del art. 127 bis del Código Penal, introducido por la Ley Orgánica 1/2015, de 30 de marzo, es la extensión del decomiso ampliado a otros delitos, ampliando extraordinariamente el catálogo: delitos de trata de seres humanos; delitos relativos a la prostitución y a la explotación sexual y corrupción de menores y delitos de abusos y agresiones sexuales a menores de dieciséis años; delitos informáticos de los apartados 2 y 3 del art. 197 y art. 264; delitos contra el patrimonio y contra el orden socioeconómico en los supuestos de continuidad delictiva y reincidencia; delitos relativos a las insolvencias punibles; delitos contra la propiedad intelectual o industrial; delitos de corrupción en los negocios, delitos de receptación del apartado 2 del art. 298; delitos de blanqueo de capitales; delitos contra la Hacienda pública y la Seguridad Social; delitos contra los

[168] Circular 4/2010, sobre las funciones del Fiscal en la investigación patrimonial en el ámbito del proceso penal.

derechos de los trabajadores de los arts. 311 a 313; delitos contra los derechos de los ciudadanos extranjeros; delitos contra la salud pública de los arts. 368 a 373; delitos de falsificación de moneda; delitos de cohecho; delitos de malversación; delitos de terrorismo; y delitos cometidos en el seno de una organización o grupo criminal.

1.2.2. Por lo que respecta al «decomiso sin Sentencia», fue introducido igualmente en nuestro Código Penal por la Ley Orgánica 5/2010, de 22 de junio, que lo reguló en el art. 127.4.

Ya la Convención de Naciones Unidas contra la Corrupción de 2003, en su art. 54.1.c), estableció que los Estados consideraran la posibilidad de adoptar las medidas que fueran necesarias para permitir el decomiso de los bienes procedentes de la corrupción sin que mediase una condena, en los casos en que el delincuente no pudiera ser enjuiciado por motivo de fallecimiento, fuga o ausencia, o en otros casos apropiados.

La Ley Orgánica 1/2015, de 30 de marzo incorporó el art. 127 ter para ubicar dicha figura, ampliando los supuestos en los que es aplicable.

Como explica la exposición de motivos, "tradicionalmente el decomiso del producto del delito ha estado vinculado a la existencia de una condena previa (penal) por el delito cometido. Con este punto de partida, se había afirmado que un decomiso sin condena es necesariamente contrario al derecho a la presunción de inocencia, pues autoriza el decomiso de efectos procedentes de un delito que no ha sido probado y por el que no se ha impuesto ninguna condena. Sin embargo, tal interpretación solamente viene determinada por un análisis del decomiso apegado a la regulación tradicional del mismo, y desconoce que, como ha afirmado el Tribunal Europeo de Derechos Humanos, el decomiso sin condena no tiene una naturaleza propiamente penal, pues no tiene como fundamento la imposición de una sanción ajustada a la culpabilidad por el hecho, sino que «es más comparable a la restitución del enriquecimiento injusto que a una multa impuesta bajo la ley penal» pues «dado que el decomiso se limita al enriquecimiento (ilícito) real del beneficiado por la comisión de un delito, ello no pone de manifiesto que se trate de un régimen de sanción".

1.2.3. Finalmente, en relación con el «decomiso de terceros», la exposición de motivos de la Ley Orgánica 1/2015, de 30 de marzo establece que "en no pocas ocasiones, los bienes y efectos procedentes de actividades delictivas son transferidos por sus autores a terceras personas. La regulación del decomiso de bienes en poder de terceros ya estaba prevista en nuestra legislación, si bien la reforma introduce algunas mejoras técnicas orientadas a incrementar la eficacia y seguridad jurídica en la aplicación de esta regulación".

El Código Penal, a través del art. 127 quáter, tiene en cuenta por lo tanto el hecho incuestionable que nos muestra la realidad, de que con frecuencia, los bienes procedentes de actividades delictivas son transferidos a terceras personas, algo que ya tenía en cuenta la regulación anterior a la Ley Orgánica 1/2015, de 30 de marzo, siendo la actual previsión más completa, en términos de eficacia y seguridad.

En materia probatoria, la Sentencia del Tribunal Supremo de 23 de marzo de 2017[169] indicó que "la exclusión del decomiso de un bien exige la constancia de que pertenece a un tercero, entendiendo por tal quien no contrae responsabilidad penal por el delito que lo motiva. Tal circunstancia ha de ser probada por quien alega ese dominio. Por exigencia del artículo 127 del Código Penal y no del Tribunal. El comiso no exige la prueba de que el bien pertenece a quien lo utiliza como instrumento del delito. Tal funcionalidad constituye la regla. La pertenencia a tercero es lo que excepciona su aplicación. Por ello para excluirla se requiere la prueba al efecto".

2. CONSECUENCIAS ACCESORIAS APLICABLES A LOS ENTES COLECTIVOS SIN PERSONALIDAD JURÍDICA

Como recuerda Morillas[170], el Código Penal español de 1995 amplió notablemente el catálogo de consecuencias jurídicas del delito, incluyendo las denominadas «consecuencias accesorias». Efectivamente, introdujo a través del art. 129 la posibilidad de que los Jueces y Tribunales pudieran imponer a empresas, sociedades, asociaciones y fundaciones, una serie de medidas, que aunque las denominaba «accesorias», se trataba, en realidad, de verdaderas penas orientadas, en

---

[169] Sentencia 183/2017, de 23 de marzo. Sala Segunda. Recurso 10687/2016. Ponente: Magistrado D. Luciano Varela Castro.

[170] Morillas Cueva, L., *Sistema de derecho penal, parte general,* Madrid, 2016, p. 33.

los términos de ese artículo, antes de su modificación por la Ley Orgánica 5/2010, de 22 de junio, «a prevenir la continuidad en la actividad delictiva y los efectos de la misma»[171].

En definitiva, y a pesar de la falta de un reconocimiento expreso en tal sentido, puede afirmarse que en España comenzó la derogación del principio *societas delinquere non potest*, a partir de la aprobación del Código Penal de 1995, iniciándose paralelamente la consagración del principio *societas delinquere potest*, en un proceso que puede decirse que ha culminado de momento con ocasión de la Ley Orgánica 1/2015.

Las penas previstas en dicho artículo, según la redacción dada por la Ley Orgánica 10/1995, eran las siguientes: a) clausura de la empresa, sus locales o establecimientos, con carácter temporal o definitivo; b) disolución de la sociedad, asociación o fundación; c) suspensión de las actividades de la sociedad, empresa, fundación o asociación por un plazo que no podrá exceder de cinco años; d) prohibición de realizar en el futuro actividades, operaciones mercantiles o negocios de la clase de aquéllos en cuyo ejercicio se haya cometido, favorecido o encubierto el delito; e) la intervención de la empresa para salvaguardar los derechos de los trabajadores o de los acreedores por el tiempo necesario y sin que exceda de un plazo máximo de cinco años.

La ubicación sistemática de este precepto junto con el decomiso no estuvo exenta de críticas. Así, Beneytez[172] señalaba que la semejanza entre las medidas previstas en el art. 129 y el decomiso era superficial y ligera, entendiendo que dicha «superficial semejanza» consistía exclusivamente en la instrumentalidad respecto de la actividad delictiva, pero destacando la existencia de una evidente diferencia «entre un mero instrumento material o herramienta y la realidad compleja de la organización de medios de la empresa puesta al servicio de la comisión de delitos», lo que impide a su juicio construir bajo el denominador común de «consecuencias accesorias» una categoría conceptual bien definida.

---

[171] Sobre el particular, ampliamente, Agudo Fernández, E, Jaén Vallejo, M, Perrino Pérez A.L., *Derecho penal de las personas jurídicas*, Madrid, 2016.

[172] Beneytez Merino, L., dentro de la obra colectiva *Código Penal comentado*, Barcelona, 2004, pp. 404 y 405.

La reforma operada en el Código por la Ley Orgánica 5/2010 enriqueció el catálogo de consecuencias, mantenido luego por la Ley Orgánica 1/2015, y que son las que se mencionan en las letras c) a g) del apartado 7 del art. 33.

El tenor literal del art. 129 es el que sigue.

Artículo 129.

1. En caso de delitos cometidos en el seno, con la colaboración, a través o por medio de empresas, organizaciones, grupos o cualquier otra clase de entidades o agrupaciones de personas que, por carecer de personalidad jurídica, no estén comprendidas en el artículo 31 bis, el juez o tribunal podrá imponer motivadamente a dichas empresas, organizaciones, grupos, entidades o agrupaciones una o varias consecuencias accesorias a la pena que corresponda al autor del delito, con el contenido previsto en las letras c) a g) del apartado 7 del artículo 33. Podrá también acordar la prohibición definitiva de llevar a cabo cualquier actividad, aunque sea lícita.

2. Las consecuencias accesorias a las que se refiere en el apartado anterior sólo podrán aplicarse a las empresas, organizaciones, grupos o entidades o agrupaciones en él mencionados cuando este Código lo prevea expresamente, o cuando se trate de alguno de los delitos por los que el mismo permite exigir responsabilidad penal a las personas jurídicas.

3. La clausura temporal de los locales o establecimientos, la suspensión de las actividades sociales y la intervención judicial podrán ser acordadas también por el Juez Instructor como medida cautelar durante la instrucción de la causa a los efectos establecidos en este artículo y con los límites señalados en el artículo 33.7.

Este art. 129 por lo tanto, establece que las consecuencias accesorias sólo podrán aplicarse a las empresas, organizaciones, grupos o entidades o agrupaciones de personas, sin personalidad jurídica, “cuando este Código lo prevea expresamente, o cuando se trate de alguno de los delitos por los que el mismo permite exigir responsabilidad penal a las personas jurídicas”. Se establece así, lo mismo que en cuanto a la responsabilidad penal de las personas jurídicas, un sistema basado en el *numerus clausus*.

Así, el régimen previsto en el artículo 129 del Código Penal se prevé exclusivamente en el libro II, para los delitos relativos a la manipulación genética (art. 162); la alteración de precios en concursos y subastas públicas (art. 262); delito de resistencia a actuaciones inspectoras (art. 294); delito de receptación (arts. 298 y 299); delito de lavado de dinero (art. 302); delitos contra los derechos de los trabajadores (art. 318); la falsificación de moneda (art. 386.4); delito de asociación ilícita (art. 520); y para la organización y grupos criminales y organizaciones y grupos terroristas (art. 570 quáter).

CAPÍTULO VIII
LA RESPONSABILIDAD CIVIL DERIVADA DEL DELITO Y LAS COSTAS PROCESALES

1. RESPONSABILIDAD CIVIL *EX DELICTO*

1.1. Introducción

El Código Civil dispone en su art. 1.092 que las obligaciones que nacen de los delitos o faltas se regirán por las disposiciones del Código Penal[173], texto este último que regula la materia (junto con las costas procesales), en el Título V del Libro I (arts. 109 a 126), que se estructura en cuatro Capítulos:

- Capítulo I. De la responsabilidad civil y su extensión (arts. 109 a 115).
- Capítulo II. De las personas civilmente responsables (arts. 116 a 122).
- Capítulo III. De las costas procesales (arts. 123 y 124).
- Capítulo IV. Del cumplimiento de la responsabilidad civil y demás responsabilidades pecuniarias (arts. 125 y 126).

[173] La referencia a las "faltas" ha quedado obsoleta desde la supresión definitiva del catálogo de estas infracciones por la Ley Orgánica 1/2015, de 30 de marzo; véase también el art. 1.089 del Código Civil, que se refiere a los actos y omisiones ilícitos como generadores de obligaciones.

Nuestro sistema se ha diseñado sobre el principio general según el cual la ejecución de un hecho descrito por la Ley como delito obliga a reparar los daños y perjuicios causados, pudiendo optar el perjudicado por exigir esta responsabilidad ya en el mismo procedimiento penal o fuera de éste ante los órganos de la jurisdicción Civil y en un procedimiento de esta naturaleza (art. 109 del Código Penal).

Conviene en todo caso precisar que la sentencia penal que condena por un delito no implica necesariamente la existencia de responsabilidad civil, pues ésta nace de la producción de unos daños que deban ser reparados, y determinados delitos (p. ej.: delitos de peligro) pueden no producirlos. En consecuencia la responsabilidad criminal no conlleva siempre y en todo caso la civil, pues las únicas infracciones penales susceptibles de engendrar esta última responsabilidad son aquéllas que producen daños a cuyo resarcimiento se encamina la acción civil correspondiente.

De forma coherente con lo anterior, el art. 100 de la Ley de Enjuiciamiento Criminal dispone que: *"De todo delito o falta nace acción penal para el castigo del culpable, y puede nacer también acción civil para la restitución de la cosa, la reparación del daño y la indemnización de perjuicios causados por el hecho punible"*.

1.2. Naturaleza de la responsabilidad civil *ex delicto*

Aunque el art. 1.092 del Código Civil se refiere a las obligaciones civiles que nacen de los delitos (o faltas) remitiéndonos para su regulación a las disposiciones del Código Penal, y el art. 1.093 del Código Civil hace referencia a las obligaciones que derivan de actos u omisiones en los que interviene culpa o negligencia no penada por la Ley, remitiéndonos a su vez a lo dispuesto en sus arts. 1902 y siguientes, esto no significa que haya dos tipos de responsabilidad civil, una derivada del delito o falta y otra del acto o la omisión culpable, sino una única responsabilidad que nace de los actos u omisiones ilícitos (art. 1.089 del Código Civil).

Por tanto, la responsabilidad civil *ex delicto* no es diferente en su naturaleza jurídica de la responsabilidad civil *extracontractual ordinaria* de los arts. 1902 y siguientes del Código Civil, y el hecho de que la primera se regule en el Código penal no implica que pierda la esencia que le es propia por el hecho de ser reclamada en el procedimiento penal conforme autoriza la Ley de Enjuiciamiento Criminal[174]. Esto significa que cuando una acción u omisión constituye un ilícito civil y está también tipificada como delito, lo que se produce es una suerte de "*acumulación de sanciones*" (civil y penal) que pueden dar lugar a una acumulación de procesos en un procedimiento único, pero siempre partiendo de que cada una de las responsabilidades y procesos se regirán por sus propios principios[175].

Siendo, pues, la responsabilidad civil *ex delicto* una especie de la responsabilidad extracontractual, es importante subrayar que nos referimos en todo caso a relaciones jurídicas de derecho privado en las que ha de reconocerse la autonomía de la voluntad y la existencia de derechos subjetivos sobre los que sus titulares tienen pleno poder de disposición.

Consecuencia de lo anterior es, en primer lugar, el carácter dispositivo de la acción civil y el sometimiento de la propia existencia del proceso civil a la voluntad del perjudicado, por lo que no existe inconveniente para reconocer en esta materia la vigencia de las normas procesales civiles que regulan el poder de disposición de los litigantes sobre el proceso y sobre sus pretensiones (arts. 19 y siguientes de la Ley de Enjuiciamiento Civil), ni en consecuencia para admitir la facultad de los litigantes para transigir, la del responsable para allanarse y la del perjudicado para renunciar al ejercicio de la acción[176], o para reservar su ejercicio en un posterior proceso civil[177].

---

[174] V. Ley de Enjuiciamiento Criminal, arts. 100 a 117.

[175] Cfr. Sentencia del Tribunal Supremo 936/2006, de 10 de octubre. Recurso 388/2006. Ponente: Magistrado D. Juan Ramón Berdugo y Gómez de la Torre.

[176] Según el art. 106 de la Ley de Enjuiciamiento Criminal: "La acción penal por delito o falta que dé lugar al procedimiento de oficio no se extingue por la renuncia de la persona ofendida. Pero se extinguen por esta causa las que nacen de delito o falta que no puedan ser perseguidos sino a instancia de parte, y las civiles, cualquiera que sea el delito o falta de que procedan"; y según el art. 107: "La renuncia de la acción civil o de la penal renunciable no perjudicará más que al renunciante; pudiendo continuar el ejercicio de la penal en el estado en que se halle la causa, o ejercitarla nuevamente los demás a quienes también correspondiere".

[177] El art. 112 de la Ley de Enjuiciamiento Criminal dispone que: "Ejercitada sólo la acción penal, se entenderá utilizada también la civil, a no ser que el dañado o perjudicado la renunciase o la reservase expresamente para ejercitarla después de terminado el juicio criminal, si a ello hubiere lugar. Si se ejercitase sólo la civil que

Y una segunda consecuencia de lo anterior es que será el propio interesado quien habrá de definir el objeto del proceso civil mediante la concreción de su pretensión, vinculando con ella al órgano jurisdiccional en virtud del principio de congruencia. Así lo reconoce el Tribunal Supremo al negar la posibilidad de concesión de indemnizaciones no solicitadas, pues *"la responsabilidad civil se rige por el principio de rogación y no cabe conceder lo que no se pide. (...) No caben otras indemnizaciones que las solicitadas; no cabe conceder más de lo que se pide, y no es posible en nuestro Derecho imponer una indemnización cuando su concesión no se ha postulado expresamente con una pretensión, que en este caso el recurrente no hizo ni en conclusiones provisionales ni en definitivas; lo que constituye un obstáculo insalvable, precisamente por regirse esta materia por el principio de rogación (...)"*[178].

La diferente naturaleza de la acción penal y civil *ex delicto* es reconocida por el Tribunal Constitucional en su Sentencia núm. 33/1992, en la que se nos recuerda que a pesar de que el art. 100 de la Ley de Enjuiciamiento Criminal señala que de todo delito o falta nace acción penal para el castigo del culpable y puede nacer también acción civil para la restitución de la cosa, la reparación del daño y la indemnización de perjuicios causados por el hecho punible, ello no puede llevarnos a confundir la distinta naturaleza de las acciones penal y civil que surgen del hecho punible, pues el hecho de que los preceptos que regulan esta última se encuentren en el Código Penal y que la responsabilidad civil sea exigible conjuntamente con la penal en la misma vía jurisdiccional, obedece a razones de orden práctico, pero no puede enturbiar la distinción entre la sanción penal y la responsabilidad civil que puede surgir a consecuencia de un delito o falta, cuando éste provoca un daño a la víctima que deba ser reparado. En virtud de esta distinción, *"la acción civil derivada del delito es renunciable por el ofendido (art. 108 LECrim.), y puede ser ejercitada separadamente de la penal por el perjudicado (arts. 110, 111 y 112 LECrim.), de tal manera que el derecho al resarcimiento se constituye como un derecho subjetivo privado del ofendido cuya renuncia sólo puede perjudicar a éste (art. 107 LECrim.)"*.

---

nace de un delito de los que no pueden perseguirse sino en virtud de querella particular, se considerará extinguida desde luego la acción penal".

[178] Cfr. Sentencia del Tribunal Supremo 417/2009, de 7 de abril. Sala Segunda. Recurso 881/2008. Ponente: Magistrado D. Adolfo Prego de Oliver y Tolivar.

1.3. Extensión de la responsabilidad civil *ex delicto*

La responsabilidad civil *ex delicto* que, como hemos visto, no pierde la naturaleza que le es propia aunque se reclame en el seno de un procedimiento penal, comprende a tenor de lo establecido en el art. 110 del Código Penal, lo siguiente[179]:

1º) La restitución

Cuando el perjudicado por la infracción criminal reclame la restitución, la regla general es que se restituya siempre que sea posible el mismo bien con el abono de los deterioros y menoscabos que el Tribunal determine; y ello aunque el bien se halle en poder de tercero y éste lo haya adquirido legalmente y de buena fe, quedando en este caso a salvo el derecho de repetición del tercer adquirente contra quien corresponda y, en todo caso, el de ser indemnizado por el responsable civil del delito (art. 111.1 del Código Penal).

Sin embargo, ha de tenerse en cuenta que el propio legislador limita considerablemente el radio de acción de la regla general antes mencionada, al reconocerse en el apartado 2° del art. 111 del Código Penal la protección que merece el tercero cuando haya adquirido el bien en la forma y con los requisitos establecidos por las Leyes para hacerlo irreivindicable[180].

Evidentemente en los casos de irreivindicabilidad el perjudicado podrá reclamar igualmente el resarcimiento en forma de indemnización (art. 113 del Código Penal).

2º) La reparación del daño

La reparación del daño podrá consistir en obligaciones de dar, de hacer o de no hacer[181] que el Juez o Tribunal establecerán aten-

---

[179] El Tribunal Supremo nos recuerda en su Sentencia 1053/2005, de 22 de septiembre, recurso 1635/2004, ponente Magistrado D. José Ramón Soriano, en relación con los arts. 109, 110 y 111, que dichos preceptos "se hallan en una clara relación de subsidiariedad, de suerte que solo procederá la indemnización de daños y perjuicios, cuando no sea posible la restitución de la cosa o la reparación del daño".

[180] V., por ejemplo, arts. 464 y 1.765 del Código Civil, y art. 34 de la Ley Hipotecaria.

[181] El art. 1.088 del Código Civil dispone que toda obligación consiste en dar, hacer o no hacer alguna cosa.

diendo a la naturaleza del daño y a las condiciones personales y patrimoniales del culpable, determinando asimismo si han de ser cumplidas por él mismo o pueden ser ejecutadas a su costa (art. 112 del Código Penal).

3º) La indemnización de perjuicios materiales y morales.

La indemnización de perjuicios materiales y morales comprenderá no sólo los que se hubieren causado al agraviado, sino también los que se hubieren irrogado a sus familiares o a terceros (art. 113 del Código Penal).

En relación con la indemnización por perjuicios materiales conviene precisar que ésta comprenderá tanto los daños directamente producidos por el delito (daño emergente) como las ganancias dejadas de obtener (lucro cesante).

Y en cuanto a los daños o perjuicios morales, es oportuno también señalar que se trata de daños que no necesitan en principio de probanza alguna cuando su existencia se infiere inequívocamente de los hechos[182]; siendo además no mensurables por propia naturaleza, por lo que su indemnización -cuando se estima procedente- se establece en relación con determinados módulos o parámetros aceptados prudencialmente por los Tribunales teniendo en cuenta las condiciones económicas de la sociedad y de los implicados, el grado de desarrollo social, los baremos indemnizatorios fijados en determinadas actividades de riesgo, los usos sociales, etc.[183].

---

[182] V., Sentencia 879/2005, de 4 de julio. Sala Segunda. Recurso 389/2004. Ponente: Magistrado D. Francisco Monterde Ferrer: "La indemnización comprende no solo los perjuicios materiales que pueden ser objeto de una prueba específica, sino también los daños morales que difícilmente pueden ser fijados mediante pruebas concretas".

[183] Cfr. Sentencia del Tribunal Supremo, Sala Segunda, 1490/2005, de 12 de diciembre. Recurso. 659/2005. Ponente: Magistrado D. Luis Román Puerta Luis: "En todo caso, el denominado "*pretium doloris*", compensatorio del daño moral, corresponde no sólo por el sufrimiento personal de las víctimas ligado al hecho punible, sino que -como ha dicho este Tribunal- tiene un amplio espectro, de modo que acoge también el sentimiento de la dignidad lastimada o vejada, el daño psicológico, la perturbación en el normal desarrollo de la personalidad, etc. (v., *ad exemplum*, Sentencias de 29 de junio de 1987, 16 de mayo de 1988, 26 de septiembre y 20 de octubre de 2003)".

Finalmente, en relación con esta cuestión se ha de recordar que la indemnización procede no sólo por los daños y perjuicios causados al agraviado, sino también por los que se hubieren causado a sus familiares o a terceros[184].

1.4. Conducta de la víctima y resarcimiento

El art. 114 del Código Penal dispone que si la víctima hubiere contribuido con su conducta a la producción del daño o perjuicio sufrido, los Jueces o Tribunales podrán moderar el importe de su reparación o indemnización.

Se trata de una norma que hasta la entrada en vigor del Código Penal de 1995 carecía de precedentes y que se ha vinculado con la traducción en clave penal del art. 1103 del Código Civil[185]. El Tribunal Supremo dice al respecto que en el momento actual el campo de la compensación/moderación (*ex* art. 114 del Código Penal) opera solo en materia de fijación de la responsabilidad civil *ex delicto*; siendo la cuestión a decidir si su ámbito solo es el de la responsabilidad civil derivada del delito imprudente o también puede operar en el ámbito de la responsabilidad civil *ex delicto* doloso, reconociendo que la respuesta de la Sala Segunda ha sido diversa, pues unas resoluciones no han admitido esta atemperación en caso de delitos dolosos, y otras sí la aceptan[186].

La Sentencia del Tribunal Supremo de 3 de marzo de 2005, reconoce al respecto que la Sala *"ha aplicado normalmente el art. 114 del Código Penal a la concurrencia de conductas culposas y no se suele incluir*

---

[184] V. sobre esto la Sentencia 879/2005, de 4 de julio, antes citada: "El hecho indemnizatorio nace, como obligación civil, de la previa existencia de un hecho delictivo, que se constituye en la fuente generadora de una responsabilidad monetariamente cuantificada. La acción penal proyecta sus efectos indemnizatorios sobre uno o varios sujetos que tienen algún tipo de relación personal con la víctima del delito. La simple relación parental o familiar, no es suficiente para hacer surgir un derecho indemnizatorio, ya que, a su mera existencia hay que añadir la condición de perjudicado moral o materialmente por el hecho delictivo".

[185] Según el art. 1103 del Código Civil: "La responsabilidad que proceda de negligencia es igualmente exigible en el cumplimiento de toda clase de obligaciones; pero podrá moderarse por los Tribunales según los casos".

[186] V. Sentencia del Tribunal Supremo 98/2009, de 10 de febrero. Recurso 1606/2008. Ponente: Magistrado D. Joaquín Giménez García.

en los delitos dolosos (Sentencias 582/96 y 1804/2001)"; pero igualmente constata que el vigente Código Penal no limita el radio de acción de esta norma a los delitos culposos. Por ello, en los casos de riña mutuamente aceptada "*salvo hipótesis de agresión exorbitante, la solución más equitativa es la de considerar que entre las contrapuestas acciones de resarcimiento se puede producir una compensación total que las extinga conjuntamente, conforme al art. 1156 del Código Civil, a fin de evitar una prima económica, por razones normalmente aleatorias, a quien resultó llevar la peor parte en la pelea, pero que más que perjudicado debe considerarse copartícipe de un mismo hecho punible*"[187].

Por tanto, hoy día parece haberse impuesto la tesis de que el art. 114 del Código Penal será de aplicación tanto en el caso de delitos dolosos como culposos[188].

1.5. Cuantificación de daños e indemnizaciones

Conforme a lo dispuesto en el art. 115 del Código Penal, serán los Jueces y Tribunales los que al declarar la existencia de la responsabilidad civil: "*establecerán razonadamente, en sus resoluciones las bases en*

---

[187] Cfr. Sentencia del Tribunal Supremo de 3 de marzo de 2005. Recurso 1739/2003. Ponente: Magistrado D. Juan Ramón Berdugo y Gómez de la Torre: "En estos casos, cuando la víctima de una infracción penal dolosa, sea, a su vez y al propio tiempo, responsable de otra infracción cuya víctima sea la misma persona autora de la primera, como ocurre en los supuestos de agresiones recíprocamente aceptadas sufriendo lesiones ambos contendientes y siendo los mismos condenados como autores de sendas infracciones, si será factible la compensación, incluso total, ya que en estos supuestos los responsables penales y al propio tiempo víctimas, sin duda contribuyen con su conducta a la producción de los daños y perjuicios que sufran al existir una evidente relación de causalidad entre sus actos y esos daños y perjuicios". En el mismo sentido véase la posterior Sentencia de 9 de octubre de 2007, con el mismo ponente, y la Sentencia de 10 de febrero de 2009 (Ponente: Magistrado D. Joaquín Giménez García).

[188] V. Sentencia del Tribunal Supremo de 10 de febrero de 2009, cit.; el art. 114 del Código Penal "se refiere a aquellos casos -dolosos o culposos- en los que la contribución de la víctima al suceso, y por tanto a su propia victimización no es causal ni penalmente relevante, ni por tanto deba tener reflejo en los pronunciamientos penales, pero sin embargo puede haber facilitado, la acción del autor de la infracción penal y es en esa situación cuando surge la facultad discrecional a que se refiere el art. 114 CP para atemperar la cuantía indemnizatoria en atención a la contribución que la propia víctima haya tenido en el desarrollo de la acción punible, incluso vía dolosa".

que fundamenten la cuantía de los daños e indemnizaciones, pudiendo fijarla en la propia resolución o en el momento de su ejecución".

Sobre ello conviene recordar que es doctrina reiterada de la Sala Segunda que la cuantificación de las indemnizaciones es cuestión reservada al prudente arbitrio de los Tribunales sin que su decisión pueda someterse al recurso de casación, lo que no impide sin embargo que puedan ser revisadas las bases determinantes de la cuantificación siempre que quede patente una evidente discordancia entre esas bases y la cantidad señalada para la indemnización[189]. Más en concreto el Tribunal Supremo ha señalado que la cuantificación de los daños corresponde con carácter general al Tribunal de instancia (Sentencia nº 418/2013, de 16 de mayo, entre otras) y que dicha cuantificación no será por lo general revisable en casación, pues como quiera que el Código Penal no establece criterios legales para fijar la cuantía de los daños e indemnizaciones no cabe apreciar en su determinación infracción de ley sustantiva[190].

En todo caso, la propia Sala Segunda ha señalado los supuestos específicos en los que podría efectuarse en casación la revisión de la cuantía indemnizatoria; que serían los siguientes[191]:

---

[189] V. Sentencia del Tribunal Supremo 1461/2003, de 4 de noviembre. Recurso 727/2002. Ponente: Magistrado D. Miguel Colmenero Menéndez de Luarca: "La obligación de motivar las sentencias se extiende también a la determinación de las consecuencias civiles del delito, de forma que debe ser posible reconocer en la resolución judicial los criterios utilizados en ese concreto aspecto. En este sentido, el artículo 115 del Código Penal dispone que los Jueces y Tribunales, al declarar la existencia de responsabilidad civil, establecerán razonadamente en sus resoluciones las bases en las que fundamenten la cuantía de los daños e indemnizaciones. Así lo han recordado, con unas u otras palabras, numerosas sentencias de esta Sala, entre ellas las Sentencias núm. 1139/2000, de 27 de junio; Sentencia núm. 2092/2001, de 12 de noviembre, y Sentencia núm. 1541/2002, de 24 de septiembre. Según la doctrina de esta Sala, aunque el montante de las indemnizaciones es cuestión reservada al prudente arbitrio de los Tribunales sin que su decisión pueda someterse a recurso de casación, sí pueden ser revisadas las bases determinantes de la cuantía, siempre que quede patente una evidente discordancia entre esas bases y la cantidad señalada para la indemnización (Sentencias de 25 de febrero y 5 de marzo de 1992)".

[190] Cfr. Sentencia 107/2017, de 21 de febrero. Recurso 10398/2016. Ponente: Magistrado D. Miguel Colmenero Menéndez de Luarca.

[191] Cfr. Sentencia del Tribunal Supremo, Sala Segunda, 262/2016, de 4 de abril. Recurso 1345/2015. Ponente: Magistrado D. Luciano Varela Castro.

1º. Cuando se rebase o exceda lo solicitado por las partes acusadoras.
2º. Cuando se fijen defectuosamente las bases correspondientes.
3º. Cuando quede patente una evidente discordancia entre las bases y la cantidad señalada como indemnización.
4º. Cuando se establezcan indemnizaciones que se aparten de modo muy relevante de las señaladas ordinariamente por los Tribunales en supuestos análogos.
5º. En los supuestos de error notorio, arbitrariedad o irrazonable desproporción de la cuantía fijada.
6º. En los casos de aplicación necesaria del Baremo, cuando se aprecia una defectuosa interpretación del mismo.
7º. En los supuestos dolosos, o imprudentes ajenos a la circulación, en los que el Baremo solo es orientativo, cuando el Tribunal señale expresamente que establece las indemnizaciones conforme al baremo, y sin embargo lo aplique defectuosamente.

1.6. El baremo para la valoración de daños corporales

Cuando hablamos de responsabilidad civil *ex delicto* ha de destacarse por su importancia la que tiene que ver con ilícitos penales relacionados con la vida e integridad física de las personas. Si se causan lesiones o incluso la muerte, el resarcimiento de los perjudicados por la infracción penal se produce mediante la fijación de las correspondientes indemnizaciones (no cabe restituir la vida), siendo útiles para facilitar esta tarea los sistemas reglados de valoración de daños corporales. En España esta función la ha cumplido desde el año 1995 el denominado "Baremo", que ha sido objeto de una importante y reciente reforma.

El preámbulo de la Ley 35/2015, de 22 de septiembre, de reforma del sistema para la valoración de los daños y perjuicios causados a las personas en accidentes de circulación[192], nos recuerda que han transcurrido ya más de veinte años desde la entrada en vigor del Sistema de valoración de daños y perjuicios causados a las personas

---

[192] Cuya entrada en vigor se produjo el día 1 de enero de 2016.

en accidentes de circulación, más conocido por los operadores jurídicos como "Baremo"[193]. E igualmente nos recuerda la conveniencia de revisar el sistema para adaptarlo al conjunto de reformas que en el ámbito de la Unión Europea se han emprendido en relación con el seguro del automóvil, tendentes a incrementar la protección a las víctimas mediante la garantía de una indemnización suficiente. El nuevo Baremo -según expresa declaración del legislador- busca lograr la total indemnidad de los daños y perjuicios padecidos para situar a la víctima en una posición lo más parecida posible a la que tendría de no haberse producido el accidente[194].

Desde el punto de vista de la técnica legislativa se ha optado por reformar el Texto Refundido de la Ley sobre responsabilidad civil y seguro en la circulación de vehículos a motor, aprobado por el Real Decreto Legislativo 8/2004, de 29 de octubre[195], integrando en su articulado las disposiciones de carácter normativo que establecen las nuevas reglas de aplicación del Baremo. Desde esta perspectiva la principal novedad es la introducción de un nuevo Título IV en el Texto Refundido, que consta de 112 artículos, agrupados en dos Capítulos: el primero se refiere a disposiciones generales y definiciones; y el segundo incluye las reglas para la valoración del daño corporal que, en sus tres Secciones, se ocupa, respectivamente, de las indemnizacio-

[193] El Baremo se introdujo como anexo en la Ley 30/1995, de 8 de noviembre, que modificó la Ley Responsabilidad Civil y Seguro en la Circulación de Vehículos de Motor; y estaba incluido antes de la reforma operada por la Ley 35/2015 también como anexo en el Texto Refundido de la Ley sobre responsabilidad civil y seguro en la circulación de vehículos a motor, aprobado por Real Decreto Legislativo 8/2004, de 29 de octubre.

[194] Cfr. Preámbulo de la Ley 35/2015, de 22 de septiembre: "Para ello, también se identifican nuevos perjudicados y nuevos conceptos resarcitorios que no están recogidos en el Baremo vigente. Se sistematizan y dotan de sustantividad propia las indemnizaciones por daño patrimonial (daño emergente y lucro cesante) que el actual Baremo prevé de un modo significativamente simplista e insuficiente. Y se pone al día, mediante su aumento, el conjunto de indemnizaciones, destacando en particular las que corresponden a los casos de fallecimiento –y, en especial, la de los hijos de víctimas fallecidas– y de grandes lesionados".

[195] Derogando el sistema para la valoración de los daños y perjuicios causados a las personas en accidentes de circulación contenido en el Anexo del Real Decreto Legislativo 8/2004, de 29 de octubre.

nes por causa de muerte, por secuelas y por lesiones temporales, que se plasman, respectivamente, en las tablas 1, 2 y 3[196].

Aunque el Baremo tiene por objeto propio la valoración de los perjuicios causados a las personas como consecuencia del daño corporal ocasionado por hechos de la circulación regulados en el Texto Refundido de la Ley sobre responsabilidad civil y seguro en la circulación de vehículos a motor; en la jurisprudencia se ha reconocido con carácter general su valor orientativo (aunque no obligatorio) para la valoración del daño corporal en supuestos ajenos a los previstos por la Ley de referencia.

Finalmente, por su interés conviene recordar que como consecuencia de la reforma operada se ha puesto fin a cualquier polémica que pudiera haberse dado con anterioridad sobre la aplicación del baremo vigente en la fecha del accidente o de la sentencia; al establecerse ahora en el art. 40 del Texto Refundido de la Ley sobre responsabilidad civil y seguro en la circulación de vehículos a motor, relativo al momento de determinación de la cuantía de las partidas resarcitorias, que la cuantía de dichas partidas será la correspondiente a los importes del sistema de valoración vigente en la fecha del accidente, con la actualización correspondiente al año en que se determine el importe por acuerdo extrajudicial o por resolución judicial.

2. PERSONAS CIVILMENTE RESPONSABLES

2.1. Responsables civiles directos: principio general

El art. 116.1 del Código Penal dispone que toda persona criminalmente responsable de un delito lo es también civilmente si del hecho se derivaren daños o perjuicios. De ello resulta que en los casos de absolución no pueda existir pronunciamiento sobre responsabili-

[196] A su vez, en cada uno de esos supuestos se distingue entre: i) el «perjuicio personal básico» (tablas 1.A, 2.A y 3.A); ii) los «perjuicios particulares» (tablas 1.B, 2.B y 3.B); y, iii) el llamado «perjuicio patrimonial» (tablas 1.C, 2.C y 3.C), que a su vez distingue entre daño emergente y lucro cesante.

dades civiles, salvo claro está los supuestos en los que son admitidas excepcionalmente por el propio Código (arts. 118 y 119).

2.1.1. Pluralidad de responsables civiles directos

Conforme a lo dispuesto en el art. 116.1, si son dos o más los responsables de un delito, serán los jueces o tribunales los que señalen la cuota por la que deba responder cada uno de ellos; siendo los autores y los cómplices cada uno dentro de sus respectivas clases, responsables solidariamente entre sí por sus cuotas, y subsidiariamente por las correspondientes a los demás responsables (art. 116.2). En este último caso, la responsabilidad subsidiaria se hará efectiva: i) primero, en los bienes de los autores, y; ii) después, en los de los cómplices. Asimismo, el Código dispone que tanto en los supuestos en los que se haga efectiva la responsabilidad solidaria como la subsidiaria, quedará a salvo el derecho de repetición del que hubiere pagado contra los demás por las cuotas correspondientes a cada uno (art.116.2).

Para mejor comprender lo dispuesto en el art. 116 en los casos en que hay varios responsables penales, conviene recordar la doctrina de la Sala Segunda[197]:

> 1º. En los casos de pluralidad de responsables civiles, cuando esta responsabilidad admite su división en cuotas -en las reparaciones o indemnizaciones-, el tribunal habrá de determinar la que tenga que abonar cada uno de los diversos responsables penales por el mismo hecho, y ello de modo forzoso por mandarlo así el art. 116.1 del Código Penal. No hacerlo puede corregirse en casación (Sentencias de Tribunal Supremo de 23 de diciembre de 1978 y de 21 de marzo de 1979, entre otras).
>
> Como el Código Penal no nos dice qué criterios han de seguirse para esa determinación de cuotas, parece lógico entender que esa cuantía venga determinada, al menos como criterio principal, por la incidencia de la conducta de cada uno de los responsables penales en la producción del daño a reparar o a indemnizar.
>
> 2º. La responsabilidad civil, en el ámbito de las relaciones con las víctimas, se ejercerá primero contra los autores y luego contra el

[197] Cfr. Sentencia del Tribunal Supremo 318/2003, de 7 de marzo, Sala Segunda. Recurso. 2909/2001. Ponente: Magistrado D. Joaquín Delgado García.

cómplice, pues para estos casos está prevista la subsidiariedad en el art. 116.2; que se hará efectiva primero en los bienes de los autores y después en los de los cómplices.

3º. Dentro de cada uno de estos dos grupos de responsables penales (autores y cómplices) hay entre ellos solidaridad (arts. 1137 y ss. del Código Civil) en cuanto a la responsabilidad civil. No así entre los grupos de cómplices y autores.

4º. Si, como consecuencia de este sistema de reparto de la responsabilidad civil entre los varios responsables penales, alguno hubiera pagado más de la cuota que le corresponde quedan a salvo las respectivas acciones de repetición para recuperar lo indebidamente abonado, bien como resultado de la mencionada subsidiariedad de la responsabilidad civil de los cómplices respecto de la de los autores, bien, entre los autores, por el pago de algo más de su cuota respectiva.

2.1.2. Responsabilidad civil de las personas jurídicas

Conforme a lo dispuesto en el art. 116.3 del Código Penal, la responsabilidad penal de una persona jurídica llevará consigo su responsabilidad civil en los términos establecidos en el art. 110, de forma solidaria con las personas físicas que fueren condenadas por los mismos hechos.

Sobre esto, ha de recordarse que la Sala Segunda del Tribunal Supremo ha reconocido en su jurisprudencia más reciente (Sentencias 514/2015, de 2 de septiembre, 154/2016, de 29 de febrero, y 221/2016, de 16 de marzo) la vigencia de los principios esenciales del Derecho penal en la configuración del régimen de responsabilidad penal de las personas jurídicas, mostrando una evidente resistencia hacia los modelos de responsabilidad vicarial o por transferencia (defendidos por la Fiscalía General del Estado en sus Circulares 1/2011 y 1/2016) y descartando cualquier atisbo de responsabilidad objetiva o de responsabilidad por un hecho que no sea propio. Asimismo, se ha reconocido expresamente la posibilidad de un *delito corporativo*, diferenciado en su estructura y contenido del delito que comete la persona física –siendo este último un presupuesto necesario pero no suficiente para declarar la responsabilidad de la persona jurídica–[198]. En síntesis, el Tribunal Supremo ha vinculado la responsabilidad penal de las personas jurídicas con su propio injusto y con su propia culpabilidad, reconociendo la autonomía del "delito corporativo"; siendo por tanto adecuado el uso del término "autor" para referirse a la persona jurídica responsable de su propia infracción penal.

Y si esto es así, entonces lo dispuesto en el art. 116.3 debe entenderse como una responsabilidad civil directa de la persona jurídica derivada de la comisión de un ilícito penal propio (delito corporativo); a diferencia del régimen de responsabilidad civil subsidiaria establecido en el art. 120 al que haremos referencia más abajo.

2.1.3. Responsabilidad de los aseguradores

El art. 117 del Código Penal establece la responsabilidad civil directa de los aseguradores que hubieren asumido el riesgo de las responsabilidades pecuniarias derivadas del uso o explotación de cualquier bien, empresa, industria o actividad, cuando como consecuencia de un hecho previsto en el Código Penal se produzca el evento que determine el riesgo asegurado. Esta responsabilidad alcanza hasta el límite de la indemnización legalmente establecida o convencionalmente pactada, sin perjuicio del derecho de repetición contra quien corresponda.

---

[198] V. Agudo, E., Jaén, M., y Perrino, A.L., *Derecho penal de las personas jurídicas*, Madrid, 2016, pp. 184 y 185: "En cuanto a la concreta estructura de este delito corporativo -que nosotros ya dijimos podría ser idéntica sea cual sea la estructura típica del delito cometido por la persona física- la Sala Segunda se muestra dividida. Y así, todos los Magistrados convienen en que el fundamento último de la responsabilidad penal de las personas jurídicas se encuentra en la ausencia de medidas eficaces de prevención y control de su funcionamiento interno, pero mientras la mayoría sitúa el análisis de la ausencia de estas medidas de control –sin identificar plenamente la ausencia de medidas con la ausencia de una cultura de respeto al Derecho, pues la primera sería tan sólo una forma de manifestarse la segunda- en el nivel del tipo de injusto, los Magistrados firmantes del voto particular concurrente con la Sentencia 154/2016 parecen identificar la ausencia de medidas de control con la ausencia de una cultura de respeto al Derecho, y se niegan a admitir que esta ausencia pueda ser calificada como "el núcleo de la tipicidad" o como un elemento autónomo del tipo objetivo del delito corporativo".

Sobre esto conviene recordar lo dispuesto en el art. 19 de la Ley 50/1980, de 8 de octubre, de Contrato de Seguro, según el cual *"el asegurador estará obligado al pago de la prestación, salvo en el supuesto de que el siniestro haya sido causado por mala fe del asegurado"*, así como la interpretación que hace de este precepto la Sala Segunda, reconociendo que se trata de una norma que excluye la obligación del asegurador de indemnizar al propio asegurado por un siniestro ocasionado por mala fe de éste, pero no impide que el asegurador responda frente a los terceros perjudicados en el caso de que el daño o perjuicio causado a éstos sea debido a la conducta dolosa del asegurado[199]. Disponiendo en este último caso el asegurador de la facultad de repetición frente al asegurado que le reconoce el art. 76 de la Ley de Contrato de Seguro, según el cual "*el perjudicado o sus herederos tendrán acción directa contra el asegurador para exigirle el cumplimiento de la obligación de indemnizar, sin perjuicio del derecho del asegurador a repetir contra el asegurado, en el caso de que sea debido a conducta dolosa de éste, el daño o perjuicio causado a tercero*".

---

[199] Cfr. Sentencia del Tribunal Supremo 1574/2000, de 17 de octubre. Sala 2ª. Recurso 1851/1999. Ponente: Magistrado D Juan Saavedra Ruiz. También sobre esto, véase la Sentencia del Tribunal Supremo 707/2005, de 2 de junio. Recurso 939/2004. Ponente: Magistrado D. Diego Antonio Ramos Gancedo): "Esta cuestión de la denominada "exceptio doli" ha sido analizada en numerosos precedentes jurisprudenciales, de los que podemos citar como exponentes las Sentencias de 17 de octubre de 2000 y 11 de marzo de 2002, en las que se establece el criterio de no considerar un impedimento para asegurar las responsabilidades civiles el que éstas dimanen de actos dolosos, por cuanto el principio de no asegurabilidad del dolo, acogido en el art. 19 de la Ley de Contratos de Seguro, lo que excluye es que el asegurador esté obligado a indemnizar al propio asegurado por un siniestro ocasionado por la mala fe de éste, pero no impide que el asegurador responda frente a los terceros perjudicados en el caso de que el daño o perjuicio causado a los terceros sea debido a la conducta dolosa del asegurado, disponiendo en este caso el asegurador de la facultad de repetición contra el asegurado reconocida expresamente por el art. 76 de la Ley de Contrato de Seguro. (...) Por consiguiente, puede concluirse afirmando que los perjudicados por la acción dolosa del acusado como terceros que son, disponen de la acción directa contra la Compañía (art. 120.4 del Código Penal, en relación al 76 de la Ley de Contrato de Seguro y 117 del Código Penal, debiendo responder el Seguro de forma directa (por subrogación) de las cantidades fijadas en concepto de responsabilidad civil al acusado, y ello sin perjuicio del derecho de repetición contra éste".

2.2. Supuestos de exención de responsabilidad criminal

Nuestro Código Penal sólo admite pronunciamientos de orden civil sin previa condena penal en los casos previstos por el art. 118, que son supuestos de exención de responsabilidad criminal por inimputabilidad (números 1°, 2° y 3° del art. 20), estado de necesidad (art. 20.5°), miedo insuperable (art. 20.6°) o error invencible del art. 14[200]. Más en concreto, el art. 118 establece que la exención de la responsabilidad criminal declarada en los números 1°, 2°, 3°, 5° y 6° del art. 20, no comprende la de la responsabilidad civil, que se hará efectiva conforme a las reglas contenidas en el propio precepto[201].

Para los casos de error del art. 14, el Código dispone la responsabilidad civil de los propios autores del hecho aunque se haya excluido su responsabilidad criminal por tratarse de error invencible[202].

---

[200] Cfr. Sentencia del Tribunal 355/2007, de 30 de abril. Recurso 1608/2006. Ponente: Magistrado D. Joaquín Delgado García.

[201] Estas reglas son las siguientes: "1ª. En los casos de los números 1° y 3°, son también responsables por los hechos que ejecuten los declarados exentos de responsabilidad penal quienes los tengan bajo su potestad o guarda legal o de hecho, siempre que haya mediado culpa o negligencia por su parte y sin perjuicio de la responsabilidad civil directa que pudiera corresponder a los imputables. Los Jueces o Tribunales graduarán de forma equitativa la medida en que deba responder con sus bienes cada uno de dichos sujetos. 2ª. Son igualmente responsables el ebrio y el intoxicado en el supuesto del número 2°. 3ª. En el caso del número 5° serán responsables civiles directos las personas en cuyo favor se haya precavido el mal, en proporción al perjuicio que se les haya evitado, si fuera estimable o, en otro caso, en la que el Juez o Tribunal establezca según su prudente arbitrio. Cuando las cuotas de que deba responder el interesado no sean equitativamente asignables por el Juez o Tribunal, ni siquiera por aproximación, o cuando la responsabilidad se extienda a las Administraciones Públicas o a la mayor parte de una población y, en todo caso, siempre que el daño se haya causado con asentimiento de la autoridad o de sus agentes, se acordara, en su caso, la indemnización en la forma que establezcan las leyes y reglamentos especiales". 4ª. En el caso del número 6°, responderán principalmente los que hayan causado el miedo, y en defecto de ellos, los que hayan ejecutado el hecho".

[202] El art. 14 del Código Penal se refiere a los supuestos de error del siguiente modo: "1. El error invencible sobre un hecho constitutivo de la infracción penal excluye la responsabilidad criminal. Si el error, atendidas las circunstancias del hecho y las personales del autor, fuera vencible, la infracción sera castigada, en su caso, como imprudente. 2. El error sobre un hecho que cualifique la infracción o sobre una circunstancia agravante, impedirá su apreciación. 3. El error invencible sobre la ilicitud del hecho constitutivo de la infracción penal excluye la responsabilidad criminal. Si el error fuera vencible, se aplicará la pena inferior en uno o dos grados".

Y para todos los casos del art. 118 se establece la obligación del Juez o Tribunal que dicte sentencia absolutoria por estimar la concurrencia de alguna de las causas de exención antes citadas, de fijar las responsabilidades civiles salvo que se haya hecho expresa reserva de acciones para reclamarlas en la vía que corresponda (art. 119).

2.3. Responsables civiles subsidiarios

2.3.1. Regla general

La responsabilidad civil subsidiaria establecida en el art. 120 del Código Penal es una responsabilidad indirecta o de segundo grado, de modo que sólo puede ser declarada "en defecto" de la que corresponda a los criminalmente responsables y respecto de los sujetos o entidades que menciona el propio precepto, que son los siguientes:

1º. Los padres o tutores, por los daños y perjuicios causados por los delitos cometidos por los mayores de dieciocho años sujetos a su patria potestad o tutela y que vivan en su compañía, siempre que haya por su parte culpa o negligencia.

2º. Las personas naturales o jurídicas titulares de editoriales, periódicos, revistas, estaciones de radio o televisión o de cualquier otro medio de difusión escrita, hablada o visual, por los delitos cometidos utilizando los medios de los que sean titulares, dejando a salvo lo dispuesto en el artículo 212.

3º. Las personas naturales o jurídicas, en los casos de delitos cometidos en los establecimientos de los que sean titulares, cuando por parte de los que los dirijan o administren, o de sus dependientes o empleados, se hayan infringido los reglamentos de policía o las disposiciones de la autoridad que estén relacionados con el hecho punible cometido, de modo que éste no se hubiera producido sin dicha infracción.

4º. Las personas naturales o jurídicas dedicadas a cualquier género de industria o comercio, por los delitos que hayan cometido sus empleados o dependientes, representantes o gestores en el desempeño de sus obligaciones o servicios.

5°. Las personas naturales o jurídicas titulares de vehículos susceptibles de crear riesgos para terceros, por los delitos cometidos en la utilización de aquellos por sus dependientes o representantes o personas autorizadas.

Se trata de una responsabilidad civil indirecta que se concibe en defecto de la responsabilidad civil inherente a la criminal, por lo que como dice la Sentencia del Tribunal Supremo de fecha 22 de noviembre de 2006 *"si no se declara la responsabilidad civil directa o de primer grado, mal puede ser establecida la de aquellos que vienen a reemplazarla, y si falta este presupuesto mismo, es decir la existencia de una previa responsabilidad civil directa, no puede entrarse a dilucidar si concurre esta segunda especie o grado de responsabilidad civil defectiva, que solo actúa cuando se declara la responsabilidad criminal"*[203].

Los arts. 120 y 121 del Código Penal recogen por tanto casos en los que la responsabilidad civil surge en defecto, total o parcial, de la principal. Son supuestos en los que la responsabilidad civil se exige a personas que no han participado en el delito, pero que, sin embargo, tienen una vinculación con los partícipes del hecho que genera una *culpa in vigilando, in eligendo,* o bien, una *responsabilidad objetiva*[204]. En la Sentencia del Tribunal Supremo 1096/2003, de 22 de julio se declara que la razón de ser de esta responsabilidad se encuentra en el principio del Derecho según el cual quien obtiene beneficios de un servicio que se le presta por otro debe soportar también los daños ocasionados por el mismo (principio *cuius commoda, eius est incommoda*), subrayando la evolución de dicho fundamento desde la culpa *in vigilando* o *in eligendo* hasta una suerte de responsabilidad objetiva, siempre que concurran los siguientes elementos:

a) la existencia de una relación de dependencia entre el autor del ilícito penal y el principal, ya sea persona jurídica o física bajo cuya dependencia se encuentre, sin que sea preciso que la misma tenga carácter jurídico, sea retribuida o permanente, bastando que la actividad así desarrollada cuente con la anuencia o conformidad del principal, sin que por

[203] Cfr. Sentencia del Tribunal Supremo 1146/2006, de 22 de noviembre. Recurso 98/2006. Ponente: Magistrado D. Juan Ramón Berdugo y Gómez de la Torre.

[204] Cfr. Sentencia del Tribunal Supremo 84/2009, de 30 de enero. Recurso 11262/2007. Ponente: Magistrado D. Carlos Granados Pérez.

tanto la dependencia se identifique con la jerárquica u orgánica siendo suficiente la meramente funcional;

b) que el delito que genera la responsabilidad se haya inscrito dentro del ejercicio, normal o anormal, de las funciones así desarrolladas por el infractor, perteneciendo a su ámbito de actuación[205].

La exigencia de esta responsabilidad civil de segundo grado requerirá de la previa comisión de un delito de los que llevan consigo responsabilidad civil, y de la constatación de la insolvencia (total o parcial) del autor de la infracción punible, pues esta responsabilidad de naturaleza subsidiaria sólo será exigible cuando el agente directamente responsable no pueda satisfacerla[206].

Como es lógico, para que resulte condenado cualquiera de los responsables subsidiarios es preciso haberle dado entrada en el proceso por el cauce normalmente previsto en la Ley procesal penal, pues de otra forma se vulnerarían los principios de contradicción y audiencia[207].

2.3.2. *El Estado, la Comunidad Autónoma y los demás entes públicos*

De acuerdo con lo establecido en el art. 121 del Código Penal, el Estado, la Comunidad Autónoma, la provincia, la isla, el municipio y demás entes públicos, según los casos, responderán subsidiariamente de los daños causados por los penalmente responsables de los delitos dolosos o culposos, cuando éstos sean autoridad, agentes y contrata-

---

[205] En la misma línea apuntada véase también la Sentencia 1185/2002, de 24 de junio, recurso 377/2000, ponente Magistrado D. Perfecto Andrés Ibáñez, en la que se dice que la declaración de responsabilidad civil subsidiaria requiere comprobar que: a) entre el infractor y el responsable de esa índole se haya dado un vínculo jurídico o de hecho, en virtud del cual el autor de la infracción que se sanciona haya actuado bajo la dependencia del segundo, o al menos, la actividad desarrollada por el haya contado con su anuencia o conformidad; y, b) el delito que genera la responsabilidad se halle inscrito dentro del ejercicio normal o anormal de las funciones desarrolladas por el infractor, perteneciendo a su ámbito de actuación. Interpretándose estos parámetros de imputación con amplitud según los criterios de la culpa *in eligendo* y la culpa *in vigilando*, y también conforme al principio *cuius commoda, eis est incommoda*.

[206] Cfr. Sentencia del Tribunal Supremo 84/2009, de 30 de enero, cit.

[207] *Ibídem*.

dos de la misma o funcionarios públicos en el ejercicio de sus cargos o funciones siempre que la lesión sea consecuencia directa del funcionamiento de los servicios públicos que les estuvieren confiados[208].

En todo caso, el art. 121 dispone que si se exigiera en el proceso penal la responsabilidad civil de la autoridad, agentes y contratados de la misma o funcionarios públicos, la pretensión deberá dirigirse simultáneamente contra la Administración o ente público presuntamente responsable civil subsidiario.

Conforme a la doctrina jurisprudencial de la Sala Segunda, los arts. 120.3° y 121 del Código Penal no son incompatibles entre sí y permiten una interpretación armónica. No existe antinomia entre ellos porque se refieren a situaciones distintas y conductas diferentes, siendo lo determinante en el art. 121 la dependencia funcional del autor del hecho punible con el Estado por cualquier título, administrativo o laboral, con independencia de cualquier consideración local o territorial, y en el art. 120.3° el lugar donde el hecho punible se comete[209].

La responsabilidad civil del Estado u organismos públicos se caracteriza por la falta de adopción de las medidas de control para la evitación de ilícitos criminales dentro del ámbito de organización de la entidad pública responsable, y se justifica conforme a los clásicos criterios de la culpa *in vigilando* o *in eligiendo* y al más moderno de *creación del riesgo*. Conforme a la doctrina del Tribunal Supremo la responsabilidad civil subsidiaria del Estado y demás Entes públicos se producirá en los siguientes casos[210]:

---

[208] Y ello debe entenderse sin perjuicio de la responsabilidad patrimonial derivada del funcionamiento normal o anormal de dichos servicios exigible conforme a las normas de procedimiento administrativo, y sin que, en ningún caso, pueda darse una duplicidad indemnizatoria (art. 121 del Código penal).

[209] Cfr. Sentencia del Tribunal Supremo 1433/2005, de 13 de diciembre. Recurso 1473/2004. Ponente: Magistrado D. Juan Ramón Berdugo y Gómez de la Torre. Véase también sobre esto el acuerdo no jurisdiccional del Pleno de la Sala Segunda del Tribunal Supremo de fecha 28 de mayo de 2000, conforme al cual: "El art. 121 del nuevo Código Penal no altera la jurisprudencia de esta Sala relativa a la responsabilidad civil subsidiaria del Estado por los delitos cometidos en establecimientos bajo su control, cuando concurran infracciones reglamentarias en los términos del art. 120.3 del Código Penal".

[210] Vid. Sentencia del Tribunal Supremo de 13 de diciembre de 2005, cit.; y las en ella citadas Sentencias de 28 de junio de 2000, 5 de junio de 2001 y 13 de junio de 2003.

1º. Cuando los personalmente responsables de los delitos dolosos o culposos de los que proviene el daño a indemnizar sean autoridad, agentes y contratados de la misma o funcionarios públicos se requerirá:

a) que el hecho se hubiera cometido cuando estos se hallaban en el ejercicio de sus cargos o funciones.
b) que la lesión sea consecuencia directa del funcionamiento de los servicios públicos que le estuvieren confiados.

2º. Cuando no sean responsables de los delitos productores del daño las personas enumeradas (autoridades, funcionarios o asimilados) y se den las siguientes circunstancias:

a) que se cometan en un establecimiento de los que sean titulares o se hallen sometidos al control del Estado y demás organismos públicos.
b) que sus dirigentes, administradores, dependientes o empleados hayan infringido los Reglamentos de Policía y demás disposiciones de la autoridad, relacionados con el hecho punible.
c) que sin dicha infracción el tercero no hubiera cometido el delito, ha de ser, pues la infracción reglamentaria causalmente influyente en el delito cuyos daños se trata de resarcir[211].

Para finalizar conviene recordar en relación con la responsabilidad civil subsidiaria del Estado por los daños causados por los agentes de las Fuerzas y Cuerpos de Seguridad por el uso del arma reglamentaria, el Acuerdo del Pleno no Jurisdiccional de la Sala Segunda del Tribunal Supremo, de 17 julio de 2002, según el cual esta responsabilidad se deriva de que, aun cuando el arma no se haya utilizado en acto de servicio, el riesgo generado con el hecho de portarla si es consecuencia directa del modo de organización del servicio de seguridad (por lo general beneficioso para la sociedad, pero que entraña este tipo de riesgos); señalando a continuación los Magistrados de la Sala Segunda que el mero hecho de la utilización del arma reglamentaria

[211] Relación causal que no ha de alcanzar necesariamente un grado de exclusividad, bastando llegar a una conclusión de razonabilidad en la originación del daño.

no genera de manera necesaria la responsabilidad civil del Estado, quedando ésta excluida en aquellos supuestos en los que el daño no sea una concreción del riesgo generado por el sistema de organización del servicio de seguridad[212].

2.4. El partícipe a título lucrativo

La responsabilidad del partícipe a título lucrativo viene regulada en el art. 122 del Código Pernal, que establece la obligación de quien por tal título hubiere participado de los efectos de un delito, de restituir la cosa o resarcir el daño hasta la cuantía de su participación.

Este precepto recoge una obligación de resarcimiento que tiene su fundamento en que nadie debe enriquecerse indebidamente en virtud de un negocio jurídico que se deriva de una causa ilícita en perjuicio de la víctima de un hecho delictivo[213]. No se trata por tanto de un supuesto de responsabilidad por la participación en un delito, sino de aplicar en el proceso penal la nulidad de los contratos que tienen causa ilícita, excluyendo de esa responsabilidad civil a quien haya adquirido una cosa de buena fe y a título oneroso, pues en esos casos título oneroso y buena fe hacen que su posición deba ser respetada[214].

De acuerdo con la naturaleza que le es propia, para que se declare la obligación de resarcir lo indebidamente aprovechado conforme a lo dispuesto en el art. 122 del Código penal se requiere[215]:

---

[212] Entre tales supuestos deben incluirse, con carácter general "las agresiones efectuadas con el arma reglamentaria, en el propio domicilio del agente, contra sus familiares o personas que convivan con él". Aunque a continuación el propio Acuerdo subraya que en estos casos podría llegar a declararse la responsabilidad civil subsidiaria del Estado si se acreditara que el arma debió habérsele retirado al funcionario por carencia de las condiciones adecuadas para su posesión.

[213] Cfr. Sentencia del Tribunal Supremo 256/2016, de 1 de abril, Sala Segunda. Recurso 1315/2015. Ponente: Magistrado D. Andrés Martínez-Arrieta.

[214] Cfr. Sentencia del Tribunal Supremo, Sala Segunda, de 1 de abril de 2016, cit.: "La denominada "receptación civil" hace referencia a la obligación de restituir, o de resarcir, respecto de ganancias obtenidos a título lucrativo de bienes procedentes de un delito. La expresión del art. 122 "hubiere participado de los efectos de un delito" refiere un enriquecimiento o un aprovechamiento de los efectos de un delito a título lucrativo, no oneroso, con el límite del beneficio obtenido".

[215] Ibídem.

a) la existencia de una persona que haya participado en los efectos de un delito, rellenándose esa exigencia en el aprovechamiento a título lucrativo;
b) que no haya sido condenado por la responsabilidad penal en el delito del que se generan los bienes, ya que es un aprovechamiento civil;
c) que el aprovechamiento o la participación en los efectos del delito, haya sido a título lucrativo;
d) añadiéndose además que no es preciso el conocimiento de la ilícita procedencia junto a la recepción material, pues ello podría dar lugar a una responsabilidad penal y el art. 122 se refiere a una cuestión meramente civil.

3. EL CUMPLIMIENTO DE LA RESPONSABILIDAD CIVIL Y DE LAS DEMÁS RESPONSABILIDADES PECUNIARIAS

3.1. Posibilidad de fraccionamiento

Si el responsable civil carece de bienes para satisfacer de una vez todas las responsabilidades pecuniarias, el Juez o Tribunal, previa audiencia al perjudicado, podrá fraccionar su pago, señalando, según su prudente arbitrio y en atención a las necesidades del perjudicado y a las posibilidades económicas del responsable, el período e importe de los plazos (art. 125 del Código penal).

3.2. Imputación de pagos

El Código Penal establece un orden de prelación para la imputación de los pagos realizados por quienes resulten responsables de infracciones de esta naturaleza. Y así, conforme a lo dispuesto en el art. 126.1 los pagos que se efectúen por el penado o el responsable civil subsidiario se imputarán por el orden siguiente:

1°. A la reparación del daño causado e indemnización de los perjuicios.

2º A la indemnización al Estado por el importe de los gastos que se hubieran hecho por su cuenta en la causa.
3º A las costas del acusador particular o privado cuando se impusiere en la sentencia su pago.
4º. A las demás costas procesales, incluso las de la defensa del procesado, sin preferencia entre los interesados.
5º. A la multa.

Se trata de un orden de prelación que no es disponible ni para el obligado al pago ni para quienes han de recibirlo.

El art. 126.2 del Código Penal recoge una excepción al régimen general contenido en el apartado primero del mismo precepto, al establecer que cuando el delito sea de los que sólo pueden perseguirse a instancia de parte, se satisfarán las costas del acusador privado con preferencia a la indemnización del Estado.

Por su parte, el art. 14 de la Ley 4/2015, de 27 de abril, del Estatuto de la víctima del delito, reconoce el derecho de las víctimas a obtener el reembolso de los gastos necesarios para el ejercicio de sus derechos y las costas procesales que se les hubieren causado con preferencia al pago de los gastos que se hubieran causado al Estado; cuando se imponga en la sentencia de condena su pago y se hubiera condenado al acusado, a instancia de la víctima, por delitos por los que el Ministerio Fiscal no hubiera formulado acusación o tras haberse revocado la resolución de archivo por recurso interpuesto por la víctima.

4. LA TUTELA PENAL DEL CRÉDITO POR RESPONSABILIDAD CIVIL *EX DELICTO*

La Ley Orgánica 1/2015, de 30 de marzo, por la que se modifica el Código Penal nos dice en su Preámbulo que ha llevado a cabo una revisión técnica de los delitos de insolvencia punible que parte de la necesidad de establecer una clara separación entre las conductas de obstaculización o frustración de la ejecución -a las que tradicionalmente se ha entendido referido el delito de alzamiento de bienes-, y los delitos de insolvencia o bancarrota.

Como consecuencia de esta revisión y dentro de los delitos de frustración de la ejecución, se tipifica ahora en el art. 257.2 del Código penal la conducta de quienes realicen actos de disposición, contraigan obligaciones que disminuyan su patrimonio u oculten por cualquier medio elementos de su patrimonio sobre los que la ejecución podría hacerse efectiva, con la finalidad de eludir el pago de responsabilidades civiles derivadas de un delito que hubieren cometido o del que debieran responder; castigando dicha conducta con penas de prisión de uno a cuatro años y multa de doce a veinticuatro meses.

5. LAS COSTAS PROCESALES

5.1. Regulación

El régimen legal de las costas procesales lo encontramos con carácter general en el Código Penal (arts. 123 y 124) y más en detalle en la Ley de Enjuiciamiento Criminal (arts. 239 a 246).

5.2. Resolución y responsables del pago

Conforme a lo dispuesto en el Código Penal las costas se entienden impuestas por la Ley a los criminalmente responsables de todo delito (art. 123), estableciendo la Ley procesal penal la obligación de resolver expresamente sobre el pago de las costas procesales en las resoluciones que pongan término a la causa o a cualquiera de sus incidentes[216].

El art. 240 de la Ley de Enjuiciamiento Criminal concreta los contenidos posibles de las resoluciones sobre costas, disponiendo que los pronunciamientos judiciales en esta materia podrán consistir[217]:

1°. En declarar las costas de oficio.

2°. En condenar a su pago a los procesados, señalando la parte proporcional de que cada uno de ellos deba responder,

[216] Art. 239 de la Ley de Enjuiciamiento Criminal.

[217] Art. 240 de la Ley de Enjuiciamiento Criminal.

si fuesen varios, sin que puedan imponerse las costas a los procesados que fueren absueltos.

3º. En condenar a su pago al querellante particular o actor civil, debiendo condenarse a éstos al pago de las costas cuando hayan obrado con temeridad o mala fe.

Por su parte, la jurisprudencia ha interpretado el art. 123 señalando que el reparto de las costas ha de realizarse, en primer lugar, conforme al número de delitos enjuiciados, dividiendo luego la parte correspondiente entre los distintos condenados, declarándose de oficio la porción de costas relativa a los delitos o acusados que resultaren absueltos[218].

5.3. Contenido de la condena en costas

De conformidad con lo establecido en el Código Penal las costas comprenderán los derechos e indemnizaciones ocasionados en las actuaciones judiciales, incluyendo siempre los honorarios de la acusación particular en los delitos sólo perseguibles a instancia de parte (art. 124); debiendo lo anterior ser completado con lo dispuesto en el art. 241 de la Ley de Enjuiciamiento Criminal, según el cual las costas incluirán:

1º. El reintegro del papel sellado empleado en la causa.
2º. El pago de los derechos de Arancel.
3º. El de los honorarios devengados por los Abogados y peritos.
4º. El de las indemnizaciones correspondientes a los testigos que las hubiesen reclamado, si fueren de abono, y en los demás gastos que se hubiesen ocasionado en la instrucción de la causa.

[218] Cfr. Sentencia del Tribunal Supremo 379/2008, de 12 de junio. Recurso 1874/2007. Ponente: Magistrado D. Carlos Granados Pérez: "El artículo 123 del Código Penal, que se dice infringido, dispone que las costas procesales se entienden impuestas por la ley a los criminalmente responsables de todo delito o falta y esta Sala ha hecho aplicación de ese artículo considerando que el reparto de las costas deberá realizarse, en primer lugar, conforme al número de delitos enjuiciados, dividiendo luego la parte correspondiente entre los distintos condenados, declarándose de oficio la porción de costas relativa a los delitos o acusados que resultaren absueltos, todo ello en aplicación de los artículos 109 del Código Penal y artículos 240.1 y 2 de la Ley de Enjuiciamiento Criminal (Cfr. Sentencia 939/95, de 30 de septiembre)".

Asimismo, ha de considerarse que conforme a lo dispuesto en el art. 242 de la Ley de Enjuiciamiento Criminal, cuando se declaren de oficio las costas no habrá lugar al pago del reintegro del papel sellado empleado en la causa ni de los derechos de arancel.

5.4. Las costas de la acusación particular

En relación con las costas de la acusación particular, además de lo dispuesto en el art. 124 del Código Penal, es conveniente tener en cuenta la doctrina jurisprudencial de la Sala Segunda en esta materia, que puede resumirse en los siguientes criterios[219]:

1°. La condena en costas por delitos sólo perseguibles a instancia de parte incluye siempre las de la acusación particular (art. 124).

2°. La condena en costas por el resto de los delitos incluye como regla general las costas devengadas por la acusación particular o acción civil.

3°. La exclusión de las costas de la acusación particular únicamente procederá cuando su actuación haya resultado notoriamente inútil o superflua, o bien haya formulado peticiones absolutamente heterogéneas respecto de las conclusiones aceptadas en la sentencia.

4°. Es el apartamiento de la regla general citada el que debe ser especialmente motivado, en cuanto que hace recaer las costas del proceso sobre el perjudicado y no sobre el condenado.

5°. La condena en costas no incluye las de la acción popular[220].

5.5. Tasación de las costas

La Ley procesal faculta a los Procuradores y Abogados que hubiesen representado y defendido a cualquiera de las partes, así como

[219] Cfr. Sentencia 774/2012, de 25 de octubre (Sala Segunda). Recurso 77/2012. Ponente: Magistrado D. Juan Ramón Berdugo y Gómez de la Torre.

[220] *Ibídem*; véanse además sobre esto las Sentencia del Tribunal Supremo 464/2007, de 30 de mayo, 717/2007, de 17 de septiembre, y 750/2008, de 12 de noviembre.

a los Peritos y testigos que hubiesen declarado a su instancia, para exigir de aquéllas (si no se les hubiere reconocido el derecho a la asistencia jurídica gratuita), el abono de los derechos, honorarios e indemnizaciones que les correspondieren, reclamándolos del Juez o Tribunal que conociese de la causa[221].

Conforme a lo dispuesto en el art. 242 de la Ley de Enjuiciamiento Criminal, si presentadas las respectivas reclamaciones y hechas saber a las partes, no pagasen éstas en el término prudencial que el Secretario judicial señale, ni tacharen aquéllas de indebidas o excesivas, se procederá a su exacción por la vía de apremio, procediéndose en este caso con arreglo a lo dispuesto en la Ley de Enjuiciamiento Civil.

Cuando haya lugar a ello el Letrado de la Administración de justicia que interviniere en la ejecución de la sentencia tasará y regulará las costas incluyendo los conceptos que procedan, debiendo acreditarse los honorarios de Abogados y Peritos mediante minutas firmadas por éstos, computarse las indemnizaciones de los testigos por la cantidad que oportunamente se hubiese fijado en la causa, y regularse los demás gastos conforme a los justificantes presentados[222].

Una vez hecha la tasación y regulación de costas, se dará vista al Ministerio Fiscal y a la parte condenada al pago, para que manifiesten lo que tengan por conveniente en el término de tres días (art. 243 de la Ley de Enjuiciamiento Criminal), y transcurrido este último plazo sin haber sido impugnada la tasación de costas practicada, o tachadas de indebidas o excesivas alguna de las partidas de honorarios, se procederá con arreglo a lo dispuesto en la Ley de Enjuiciamiento Civil[223].

5.6. Pago de las costas

Dispone el art. 245 de la Ley de Enjuiciamiento Criminal que una vez aprobada o reformada –en su caso– la tasación de costas, éstas se harán efectivas por la vía de apremio establecida en la Ley de Enjuiciamiento Civil con los bienes de los que hubiesen sido condenados a su pago. Y si los bienes del penado no fuesen bastantes para cubrir todas las responsabilidades pecuniarias, se procederá, para el orden y

[221] Cfr. art. 242 de la Ley de Enjuiciamiento Criminal.

[222] *Ibídem.*

[223] V. Ley de Enjuiciamiento Civil, arts. 241 a 246 sobre la tasación de costas.

preferencia de pago, con arreglo a lo establecido en los artículos respectivos del Código Penal a los que se hizo referencia anteriormente (art. 246 e) de la Ley de Enjuiciamiento Criminal).

En consecuencia, si el condenado al pago de las costas no las abona voluntariamente, su abono podrá hacerse efectivo siguiendo el procedimiento de apremio regulado en la Ley procesal civil, lo que desde luego podría dar lugar al embargo de bienes y a la posterior realización de los mismos[224].

[224] V. Ley de Enjuiciamiento Civil: sobre la ejecución dineraria los arts. 571 ss.; sobre el embargo los arts. 584 ss.; y sobre el procedimiento de apremio los arts. 634 ss.

CAPÍTULO IX
LA CANCELACIÓN DE LOS ANTECEDENTES PENALES

1. EL REGISTRO CENTRAL DE PENADOS

El Real Decreto 95/2009, de 6 de febrero, regula el Sistema de registros administrativos de apoyo a la Administración de Justicia, entre los que se encuentran[225]:

1. El Registro Central de Penados;
2. El Registro Central para la Protección de las Víctimas de la Violencia Doméstica y de Género;
3. El Registro Central de Medidas Cautelares, Requisitorias y Sentencias no Firmes;
4. El Registro Central de Rebeldes Civiles;
5. El Registro de Sentencias de Responsabilidad Penal de los Menores; y
6. El Registro Central de Delincuentes Sexuales.

El antecedente remoto de esta regulación hay que buscarlo en el Real Decreto de 2 de octubre de 1878, que ya en esta fecha dispuso el establecimiento en el Ministerio de Gracia y Justicia de un Registro Central de Procesados y otro de Penados, con la finalidad de satisfa-

---

[225] Cfr. art. 1 del Real Decreto 95/2009, de 6 de febrero, por el que se regula el Sistema de registros administrativos de apoyo a la Administración de Justicia.

cer un fin jurídico elemental: *"hacer posible la demostración de la reincidencia para la aplicación más justificada de los correspondientes preceptos del Código Penal, así como para poder establecer las medidas cautelares necesarias que aseguraran la presencia del inculpado en el juicio*[226] *"*.

Tal y como resulta de lo dispuesto en el apartado 3°, letra a) del art. 2 del Real Decreto 95/2009, el objeto del Registro Central de Penados es hoy la inscripción de las resoluciones firmes por la comisión de delitos que impongan penas o medidas de seguridad, dictadas por los Juzgados o Tribunales españoles del orden jurisdiccional penal[227]. Además de lo anterior, se inscribirán en el Registro Central de Penados las siguientes sentencias firmes dictadas por los órganos jurisdiccionales extranjeros[228]:

a) Las dictadas por los Juzgados y Tribunales de cualquier Estado extranjero, cuando así se determine por los tratados internacionales sobre esta materia suscritos por España.
b) Las dictadas por Juzgados y Tribunales europeos, de acuerdo con lo previsto en los tratados internacionales de asistencia judicial en materia penal suscritos por España y las disposiciones dictadas por la Unión Europea.
c) Las dictadas por Juzgados y Tribunales extranjeros cuando la ejecución de las mismas se realice en España. La inscripción se practicará a instancia del órgano judicial español que conozca de la ejecución.

En cuanto a la información contenida en el Registro Central de Penados, será con carácter general la descrita en el art. 8 del Real Decreto 95/2009[229], y cuando se trate de sentencias firmes que impon-

---

[226] Cfr. Preámbulo del Real Decreto 95/2009, cit.

[227] V. art. 252 de la Ley de Enjuiciamiento Criminal: "Los Tribunales remitirán directamente al Registro Central de Procesados y Penados, establecido en el Ministerio de Gracia y Justicia, notas autorizadas de las sentencias firmes en las que se imponga alguna pena por delito y de los autos en que se declare la rebeldía de los procesados, con arreglo a los modelos que se les envíen al efecto".

[228] Art. 3 Real Decreto 95/2009, cit.

[229] Art. 8 del Real Decreto 95/2009, cit.: "La información contenida en los Registros Centrales integrados en el Sistema deberá comprender, con carácter general, los siguientes datos: a) Datos identificativos. Nombre y apellidos del condenado, rebelde, sometido a medidas de seguridad o medida cautelar, alias en su caso, sexo, fecha de nacimiento, nombre de los padres, localidad, provincia, país de nacimiento,

gan penas o medidas de seguridad a personas físicas mayores de edad, penas a personas jurídicas o consecuencias accesorias a entes sin personalidad se inscribirán, además, los datos a los que hace referencia el art. 9 del mencionado Real Decreto[230].

Actualmente el Registro Central de Penados además de facilitar una elemental información de cara a la posible apreciación –cuan-

---

domicilio conocido, nacionalidad y documento nacional de identidad o NIE, pasaporte o tarjeta de identidad en el caso de los extranjeros, número ordinal informático policial y número de atestado. En relación con las personas jurídicas se hará constar la razón o denominación social, nacionalidad, domicilio social y domicilio fiscal, actividad principal, tipo de sociedad, número o código de identificación fiscal y datos registrales. En el supuesto de entes sin personalidad jurídica se hará constar denominación, número o código de identificación fiscal o cualquier otro dato que sirva para su identificación. Cuando en una misma causa resulten condenadas personas físicas y personas jurídicas o entes sin personalidad se hará contar esta circunstancia en el Sistema de registros de apoyo a la Administración de Justicia. b) Órgano judicial que acuerda la resolución, fecha de la misma, clase y número de procedimiento, y número de identificación general. c) Los datos personales identificativos de la víctima, domicilio o domicilios conocidos de la víctima, y relación de parentesco entre la víctima y el condenado o denunciado siempre que sea necesario y, en todo caso, en los procedimientos de violencia doméstica o de género. d) La condición de menor de edad de la víctima cuando se trate de delitos contra la libertad e indemnidad sexuales".

[230] Art. 9 Real Decreto 95/2009, cit.: "Cuando se trate de sentencias firmes que impongan penas o medidas de seguridad a personas físicas mayores de edad, penas a personas jurídicas o consecuencias accesorias a entes sin personalidad se inscribirán, además, los siguientes datos: a) Fecha de la sentencia que imponga la pena o medida de seguridad. b) Fecha de firmeza de la sentencia y fecha de efectos del requerimiento del cumplimiento. c) Órgano judicial sentenciador. d) Condición de reincidente y/o reo habitual del condenado en su caso. e) Órgano judicial de ejecución de la sentencia, en su caso. f) Número y año de la ejecutoria. g) Delito o delitos y precepto penal aplicado. h) Pena o penas principales y accesorias, medida de seguridad y su duración y cuantía de la multa con referencia a su duración y cuota diaria o multa proporcional. i) Fecha de comisión del delito. j) Participación como autor o cómplice y grado de ejecución. k) Sustitución de las penas o medidas de seguridad, en su caso. l) Suspensión de la ejecución de las penas o medidas de seguridad, en su caso, fecha de notificación, así como plazo por el que se concede la suspensión. m) Prórroga del auto de suspensión de las penas. n) Fecha de la revocación del auto de suspensión de las penas o medidas de seguridad. ñ) Fecha de la remisión definitiva de la pena, cumplimiento efectivo de la misma o prescripción. o) Fecha del cese de la medida de seguridad. p) Expulsión y fecha de la misma, cuando se acuerde como sustitución de la pena o medida de seguridad. q) Cumplimiento. r) Acumulación de penas. s) Responsabilidad civil derivada de la infracción penal. t) Resoluciones judiciales que se pronuncien sobre el traslado de la pena de acuerdo con el art. 130.2 de la Ley Orgánica 10/1995, de 23 de noviembre, del Código Penal".

do proceda– de la agravante de reincidencia[231], que como sabemos requiere que el culpable haya sido ejecutoriamente condenado con anterioridad por delitos de la misma naturaleza, proporciona datos igualmente relevantes en el momento de la individualización judicial de la pena de cara a la apreciación –en su caso– de la superagravante de reincidencia cualificada a la que hace referencia la regla 5ª del art. 66.1 del Código Penal[232]; así como para valorar la pertinencia de la concesión del beneficio de suspensión de la ejecución de la pena privativa de libertad conforme a lo establecido en el art. 80.2 del Código Penal, que con carácter general establece como condición necesaria para dejar en suspenso la ejecución de las penas de esta naturaleza que el condenado haya delinquido por primera vez, sin que a tales efectos se tomen en consideración anteriores condenas por delitos imprudentes o por delitos leves, ni los antecedentes penales que hayan sido cancelados o debieran serlo con arreglo a lo dispuesto en el artículo 136 del Código Penal[233].

Además de lo anterior, el Registro Central de Penados ofrece una información esencial relacionada con el concepto de habitualidad al que hace referencia el art. 94 del Código Penal, que como es

[231] El art. 22 del Código Penal dispone en lo que ahora interesa que: "Son circunstancias agravantes: (…) 8ª. Ser reincidente. Hay reincidencia cuando, al delinquir, el culpable haya sido condenado ejecutoriamente por un delito comprendido en el mismo título de este Código, siempre que sea de la misma naturaleza. A los efectos de este número no se computarán los antecedentes penales cancelados o que debieran serlo, ni los que correspondan a delitos leves. Las condenas firmes de jueces o tribunales impuestas en otros Estados de la Unión Europea producirán los efectos de reincidencia salvo que el antecedente penal haya sido cancelado o pudiera serlo con arreglo al Derecho español".

[232] El art. 66 del Código penal, dispone que: "1. En la aplicación de la pena, tratándose de delitos dolosos, los jueces o tribunales observarán, según haya o no circunstancias atenuantes o agravantes, las siguientes reglas: (…) 5ª. Cuando concurra la circunstancia agravante de reincidencia con la cualificación de que el culpable al delinquir hubiera sido condenado ejecutoriamente, al menos, por tres delitos comprendidos en el mismo título de este Código, siempre que sean de la misma naturaleza, podrán aplicar la pena superior en grado a la prevista por la ley para el delito de que se trate, teniendo en cuenta las condenas precedentes, así como la gravedad del nuevo delito cometido".

[233] Cfr. art. 80.2 del Código Penal; conforme a lo dispuesto en este precepto tampoco se tendrán en cuenta los antecedentes penales correspondientes a delitos que, por su naturaleza o circunstancias, carezcan de relevancia para valorar la probabilidad de comisión de delitos futuros.

lógico toma como referencia las anteriores condenas, considerándose reo habitual al que hubiere cometido tres o más delitos de los comprendidos en un mismo Capítulo, en un plazo no superior a cinco años, y haya sido condenado por ello[234].

Conviene recordar en este punto que la reforma del Código Penal operada por la Ley Orgánica 1/2015, de 30 de marzo, equiparó los antecedentes penales españoles a los correspondientes a condenas impuestas por tribunales de otros Estados miembros de la Unión Europea, a los efectos de resolver sobre la concurrencia de la agravante de reincidencia o la suspensión de la ejecución de la pena o su posible revocación[235].

2. LA CANCELACIÓN DE LOS ANTECEDENTES PENALES: SIMPLIFICACIÓN DEL PROCEDIMIENTO

El Real Decreto 95/2009 dedica su Capítulo VI (arts. 18 a 27) a la cancelación o rectificación de inscripciones, estableciéndose con carácter general que la cancelación de las inscripciones se practicará de oficio, a instancia del titular interesado, o por comunicación del órgano judicial; siendo en todo caso del Ministerio de Justicia la competencia para resolver el procedimiento para la cancelación de las inscripciones, cualquiera que sea la forma de iniciación del procedimiento (art.18.1).

En particular y en lo relativo a la cancelación de inscripciones de antecedentes penales, el art. 19 del Real Decreto 95/2009 dispone que:

1. Las inscripciones de antecedentes penales se cancelarán, de oficio o a instancia del titular de los datos, o por comunica-

[234] Por su parte, el art. 94 bis del Código Penal establece que: "A los efectos previstos en este Capítulo, las condenas firmes de jueces o tribunales impuestas en otros Estados de la Unión Europea tendrán el mismo valor que las impuestas por los jueces o tribunales españoles salvo que sus antecedentes hubieran sido cancelados, o pudieran serlo con arreglo al Derecho español".

[235] De acuerdo con la Decisión Marco 2008/675/JAI, de 24 de julio de 2008, relativa a la consideración de las resoluciones condenatorias entre los Estados miembros de la Unión Europea con motivo de un nuevo proceso penal.

ción del órgano judicial, cuando habiéndose extinguido la responsabilidad penal, hubiesen trascurrido, sin delinquir de nuevo los plazos previstos y se hubiesen cumplido los restantes requisitos señalados en el art. 136 del Código Penal.

2. Cuando el procedimiento se inicie de oficio o a instancia del interesado y no constara el informe del Juzgado o Tribunal en relación con el cumplimiento de los requisitos establecidos en el art. 136 del Código Penal, el Registro de Penados remitirá el expediente en el plazo de quince días a fin de que informe preceptivamente en el plazo máximo de dos meses sobre la cancelación solicitada. El plazo máximo para resolver y notificar el procedimiento será de tres meses.
3. La información relativa a las inscripciones canceladas se conservará en una sección especial y separada a disposición únicamente de los Juzgados y Tribunales españoles.

Lo anterior debe ser complementado con la regulación sobre la cancelación de los antecedentes delictivos contenida en el Código Penal, que ha sido recientemente reformada por la Ley Orgánica 1/2015, de 30 de marzo, en cuyo Preámbulo se nos dice que la consideración de los antecedentes penales de otros Estados miembros en procedimientos nacionales, así como el envío a otros Estados miembros de las condenas impuestas en España (basadas en el intercambio de antecedentes penales entre los Estados miembros de la Unión Europea)[236], hacen necesario simplificar el procedimiento de cancelación de los antecedentes penales, evitando que transcurridos los plazos previstos en el art. 136 del Código Penal figuren vigentes en el Registro Central de Penados condenas que debieran ser canceladas.

Con fundamento en las anteriores consideraciones la Ley Orgánica 1/2015 modifica el art. 136 del Código Penal para facilitar el procedimiento de cancelación de los antecedentes penales, suprimiendo la exigencia del informe del juez o tribunal sentenciador y el requisito de la constancia del pago de la responsabilidad civil o la insolvencia

[236] Impulsado por la Decisión Marco 2008/315/JAI, relativa a la organización y al contenido del intercambio de información de los registros de antecedentes penales entre los Estados miembros, y por la Decisión 2009/316/JAI del Consejo, de 6 de abril de 2009, por la que se establece el Sistema Europeo de Información de Antecedentes Penales (ECRIS).

del penado[237], revisando al mismo tiempo los plazos previstos para la cancelación de los delitos de mayor gravedad, que se elevan hasta los diez años.

Asimismo, la reforma operada por la Ley Orgánica 1/2015 incluye una regulación de la cancelación de los antecedentes de las personas jurídicas que puedan resultar penalmente responsables y de las consecuencias accesorias impuestas.

Y así, el vigente art. 136.1 dispone hoy que los condenados que hayan extinguido su responsabilidad penal tienen derecho a obtener del Ministerio de Justicia –de oficio o a instancia de parte– la cancelación de sus antecedentes penales, cuando hayan transcurrido sin haber vuelto a delinquir los siguientes plazos:

a) Seis meses para las penas leves.
b) Dos años para las penas que no excedan de doce meses y las impuestas por delitos imprudentes.
c) Tres años para las restantes penas menos graves inferiores a tres años.
d) Cinco años para las restantes penas menos graves iguales o superiores a tres años.
e) Diez años para las penas graves.

Señalando el Código a continuación que estos plazos se contarán desde el día siguiente a aquel en que quedara extinguida la pena[238].

---

[237] En la redacción anterior a la reforma operada por la Ley Orgánica 1/2015, el art. 136 del Código Penal disponía lo siguiente: "1. Los condenados que hayan extinguido su responsabilidad penal tienen derecho a obtener del Ministerio de Justicia, de oficio o a instancia de parte, la cancelación de sus antecedentes penales, previo informe del Juez o Tribunal sentenciador. 2. Para el reconocimiento de este derecho serán requisitos indispensables: 1°) Tener satisfechas las responsabilidades civiles provenientes de la infracción, excepto en los supuestos de insolvencia declarada por el Juez o Tribunal sentenciador, salvo que hubiera mejorado la situación económica del reo. No obstante lo dispuesto en el párrafo anterior, en el caso previsto en el art. 125 será suficiente que el reo se halle al corriente de los pagos fraccionados que le hubieran sido señalados por el Juez o Tribunal y preste, a juicio de éste, garantía suficiente con respecto a la cantidad aplazada. 2°) Haber transcurrido, sin delinquir de nuevo el culpable, los siguientes plazos: seis meses para las penas leves; dos años para las penas que no excedan de 12 meses y las impuestas por delitos imprudentes; tres años para las restantes penas menos graves; y cinco para las penas graves. (...)".

[238] No obstante si ello ocurriese mediante la remisión condicional, el plazo, una vez obtenida la remisión definitiva, se computará retrotrayéndolo al día siguiente a

En cuanto a las inscripciones relativas a las penas impuestas a las personas jurídicas y a las consecuencias accesorias del art. 129 del Código Penal, se cancelarán en el plazo que corresponda de acuerdo con la regla prevista en el art.136.1, salvo que se hubiese acordado la disolución o la prohibición definitiva de actividades, pues en estos casos se cancelarán las anotaciones transcurridos cincuenta años computados desde el día siguiente a la firmeza de la sentencia[239].

Las inscripciones de antecedentes penales no serán públicas y durante su vigencia solo se emitirán certificaciones con las limitaciones y garantías previstas en sus normas específicas y en los casos establecidos por la ley[240]; librándose en todo caso las que soliciten los jueces o tribunales, se refieran o no a inscripciones canceladas, haciendo constar expresamente –en su caso– esta última circunstancia[241].

Como quiera que en determinados casos podría darse la circunstancia de que a pesar de cumplirse los requisitos establecidos en la Ley para la cancelación, ésta no se haya producido, el Código Penal dispone que en tales casos los Jueces y Tribunales no tendrán en cuenta dichos antecedentes (art. 136.5).

Como se dijo anteriormente, las medidas de seguridad también son objeto de inscripción en el Registro Central de Penados[242], disponiendo el art. 137 del Código Penal que las anotaciones de las medidas de seguridad impuestas conforme a lo dispuesto en el propio

---

aquel en que hubiere quedado cumplida la pena si no se hubiere disfrutado de este beneficio. En este último caso se tomará como fecha inicial para el cómputo de la duración de la pena el día siguiente al del otorgamiento de la suspensión (art. 136.2). Véase también sobre el cómputo del plazo de cancelación de inscripciones de penas suspendidas lo dispuesto en el art. 20 del Real Decreto 95/2009, de 6 de febrero (citado), según el cual: “Cuando la cancelación de las inscripciones de antecedentes penales se refiera a penas privativas de libertad suspendidas por habérseles aplicado la remisión condicional, el plazo de cancelación, una vez obtenida la remisión definitiva, se computará en la forma establecida en el art. 136.3 del Código Penal”.

[239] Cfr. art. 136.3 del Código Penal.

[240] Sobre la certificación de los datos inscritos véase lo dispuesto en los arts. 16 y 17 del Real Decreto 95/2009, de 6 de febrero, cit.

[241] Cfr. art. 136.4 del Código Penal.

[242] V. apartado 3º, letra a) del art. 2 del Real Decreto 95/2009, cit.

Código o en otras leyes penales serán canceladas una vez cumplida o prescrita la respectiva medida[243].

El art. 25 del Real Decreto 95/2009 se refiere a los efectos de la cancelación, disponiendo que la cancelación registral dará lugar a la eliminación de los datos de carácter personal, sin perjuicio de lo dispuesto en el art. 19.3 del propio Real Decreto y a excepción de aquellos que resulten necesarios para elaborar las estadísticas a las que hace referencia el art. 27[244].

3. EL SISTEMA EUROPEO DE INFORMACIÓN DE ANTECEDENTES PENALES (ECRIS)

3.1. Consideraciones generales

El Sistema Europeo de Información sobre Antecedentes Penales (ECRIS)[245], es un sistema informatizado implantado en el mes de abril de 2012 para permitir un intercambio eficiente de información sobre antecedentes penales entre los Estados miembros de la Unión Europea. Se trata de un sistema de interconexión electrónica de bases de datos sobre antecedentes penales, basado en la Decisión Marco 2008/315/JAI del Consejo, de 26 de febrero de 2009, relativa a la organización y al contenido del intercambio de información de los registros de antecedentes penales entre los Estados miembros; y en la Decisión 2009/316/JAI del Consejo, de 6 de abril de 2009, por la que se establece el Sistema Europeo de Información de Antecedentes Penales (ECRIS)[246].

---

[243] Conforme a lo establecido en el último inciso del art. 137, en tanto no sean canceladas las inscripciones relativas a medidas de seguridad "sólo figurarán en las certificaciones que el Registro expida con destino a Jueces o Tribunales o autoridades administrativas, en los casos establecidos por la Ley".

[244] V. art. 9.3 del Real Decreto 95/2009, cit.: "3. La información relativa a las inscripciones canceladas se conservará en una Sección especial y separada a disposición únicamente de los Juzgados y Tribunales españoles".

[245] *European Criminal Records Information System* (ECRIS).

[246] En aplicación del art. 11 de la Decisión Marco 2009/315/JAI.

Su creación parte de la constatación de un hecho: que los tribunales nacionales suelen dictar sentencias basadas únicamente en condenas pasadas incluidas en su registro nacional, sin conocimiento de las condenas dictadas en otros Estados miembros; y de su inmediata consecuencia: que los delincuentes a menudo escapaban de su pasado criminal pasando simplemente a otro Estado miembro[247].

El Sistema ECRIS tiene por objeto poner fin a esta situación, asegurando que la información contenida en las bases de datos interconectadas (sobre condenas penales) pueda ser compartida entre los distintos Estados miembros de la Unión de una forma ágil y en un formato informático fácil de usar; proporcionando así a jueces y fiscales un fácil acceso a información completa sobre los antecedentes penales de las personas afectadas, sin importar en qué Estados miembros esas personas hayan sido condenadas en el pasado[248].

De este modo se atiende a una de las principales prioridades de la Unión Europea, como es la consecución de un espacio común de libertad y justicia en el que se garantice la seguridad de los ciudadanos mediante una cooperación eficaz de las autoridades judiciales y policiales. En definitiva se trata de un Sistema que contribuye a la seguridad de los ciudadanos en toda la Unión Europea, gracias a una mejor cooperación judicial entre las autoridades nacionales que se materializa en un intercambio de información rápido, eficaz y selectivo, destinado a reducir y prevenir la delincuencia y el terrorismo internacional[249].

---

[247] Sobre esto se suele citar como ejemplo el caso del asesino en serie de origen francés Michel Fourniret.

[248] V. Decisión 2009/316/JAI del Consejo, de 6 de abril, en cuyo Considerando (1) se dice que: "El artículo 29 del Tratado de la Unión Europea afirma que el objetivo de la Unión es ofrecer a los ciudadanos un alto grado de seguridad dentro de un espacio de libertad, seguridad y justicia. Este objetivo presupone el intercambio sistemático entre las autoridades competentes de los Estados miembros de información de los registros de antecedentes penales de una manera que garantice su comprensión mutua y la eficiencia de dicho intercambio".

[249] Cfr. Base de datos de la Comisión Europea en http://europa.eu/rapid/press-release_MEMO-16-91_en.htm.

3.2. Funcionamiento del Sistema

El Sistema ECRIS se basa en una infraestructura descentralizada en la que los datos de antecedentes penales se almacenan únicamente en las bases de datos nacionales y se intercambian electrónicamente entre las autoridades centrales de los Estados miembros, previa solicitud, utilizando el sistema informático ECRIS.

Cada Estado miembro se constituye como el depositario central de todas las condenas pronunciadas contra sus nacionales, independientemente del Estado de la Unión en el que éstos hayan sido condenados. Además, cada Estado miembro está obligado a mantener almacenada y actualizada toda la información recibida, así como a compartirla con otros Estados miembros cuando se le solicite.

De este modo, cada Estado miembro contará con una información actualizada y completa sobre los antecedentes penales de sus nacionales con independencia del estado de la Unión en el que se hayan pronunciado las condenas que dieron lugar a los mencionados antecedentes. Información que estará a disposición de los Estados miembros que la soliciten.

En la práctica, esto permite a las autoridades judiciales y policiales acceder mediante una sola consulta (dirigida al Estado del que es nacional la persona afectada) a toda la información sobre los antecedentes penales de una persona en todo el territorio de la Unión Europea. Sin el Sistema ECRIS, el acceso a esta información exigiría hoy realizar tantas consultas como Estados miembros (28).

Como es lógico, el funcionamiento del sistema requiere que cuando un Tribunal penal de un Estado miembro condene a un infractor, la condena se almacene primero en el registro de antecedentes penales de ese Estado miembro de conformidad con su Ley nacional; pero a continuación esta información deberá transmitirse al Estado miembro de la nacionalidad de la persona, que como se dijo anteriormente se constituye como depositario central de todas las condenas pronunciadas contra esa persona en el territorio de la Unión Europea.

Esto supone que todos los Estados miembros asumen la obligación específica de notificar a las autoridades del Estado miembro de nacionalidad del condenado cualquier condena que puedan dictar en relación con personas que no sean nacionales propios pero sí de otro Estado de la Unión.

La transmisión de información se efectuará electrónicamente, mediante un formato europeo normalizado, con dos tablas de referencia de las categorías de delitos y categorías de penas que facilitan la traducción automática y refuerzan la comprensión mutua de la información transmitida. Al transmitir información sobre una condena, el Estado miembro debe indicar los códigos correspondientes a la categoría del delito o de la pena o sanción, que se traducen automáticamente a la lengua del destinatario, permitiendo a este reaccionar inmediatamente tras recibir la información[250].

En definitiva, el sistema ECRIS garantiza un flujo de información fluido, preciso y fiable entre las autoridades nacionales, basado en un sistema de intercambio descentralizado en el que cada Estado miembro estará en condiciones de proporcionar respecto de sus nacionales información exhaustiva y actualizada sobre sus antecedentes penales, independientemente del país de la Unión Europea en el que se hayan dictado las condenas que causan los mencionados antecedentes; lo que permitirá obtener una visión completa del historial criminal de los individuos en el seno de la Unión Europea[251].

Ha de tenerse finalmente en cuenta que el sistema ECRIS no alcanza a los nacionales de terceros Estados, esto es, de países que no forman parte de la Unión Europea, por lo que a día de hoy se trabaja en una actualización del sistema que permita el intercambio de información sobre antecedentes penales relativos a personas que no son nacionales de ningún Estado miembro de la Unión Europea[252].

---

[250] Cfr. https://e-justice.europa.eu/content_criminal_ records-95-es.do

[251] Cfr. http://europa.eu/rapid/press-release_MEMO-15-6115_en.htm. A fecha 17 de noviembre de 2015, al menos 26 Estados miembros estaban haciendo uso del sistema ECRIS, generándose más de 100.000 mensajes de intercambio entre autoridades nacionales cada mes.

[252] En esta línea se sitúa la Propuesta de Directiva del Parlamento Europeo y del Consejo por la que se modifica la Decisión Marco 2009/315/JAI del Consejo en lo que respecta al intercambio de información sobre nacionales de terceros países y al Sistema Europeo de Información de Antecedentes Penales (ECRIS) y por la que se sustituye la Decisión del Consejo 2009/316/JAI.

CONCLUSIONES

1. Los problemas sociales no se solucionan a través de las leyes penales. Éstas no resuelven los conflictos sociales, sólo los tratan. En consecuencia, un aumento de las penas no desestimula a los potenciales delincuentes, al menos ello no está empíricamente demostrado, y cualquier modificación de las penas debe ser aplicada con sumo cuidado, pues ello puede generar problemas de dosimetría de las penas según la gravedad de los delitos, con peligro de que se pueda incurrir en una no deseable desproporción entre los diferentes delitos, y olvidándose que el sistema penal tiene que concebirse en su conjunto.

2. Hay que terminar con la creencia de que el derecho penal es un «arma» y que su función es la «lucha contra la delincuencia», como si los delincuentes fueran los enemigos de la sociedad, y centrar el fenómeno de la delincuencia en el marco de la política social, pues una sociedad que logra recuperar a los delincuentes, logrará al mismo tiempo una mejor protección y seguridad.

3. Todo código penal debe ofrecer un extenso abanico de posibilidades en el ámbito de consecuencias penales, contemplando la pena de prisión como una excepción, y proporcionando a la fase de ejecución de las penas la importancia que realmente tiene, aunque ello, ciertamente, puede poner en evidencia las carencias materiales de la justicia penal. La posibilidad de suspensión, especialmente tratándose de delincuentes primarios, o de sustitución de la pena de prisión por otra no privativa de libertad debe contemplarse con la mayor amplitud posible, para hacer así realidad el principio de excepcionalidad de aquella pena.

4. La reforma del Código Penal de la Ley Orgánica 1/2015 ha unificado la suspensión y la sustitución en un único sistema de sus-

pensión de la pena privativa de libertad, pudiendo quedar la pena suspendida condicionada al cumplimiento de ciertos sustitutivos penales, así como también a la reparación o a lo acordado en mediación, no quedando excluida totalmente la posibilidad de aplicación de la suspensión a los reincidentes, y sin que la revocación de este beneficio de inaplicación de la pena privativa de libertad sea, como ocurría hasta la referida reforma, automática, abriendo la Ley Orgánica 1/2015 la posibilidad de que los órganos jurisdiccionales puedan acordar la no revocación, valorando la gravedad del delito cometido y otras circunstancias, que permitan basar racionalmente un pronóstico individualizado favorable sobre el comportamiento futuro del autor. No es de extrañar, pues, que la referida reforma de 2015 en esta materia fuera valorada positivamente, por lo general, por los grupos parlamentarios, que incluso introdujeron a través de sus enmiendas diversas modificaciones, mejorando técnicamente la regulación.

5. De todos modos, hay aspectos del sistema penológico vigente en el Código Penal que podrían mejorarse, como es el relativo a las penas cortas privativas de libertad, que deberían desaparecer, el relativo a las penas privativas de libertad en general, que deberían ser la excepción en el Código Penal, no la regla general, y la unificación del sistema de penas, pues no es satisfactorio que tengamos, por un lado, la prisión permanente revisable y, por otro, las penas de larga duración, de hasta cuarenta años. Queda pendiente, además, la adecuada regulación de la relación entre pena y medida de seguridad. Temas todos ellos que podrían abordarse en el marco de la Sección Penal de la Comisión General de Codificación, cuyo relevante papel desde mediados del siglo XIX se ha ido, lamentablemente, desvaneciendo, como se ha podido comprobar en los últimos años, pues esta Comisión no ha participado en prácticamente ninguno de los procesos prelegislativos de las numerosas reformas penales desde la aprobación del Código Penal de 1995.

6. Sería deseable que se estableciera un marco prelegislativo que fijara un proceder estandarizado durante la concepción de los trabajos prelegislativos, en especial cuando éstos están referidos a uno de los textos legales más importantes de nuestro ordenamiento jurídico, como es el caso del Código Penal, con indicación de los órganos encargados de realizar en cada momento las diferentes tareas de ese

proceso que ha de culminar con la remisión del texto al Consejo de Ministros para su aprobación y posterior remisión a las Cortes Generales. No cabe ninguna duda que en esa fase prelegislativa ha de haber una dirección política en cuanto al contenido de la futura ley, pero en la elaboración han de participar juristas, preferentemente en el marco de ese órgano de carácter esencialmente técnico, cual es la Comisión General de Codificación, cuyo Presidente es el propio Ministro, y cuyos vocales han de ser juristas de reconocido prestigio, de la mayor excelencia posible, alejados, aunque no ajenos, al devenir político de cada legislatura.

7. Hay que rechazar la tendencia oportunista de algunos legisladores hacia el populismo punitivo, empujados no pocas veces por los medios de comunicación, en la creencia de que un endurecimiento de las penas, y del sistema penal en general, permite una más eficaz protección y seguridad de la sociedad y sus intereses frente a la delincuencia, olvidando que la mejor manera de lograr estos deseables objetivos es a través de la recuperación social del delincuente, que representa, además, un mandato constitucional.

8. Para que la pena privativa de libertad pueda contar con la necesaria legitimidad constitucional, debe configurarse, lo mismo que la medida de seguridad, de manera tal que en sí mismas no excluyan la posibilidad de un tratamiento resocializador y, en consecuencia, la puesta en libertad del condenado, una vez cumplido un determinado período de años.

Tanto una pena privativa de libertad de por vida, sin mecanismo alguno de revisión, o con revisión tras un período excesivamente largo de cumplimiento, como una pena privativa de libertad de larga duración de cumplimiento efectivo, por más que pudiera demandarlas ocasionalmente la sociedad, serían penas incompatibles con el principio de humanización de las penas y del derecho penal.

9. Aunque el reconocimiento del indulto es una realidad indiscutible, no cabe duda que el requisito de su racionalidad es imprescindible para su correcto ejercicio, por más que suponga una institución retrógrada y arcaica, que supone una clara injerencia del poder ejecutivo en el judicial, y de la que no debería abusar el Gobierno, por quedar extramuros de su función, en el marco de la división de poderes.

10. Tanto en el marco de las teorías de la pena basadas en una racionalidad instrumental, como en el marco más actual de las teorías que se basan en una racionalidad comunicativa, el derecho penal necesita de la medida de seguridad, porque la pena, independientemente de la función que se le asigne, ha de tener como base la culpabilidad, algo inexistente en los destinatarios de una norma que no los puede motivar de una manera jurídicamente relevante, y, además, el límite de la gravedad de la culpabilidad por el hecho sólo se podría superar en el marco de un derecho de autor, ajeno a nuestro sistema, nunca en el marco de un derecho, como el actual, basado en aquella culpabilidad por el hecho, es decir, en la responsabilidad del autor por el acto concreto cometido.

Residiendo, pues, el fundamento de la reincidencia, en la peligrosidad o tendencia del sujeto a repetir el hecho delictivo, la agravación de la pena en el caso del reincidente, que ha de basarse en la culpabilidad, no es un medio político criminalmente adecuado para resolver el problema. Por tanto, el tratamiento del problema que plantea el reincidente no puede hallarse sino en las medidas de seguridad: medidas de terapia social, que permitan lograr los resultados para los que la pena privativa de libertad se ha mostrado ineficaz, sin duda por las especiales características del autor, con clara tendencia a repetir el delito.

En cuanto a la medida de libertad vigilada, medida no privativa de libertad, aunque no sea la «piedra filosofal» que solucione el problema de la peligrosidad de determinados delincuentes y, por tanto, de la inseguridad social que deriva de la misma, sí resulta idónea –si no la única– para combatir, con ciertas posibilidades de éxito, esta preocupante delincuencia.

ANEXO

Títulos III ("De las penas"), IV ("De las medidas de seguridad"), V ("De la responsabilidad civil derivada de los delitos y de las costas procesales"), VI ("De las consecuencias accesorias") y VII ("De la extinción de la responsabilidad criminal y sus efectos"), del Código Penal aprobado por la Ley Orgánica 10/1995, de 23 de noviembre, con las modificaciones introducidas por la Ley Orgánica 1/2015

TÍTULO III
De las penas

CAPÍTULO I
De las penas, sus clases y efectos

Sección 1.ª De las penas y sus clases

Artículo 32.

Las penas que pueden imponerse con arreglo a este Código, bien con carácter principal bien como accesorias, son privativas de libertad, privativas de otros derechos y multa.

Artículo 33.

1. En función de su naturaleza y duración, las penas se clasifican en graves, menos graves y leves.

2. Son penas graves:

a) La prisión permanente revisable.
b) La prisión superior a cinco años.
c) La inhabilitación absoluta.
d) Las inhabilitaciones especiales por tiempo superior a cinco años.
e) La suspensión de empleo o cargo público por tiempo superior a cinco años.
f) La privación del derecho a conducir vehículos a motor y ciclomotores por tiempo superior a ocho años.
g) La privación del derecho a la tenencia y porte de armas por tiempo superior a ocho años.
h) La privación del derecho a residir en determinados lugares o acudir a ellos, por tiempo superior a cinco años.
i) La prohibición de aproximarse a la víctima o a aquellos de sus familiares u otras personas que determine el juez o tribunal, por tiempo superior a cinco años.
j) La prohibición de comunicarse con la víctima o con aquellos de sus familiares u otras personas que determine el juez o tribunal, por tiempo superior a cinco años.
k) La privación de la patria potestad.

3. Son penas menos graves:

a) La prisión de tres meses hasta cinco años.
b) Las inhabilitaciones especiales hasta cinco años.
c) La suspensión de empleo o cargo público hasta cinco años.
d) La privación del derecho a conducir vehículos a motor y ciclomotores de un año y un día a ocho años.
e) La privación del derecho a la tenencia y porte de armas de un año y un día a ocho años.
f) Inhabilitación especial para el ejercicio de profesión, oficio o comercio que tenga relación con los animales y para la tenencia de animales de un año y un día a cinco años.
g) La privación del derecho a residir en determinados lugares o acudir a ellos, por tiempo de seis meses a cinco años.
h) La prohibición de aproximarse a la víctima o a aquellos de sus familiares u otras personas que determine el juez o tribunal, por tiempo de seis meses a cinco años.

i) La prohibición de comunicarse con la víctima o con aquellos de sus familiares u otras personas que determine el juez o tribunal, por tiempo de seis meses a cinco años.

j) La multa de más de tres meses.

k) La multa proporcional, cualquiera que fuese su cuantía, salvo lo dispuesto en el apartado 7 de este artículo.

l) Los trabajos en beneficio de la comunidad de treinta y un días a un año.

4. Son penas leves:

a) La privación del derecho a conducir vehículos a motor y ciclo motores de tres meses a un año.

b) La privación del derecho a la tenencia y porte de armas de tres meses a un año.

c) Inhabilitación especial para el ejercicio de profesión, oficio o comercio que tenga relación con los animales y para la tenencia de animales de tres meses a un año.

d) La privación del derecho a residir en determinados lugares o acudir a ellos, por tiempo inferior a seis meses.

e) La prohibición de aproximarse a la víctima o a aquellos de sus familiares u otras personas que determine el juez o tribunal, por tiempo de un mes a menos de seis meses.

f) La prohibición de comunicarse con la víctima o con aquellos de sus familiares u otras personas que determine el juez o tribunal, por tiempo de un mes a menos de seis meses.

g) La multa de hasta tres meses.

h) La localización permanente de un día a tres meses.

i) Los trabajos en beneficio de la comunidad de uno a treinta días.

5. La responsabilidad personal subsidiaria por impago de multa tendrá naturaleza menos grave o leve, según la que corresponda a la pena que sustituya.

6. Las penas accesorias tendrán la duración que respectivamente tenga la pena principal, excepto lo que dispongan expresamente otros preceptos de este Código.

7. Las penas aplicables a las personas jurídicas, que tienen todas la consideración de graves, son las siguientes:

a) Multa por cuotas o proporcional.

b) Disolución de la persona jurídica. La disolución producirá la pérdida definitiva de su personalidad jurídica, así como la de su capacidad de actuar de cualquier modo en el tráfico jurídico, o llevar a cabo cualquier clase de actividad, aunque sea lícita.

c) Suspensión de sus actividades por un plazo que no podrá exceder de cinco años.

d) Clausura de sus locales y establecimientos por un plazo que no podrá exceder de cinco años.

e) Prohibición de realizar en el futuro las actividades en cuyo ejercicio se haya cometido, favorecido o encubierto el delito. Esta prohibición podrá ser temporal o definitiva. Si fuere temporal, el plazo no podrá exceder de quince años.

f) Inhabilitación para obtener subvenciones y ayudas públicas, para contratar con el sector público y para gozar de beneficios e incentivos fiscales o de la Seguridad Social, por un plazo que no podrá exceder de quince años.

g) Intervención judicial para salvaguardar los derechos de los trabajadores o de los acreedores por el tiempo que se estime necesario, que no podrá exceder de cinco años.

La intervención podrá afectar a la totalidad de la organización o limitarse a alguna de sus instalaciones, secciones o unidades de negocio. El Juez o Tribunal, en la sentencia o, posteriormente, mediante auto, determinará exactamente el contenido de la intervención y determinará quién se hará cargo de la intervención y en qué plazos deberá realizar informes de seguimiento para el órgano judicial. La intervención se podrá modificar o suspender en todo momento previo informe del interventor y del Ministerio Fiscal. El interventor tendrá derecho a acceder a todas las instalaciones y locales de la empresa o persona jurídica y a recibir cuanta información estime necesaria para el ejercicio de sus funciones. Reglamentariamente se determinarán los aspectos relacionados con el ejercicio de la función de interventor, como la retribución o la cualificación necesaria.

La clausura temporal de los locales o establecimientos, la suspensión de las actividades sociales y la intervención judicial podrán ser acordadas también por el Juez Instructor como medida cautelar durante la instrucción de la causa.

Artículo 34.

No se reputarán penas:

1. La detención y prisión preventiva y las demás medidas cautelares de naturaleza penal.

2. Las multas y demás correcciones que, en uso de atribuciones gubernativas o disciplinarias, se impongan a los subordinados o administrados.

3. Las privaciones de derechos y las sanciones reparadoras que establezcan las leyes civiles o administrativas.

Sección 2.ª De las penas privativas de libertad

Artículo 35.

Son penas privativas de libertad la prisión permanente revisable, la prisión, la localización permanente y la responsabilidad personal subsidiaria por impago de multa. Su cumplimiento, así como los beneficios penitenciarios que supongan acortamiento de la condena, se ajustarán a lo dispuesto en las leyes y en este Código.

Artículo 36.

1. La pena de prisión permanente será revisada de conformidad con lo dispuesto en el artículo 92.

La clasificación del condenado en el tercer grado deberá ser autorizada por el tribunal previo pronóstico individualizado y favorable de reinserción social, oídos el Ministerio Fiscal e Instituciones Penitenciarias, y no podrá efectuarse:

a) Hasta el cumplimiento de veinte años de prisión efectiva, en el caso de que el penado lo hubiera sido por un delito del Capítulo VII del Título XXII del Libro II de este Código.

b) Hasta el cumplimiento de quince años de prisión efectiva, en el resto de los casos.

En estos supuestos, el penado no podrá disfrutar de permisos de salida hasta que haya cumplido un mínimo de doce años de prisión, en el caso previsto en la letra a), y ocho años de prisión, en el previsto en la letra b).

2. La pena de prisión tendrá una duración mínima de tres meses y máxima de veinte años, salvo lo que excepcionalmente dispongan otros preceptos del presente Código.

Cuando la duración de la pena de prisión impuesta sea superior a cinco años, el juez o tribunal podrá ordenar que la clasificación del condenado en el tercer grado de tratamiento penitenciario no se efectúe hasta el cumplimiento de la mitad de la pena impuesta.

En cualquier caso, cuando la duración de la pena de prisión impuesta sea superior a cinco años y se trate de los delitos enumerados a continuación, la clasificación del condenado en el tercer grado de tratamiento penitenciario no podrá efectuarse hasta el cumplimiento de la mitad de la misma:

a) Delitos referentes a organizaciones y grupos terroristas y delitos de terrorismo del Capítulo VII del Título XXII del Libro II de este Código.
b) Delitos cometidos en el seno de una organización o grupo criminal.
c) Delitos del artículo 183.
d) Delitos del Capítulo V del Título VIII del Libro II de este Código, cuando la víctima sea menor de trece años.

El juez de vigilancia, previo pronóstico individualizado y favorable de reinserción social y valorando, en su caso, las circunstancias personales del reo y la evolución del tratamiento reeducador, podrá acordar razonadamente, oídos el Ministerio Fiscal, Instituciones Penitenciarias y las demás partes, la aplicación del régimen general de cumplimiento, salvo en los supuestos contenidos en el párrafo anterior.

3. En todo caso, el tribunal o el juez de vigilancia penitenciaria, según corresponda, podrá acordar, previo informe del Ministerio Fiscal, Instituciones Penitenciarias y las demás partes, la progresión a tercer grado por motivos humanitarios y de dignidad personal de penados enfermos muy graves con padecimientos incurables y de los septuagenarios valorando, especialmente su escasa peligrosidad.

Artículo 37.

1. La localización permanente tendrá una duración de hasta seis meses. Su cumplimiento obliga al penado a permanecer en su domicilio

o en lugar determinado fijado por el Juez en sentencia o posteriormente en auto motivado.

No obstante, en los casos en los que la localización permanente esté prevista como pena principal, atendiendo a la reiteración en la comisión de la infracción y siempre que así lo disponga expresamente el concreto precepto aplicable, el Juez podrá acordar en sentencia que la pena de localización permanente se cumpla los sábados, domingos y días festivos en el centro penitenciario más próximo al domicilio del penado.

2. Si el reo lo solicitare y las circunstancias lo aconsejaren, oído el ministerio fiscal, el juez o tribunal sentenciador podrá acordar que la condena se cumpla durante los sábados y domingos o de forma no continuada.

3. Si el condenado incumpliera la pena, el juez o tribunal sentenciador deducirá testimonio para proceder de conformidad con lo que dispone el artículo 468.

4. Para garantizar el cumplimiento efectivo, el Juez o Tribunal podrá acordar la utilización de medios mecánicos o electrónicos que permitan la localización del reo.

Artículo 38.

1. Cuando el reo estuviere preso, la duración de las penas empezará a computarse desde el día en que la sentencia condenatoria haya quedado firme.

2. Cuando el reo no estuviere preso, la duración de las penas empezará a contarse desde que ingrese en el establecimiento adecuado para su cumplimiento.

Sección 3.ª De las penas privativas de derechos

Artículo 39.

Son penas privativas de derechos:

a) La inhabilitación absoluta.

b) Las de inhabilitación especial para empleo o cargo público, profesión, oficio, industria o comercio, u otras actividades determinadas en este Código, o de los derechos de patria potestad, tutela, guarda o curatela, tenencia de animales, derecho de sufragio pasivo o de cualquier otro derecho.

c) La suspensión de empleo o cargo público.
d) La privación del derecho a conducir vehículos a motor y ciclomotores.
e) La privación del derecho a la tenencia y porte de armas.
f) La privación del derecho a residir en determinados lugares o acudir a ellos.
g) La prohibición de aproximarse a la víctima o a aquellos de sus familiares u otras personas que determine el juez o el tribunal.
h) La prohibición de comunicarse con la víctima o con aquellos de sus familiares u otras personas que determine el juez o tribunal.
i) Los trabajos en beneficio de la comunidad.
j) La privación de la patria potestad.

Artículo 40.

1. La pena de inhabilitación absoluta tendrá una duración de seis a 20 años ; las de inhabilitación especial, de tres meses a 20 años, y la de suspensión de empleo o cargo público, de tres meses a seis años.

2. La pena de privación del derecho a conducir vehículos a motor y ciclomotores, y la de privación del derecho a la tenencia y porte de armas, tendrán una duración de tres meses a 10 años.

3. La pena de privación del derecho a residir en determinados lugares o acudir a ellos tendrá una duración de hasta 10 años. La prohibición de aproximarse a la víctima o a aquellos de sus familiares u otras personas, o de comunicarse con ellas, tendrá una duración de un mes a 10 años.

4. La pena de trabajos en beneficio de la comunidad tendrá una duración de un día a un año.

5. La duración de cada una de estas penas será la prevista en los apartados anteriores, salvo lo que excepcionalmente dispongan otros preceptos de este Código.

Artículo 41.

La pena de inhabilitación absoluta produce la privación definitiva de todos los honores, empleos y cargos públicos que tenga el penado, aunque sean electivos. Produce, además, la incapacidad para obtener los mismos o cualesquiera otros honores, cargos o empleos públicos, y la de ser elegido para cargo público, durante el tiempo de la condena.

Artículo 42.

La pena de inhabilitación especial para empleo o cargo público produce la privación definitiva del empleo o cargo sobre el que recayere, aunque sea electivo, y de los honores que le sean anejos. Produce, además, la incapacidad para obtener el mismo u otros análogos, durante el tiempo de la condena. En la sentencia habrán de especificarse los empleos, cargos y honores sobre los que recae la inhabilitación.

Artículo 43.

La suspensión de empleo o cargo público priva de su ejercicio al penado durante el tiempo de la condena.

Artículo 44.

La inhabilitación especial para el derecho de sufragio pasivo priva al penado, durante el tiempo de la condena, del derecho a ser elegido para cargos públicos.

Artículo 45.

La inhabilitación especial para profesión, oficio, industria o comercio o cualquier otro derecho, que ha de concretarse expresa y motivadamente en la sentencia, priva al penado de la facultad de ejercerlos durante el tiempo de la condena.

Artículo 46.

La inhabilitación especial para el ejercicio de la patria potestad, tutela, curatela, guarda o acogimiento, priva al penado de los derechos inherentes a la primera, y supone la extinción de las demás, así como la incapacidad para obtener nombramiento para dichos cargos durante el tiempo de la condena. La pena de privación de la patria potestad implica la pérdida de la titularidad de la misma, subsistiendo los derechos de los que sea titular el hijo respecto del penado. El Juez o Tribunal podrá acordar estas penas respecto de todos o alguno de los menores o incapaces que estén a cargo del penado, en atención a las circunstancias del caso.

A los efectos de este artículo, la patria potestad comprende tanto la regulada en el Código Civil, incluida la prorrogada, como las instituciones análogas previstas en la legislación civil de las Comunidades Autónomas.

Artículo 47.

La imposición de la pena de privación del derecho a conducir vehículos a motor y ciclomotores inhabilitará al penado para el ejercicio de ambos derechos durante el tiempo fijado en la sentencia.

La imposición de la pena de privación del derecho a la tenencia y porte de armas inhabilitará al penado para el ejercicio de este derecho por el tiempo fijado en la sentencia.

Cuando la pena impuesta lo fuere por un tiempo superior a dos años comportará la pérdida de vigencia del permiso o licencia que habilite para la conducción o la tenencia y porte, respectivamente.

Artículo 48.

1. La privación del derecho a residir en determinados lugares o acudir a ellos impide al penado residir o acudir al lugar en que haya cometido el delito, o a aquel en que resida la víctima o su familia, si fueren distintos. En los casos en que exista declarada una discapacidad intelectual o una discapacidad que tenga su origen en un trastorno mental, se estudiará el caso concreto a fin de resolver teniendo presentes los bienes jurídicos a proteger y el interés superior de la persona con discapacidad que, en su caso, habrá de contar con los medios de acompañamiento y apoyo precisos para el cumplimiento de la medida.

2. La prohibición de aproximarse a la víctima, o a aquellos de sus familiares u otras personas que determine el juez o tribunal, impide al penado acercarse a ellos, en cualquier lugar donde se encuentren, así como acercarse a su domicilio, a sus lugares de trabajo y a cualquier otro que sea frecuentado por ellos, quedando en suspenso, respecto de los hijos, el régimen de visitas, comunicación y estancia que, en su caso, se hubiere reconocido en sentencia civil hasta el total cumplimiento de esta pena.

3. La prohibición de comunicarse con la víctima, o con aquellos de sus familiares u otras personas que determine el juez o tribunal, impide al penado establecer con ellas, por cualquier medio de comunicación o medio informático o telemático, contacto escrito, verbal o visual.

4. El juez o tribunal podrá acordar que el control de estas medidas se realice a través de aquellos medios electrónicos que lo permitan.

Artículo 49.

Los trabajos en beneficio de la comunidad, que no podrán imponerse sin el consentimiento del penado, le obligan a prestar su cooperación no retribuida en determinadas actividades de utilidad pública, que podrán consistir, en relación con delitos de similar naturaleza al cometido por el penado, en labores de reparación de los daños causados o de apoyo o asistencia a las víctimas, así como en la participación del penado en talleres o programas formativos o de reeducación, laborales, culturales, de educación vial, sexual y otros similares. Su duración diaria no podrá exceder de ocho horas y sus condiciones serán las siguientes:

1.ª La ejecución se desarrollará bajo el control del Juez de Vigilancia Penitenciaria, que, a tal efecto, requerirá los informes sobre el desempeño del trabajo a la Administración, entidad pública o asociación de interés general en que se presten los servicios.

2.ª No atentará a la dignidad del penado.

3.ª El trabajo en beneficio de la comunidad será facilitado por la Administración, la cual podrá establecer los convenios oportunos a tal fin.

4.ª Gozará de la protección dispensada a los penados por la legislación penitenciaria en materia de Seguridad Social.

5.ª No se supeditará al logro de intereses económicos.

6.ª Los servicios sociales penitenciarios, hechas las verificaciones necesarias, comunicarán al Juez de Vigilancia Penitenciaria las incidencias relevantes de la ejecución de la pena y, en todo caso, si el penado:

a) Se ausenta del trabajo durante al menos dos jornadas laborales, siempre que ello suponga un rechazo voluntario por su parte al cumplimiento de la pena.
b) A pesar de los requerimientos del responsable del centro de trabajo, su rendimiento fuera sensiblemente inferior al mínimo exigible.
c) Se opusiera o incumpliera de forma reiterada y manifiesta las instrucciones que se le dieren por el responsable de la ocupación referidas al desarrollo de la misma.

d) Por cualquier otra razón, su conducta fuere tal que el responsable del trabajo se negase a seguir manteniéndolo en el centro.

Una vez valorado el informe, el Juez de Vigilancia Penitenciaria podrá acordar su ejecución en el mismo centro, enviar al penado para que finalice la ejecución de la misma en otro centro o entender que el penado ha incumplido la pena.

En caso de incumplimiento, se deducirá testimonio para proceder de conformidad con el artículo 468.

7.ª Si el penado faltara del trabajo por causa justificada no se entenderá como abandono de la actividad. No obstante, el trabajo perdido no se le computará en la liquidación de la condena, en la que se deberán hacer constar los días o jornadas que efectivamente hubiese trabajado del total que se le hubiera impuesto.

Sección 4.ª De la pena de multa

Artículo 50.

1. La pena de multa consistirá en la imposición al condenado de una sanción pecuniaria.

2. La pena de multa se impondrá, salvo que la Ley disponga otra cosa, por el sistema de días-multa.

3. Su extensión mínima será de diez días y la máxima de dos años. Las penas de multa imponibles a personas jurídicas tendrán una extensión máxima de cinco años.

4. La cuota diaria tendrá un mínimo de dos y un máximo de 400 euros, excepto en el caso de las multas imponibles a las personas jurídicas, en las que la cuota diaria tendrá un mínimo de 30 y un máximo de 5.000 euros. A efectos de cómputo, cuando se fije la duración por meses o por años, se entenderá que los meses son de treinta días y los años de trescientos sesenta.

5. Los Jueces o Tribunales determinarán motivadamente la extensión de la pena dentro de los límites establecidos para cada delito y según las reglas del capítulo II de este Título. Igualmente, fijarán en la sentencia, el importe de estas cuotas, teniendo en cuenta para ello exclusivamente la situación económica del reo, deducida de su patrimonio, ingresos, obligaciones y cargas familiares y demás circunstancias personales del mismo.

6. El tribunal, por causa justificada, podrá autorizar el pago de la multa dentro de un plazo que no exceda de dos años desde la firmeza de la sentencia, bien de una vez o en los plazos que se determinen. En este caso, el impago de dos de ellos determinará el vencimiento de los restantes.

Artículo 51.

Si, después de la sentencia, variase la situación económica del penado, el juez o tribunal, excepcionalmente y tras la debida indagación de dicha situación, podrá modificar tanto el importe de las cuotas periódicas como los plazos para su pago.

Artículo 52.

1. No obstante lo dispuesto en los artículos anteriores y cuando el Código así lo determine, la multa se establecerá en proporción al daño causado, el valor del objeto del delito o el beneficio reportado por el mismo.

2. En estos casos, los jueces y tribunales impondrán la multa dentro de los límites fijados para cada delito, considerando para determinar en cada caso su cuantía, no sólo las circunstancias atenuantes y agravantes del hecho, sino principalmente la situación económica del culpable.

3. Si, después de la sentencia, empeorase la situación económica del penado, el juez o tribunal, excepcionalmente y tras la debida indagación de dicha situación, podrá reducir el importe de la multa dentro de los límites señalados por la ley para el delito de que se trate, o autorizar su pago en los plazos que se determinen.

4. En los casos en los que este Código prevé una pena de multa para las personas jurídicas en proporción al beneficio obtenido o facilitado, al perjuicio causado, al valor del objeto, o a la cantidad defraudada o indebidamente obtenida, de no ser posible el cálculo en base a tales conceptos, el Juez o Tribunal motivará la imposibilidad de proceder a tal cálculo y las multas previstas se sustituirán por las siguientes:

a) Multa de dos a cinco años, si el delito cometido por la persona física tiene prevista una pena de prisión de más de cinco años.

b) Multa de uno a tres años, si el delito cometido por la persona física tiene prevista una pena de prisión de más de dos años no incluida en el inciso anterior.

c) Multa de seis meses a dos años, en el resto de los casos.

Artículo 53.

1. Si el condenado no satisficiere, voluntariamente o por vía de apremio, la multa impuesta, quedará sujeto a una responsabilidad personal subsidiaria de un día de privación de libertad por cada dos cuotas diarias no satisfechas, que, tratándose de delitos leves, podrá cumplirse mediante localización permanente. En este caso, no regirá la limitación que en su duración establece el apartado 1 del artículo 37.

También podrá el juez o tribunal, previa conformidad del penado, acordar que la responsabilidad subsidiaria se cumpla mediante trabajos en beneficio de la comunidad. En este caso, cada día de privación de libertad equivaldrá a una jornada de trabajo.

2. En los supuestos de multa proporcional los Jueces y Tribunales establecerán, según su prudente arbitrio, la responsabilidad personal subsidiaria que proceda, que no podrá exceder, en ningún caso, de un año de duración. También podrá el Juez o Tribunal acordar, previa conformidad del penado, que se cumpla mediante trabajos en beneficio de la comunidad.

3. Esta responsabilidad subsidiaria no se impondrá a los condenados a pena privativa de libertad superior a cinco años.

4. El cumplimiento de la responsabilidad subsidiaria extingue la obligación de pago de la multa, aunque mejore la situación económica del penado.

5. Podrá ser fraccionado el pago de la multa impuesta a una persona jurídica, durante un período de hasta cinco años, cuando su cuantía ponga probadamente en peligro la supervivencia de aquélla o el mantenimiento de los puestos de trabajo existentes en la misma, o cuando lo aconseje el interés general. Si la persona jurídica condenada no satisficiere, voluntariamente o por vía de apremio, la multa impuesta en el plazo que se hubiere señalado, el Tribunal podrá acordar su intervención hasta el pago total de la misma.

Sección 5.ª De las penas accesorias

Artículo 54.

Las penas de inhabilitación son accesorias en los casos en que, no imponiéndolas especialmente, la Ley declare que otras penas las llevan consigo.

Artículo 55.

La pena de prisión igual o superior a diez años llevará consigo la inhabilitación absoluta durante el tiempo de la condena, salvo que ésta ya estuviere prevista como pena principal para el supuesto de que se trate. El Juez podrá además disponer la inhabilitación especial para el ejercicio de la patria potestad, tutela, curatela, guarda o acogimiento, o bien la privación de la patria potestad, cuando estos derechos hubieren tenido relación directa con el delito cometido. Esta vinculación deberá determinarse expresamente en la sentencia.

Artículo 56.

1. En las penas de prisión inferiores a diez años, los jueces o tribunales impondrán, atendiendo a la gravedad del delito, como penas accesorias, alguna o algunas de las siguientes:

1.º Suspensión de empleo o cargo público.

2.º Inhabilitación especial para el derecho de sufragio pasivo durante el tiempo de la condena.

3.º Inhabilitación especial para empleo o cargo público, profesión, oficio, industria, comercio, ejercicio de la patria potestad, tutela, curatela, guarda o acogimiento o cualquier otro derecho, la privación de la patria potestad, si estos derechos hubieran tenido relación directa con el delito cometido, debiendo determinarse expresamente en la sentencia esta vinculación, sin perjuicio de la aplicación de lo previsto en el artículo 579 de este Código.

2. Lo previsto en este artículo se entiende sin perjuicio de la aplicación de lo dispuesto en otros preceptos de este Código respecto de la imposición de estas penas.

Artículo 57.

1. Los jueces o tribunales, en los delitos de homicidio, aborto, lesiones, contra la libertad, de torturas y contra la integridad moral, trata de seres humanos, contra la libertad e indemnidad sexuales, la intimidad, el derecho a la propia imagen y la inviolabilidad del domicilio, el honor, el patrimonio y el orden socioeconómico, atendiendo a la gravedad de los hechos o al peligro que el delincuente represente, podrán acordar en sus sentencias la imposición de una o varias de las prohibiciones contempladas en el artículo 48, por un tiempo que no excederá de diez años si el delito fuera grave, o de cinco si fuera menos grave.

No obstante lo anterior, si el condenado lo fuera a pena de prisión y el juez o tribunal acordara la imposición de una o varias de dichas prohibiciones, lo hará por un tiempo superior entre uno y diez años al de la duración de la pena de prisión impuesta en la sentencia, si el delito fuera grave, y entre uno y cinco años, si fuera menos grave. En este supuesto, la pena de prisión y las prohibiciones antes citadas se cumplirán necesariamente por el condenado de forma simultánea.

2. En los supuestos de los delitos mencionados en el primer párrafo del apartado 1 de este artículo cometidos contra quien sea o haya sido el cónyuge, o sobre persona que esté o haya estado ligada al condenado por una análoga relación de afectividad aun sin convivencia, o sobre los descendientes, ascendientes o hermanos por naturaleza, adopción o afinidad, propios o del cónyuge o conviviente, o sobre los menores o personas con discapacidad necesitadas de especial protección que con él convivan o que se hallen sujetos a la potestad, tutela, curatela, acogimiento o guarda de hecho del cónyuge o conviviente, o sobre persona amparada en cualquier otra relación por la que se encuentre integrada en el núcleo de su convivencia familiar, así como sobre las personas que por su especial vulnerabilidad se encuentran sometidas a su custodia o guarda en centros públicos o privados se acordará, en todo caso, la aplicación de la pena prevista en el apartado 2 del artículo 48 por un tiempo que no excederá de diez años si el delito fuera grave, o de cinco si fuera menos grave, sin perjuicio de lo dispuesto en el párrafo segundo del apartado anterior.

3. También podrán imponerse las prohibiciones establecidas en el artículo 48, por un periodo de tiempo que no excederá de seis meses, por la comisión de los delitos mencionados en el primer párrafo del apartado 1 de este artículo que tengan la consideración de delitos leves.

Sección 6.ª Disposiciones comunes

Artículo 58.

1. El tiempo de privación de libertad sufrido provisionalmente será abonado en su totalidad por el Juez o Tribunal sentenciador para el cumplimiento de la pena o penas impuestas en la causa en que dicha privación fue acordada, salvo en cuanto haya coincidido con cualquier privación de libertad impuesta al penado en otra causa, que le haya sido

abonada o le sea abonable en ella. En ningún caso un mismo periodo de privación de libertad podrá ser abonado en más de una causa.

2. El abono de prisión provisional en causa distinta de la que se decretó será acordado de oficio o a petición del penado y previa comprobación de que no ha sido abonada en otra causa, por el Juez de Vigilancia Penitenciaria de la jurisdicción de la que dependa el centro penitenciario en que se encuentre el penado, previa audiencia del ministerio fiscal.

3. Sólo procederá el abono de prisión provisional sufrida en otra causa cuando dicha medida cautelar sea posterior a los hechos delictivos que motivaron la pena a la que se pretende abonar.

4. Las reglas anteriores se aplicarán también respecto de las privaciones de derechos acordadas cautelarmente.

Artículo 59.

Cuando las medidas cautelares sufridas y la pena impuesta sean de distinta naturaleza, el Juez o Tribunal ordenará que se tenga por ejecutada la pena impuesta en aquella parte que estime compensada.

Artículo 60.

1. Cuando, después de pronunciada sentencia firme, se aprecie en el penado una situación duradera de trastorno mental grave que le impida conocer el sentido de la pena, el Juez de Vigilancia Penitenciaria suspenderá la ejecución de la pena privativa de libertad que se le hubiera impuesto, garantizando que reciba la asistencia médica precisa, para lo cual podrá decretar la imposición de una medida de seguridad privativa de libertad de las previstas en este Código que no podrá ser, en ningún caso, más gravosa que la pena sustituida. Si se tratase de una pena de distinta naturaleza, el Juez de Vigilancia Penitenciaria apreciará si la situación del penado le permite conocer el sentido de la pena y, en su caso, suspenderá la ejecución imponiendo las medidas de seguridad que estime necesarias.

El Juez de Vigilancia comunicará al ministerio fiscal, con suficiente antelación, la próxima extinción de la pena o medida de seguridad impuesta, a efectos de lo previsto por la disposición adicional primera de este Código.

2. Restablecida la salud mental del penado, éste cumplirá la sentencia si la pena no hubiere prescrito, sin perjuicio de que el Juez o Tri-

bunal, por razones de equidad, pueda dar por extinguida la condena o reducir su duración, en la medida en que el cumplimiento de la pena resulte innecesario o contraproducente.

CAPÍTULO II
De la aplicación de las penas

Sección 1.ª Reglas generales para la aplicación de las penas

Artículo 61.

Cuando la Ley establece una pena, se entiende que la impone a los autores de la infracción consumada.

Artículo 62.

A los autores de tentativa de delito se les impondrá la pena inferior en uno o dos grados a la señalada por la Ley para el delito consumado, en la extensión que se estime adecuada, atendiendo al peligro inherente al intento y al grado de ejecución alcanzado.

Artículo 63.

A los cómplices de un delito consumado o intentado se les impondrá la pena inferior en grado a la fijada por la Ley para los autores del mismo delito.

Artículo 64.

Las reglas anteriores no serán de aplicación en los casos en que la tentativa y la complicidad se hallen especialmente penadas por la Ley.

Artículo 65.

1. Las circunstancias agravantes o atenuantes que consistan en cualquier causa de naturaleza personal agravarán o atenuarán la responsabilidad sólo de aquéllos en quienes concurran.

2. Las que consistan en la ejecución material del hecho o en los medios empleados para realizarla, servirán únicamente para agravar o atenuar la responsabilidad de los que hayan tenido conocimiento de ellas en el momento de la acción o de su cooperación para el delito.

3. Cuando en el inductor o en el cooperador necesario no concurran las condiciones, cualidades o relaciones personales que fundamentan la culpabilidad del autor, los jueces o tribunales podrán imponer la pena inferior en grado a la señalada por la ley para la infracción de que se trate.

Artículo 66.

1. En la aplicación de la pena, tratándose de delitos dolosos, los jueces o tribunales observarán, según haya o no circunstancias atenuantes o agravantes, las siguientes reglas:

1.ª Cuando concurra sólo una circunstancia atenuante, aplicarán la pena en la mitad inferior de la que fije la ley para el delito.

2.ª Cuando concurran dos o más circunstancias atenuantes, o una o varias muy cualificadas, y no concurra agravante alguna, aplicarán la pena inferior en uno o dos grados a la establecida por la ley, atendidos el número y la entidad de dichas circunstancias atenuantes.

3.ª Cuando concurra sólo una o dos circunstancias agravantes, aplicarán la pena en la mitad superior de la que fije la ley para el delito.

4.ª Cuando concurran más de dos circunstancias agravantes y no concurra atenuante alguna, podrán aplicar la pena superior en grado a la establecida por la ley, en su mitad inferior.

5.ª Cuando concurra la circunstancia agravante de reincidencia con la cualificación de que el culpable al delinquir hubiera sido condenado ejecutoriamente, al menos, por tres delitos comprendidos en el mismo título de este Código, siempre que sean de la misma naturaleza, podrán aplicar la pena superior en grado a la prevista por la ley para el delito de que se trate, teniendo en cuenta las condenas precedentes, así como la gravedad del nuevo delito cometido.

A los efectos de esta regla no se computarán los antecedentes penales cancelados o que debieran serlo.

6.ª Cuando no concurran atenuantes ni agravantes aplicarán la pena establecida por la ley para el delito cometido, en la extensión que estimen adecuada, en atención a las circunstancias personales del delincuente y a la mayor o menor gravedad del hecho.

7.ª Cuando concurran atenuantes y agravantes, las valorarán y compensarán racionalmente para la individualización de la pena. En el caso de persistir un fundamento cualificado de atenuación aplicarán la pena inferior en grado. Si se mantiene un fundamento cualificado de agravación, aplicarán la pena en su mitad superior.

8.ª Cuando los jueces o tribunales apliquen la pena inferior en más de un grado podrán hacerlo en toda su extensión.

2. En los delitos leves y en los delitos imprudentes, los jueces o tribunales aplicarán las penas a su prudente arbitrio, sin sujetarse a las reglas prescritas en el apartado anterior.

Artículo 66 bis.

En la aplicación de las penas impuestas a las personas jurídicas se estará a lo dispuesto en las reglas 1.ª a 4.ª y 6.ª a 8.ª del primer número del artículo 66, así como a las siguientes:

1.ª En los supuestos en los que vengan establecidas por las disposiciones del Libro II, para decidir sobre la imposición y la extensión de las penas previstas en las letras b) a g) del apartado 7 del artículo 33 habrá de tenerse en cuenta:

a) Su necesidad para prevenir la continuidad de la actividad delictiva o de sus efectos.
b) Sus consecuencias económicas y sociales, y especialmente los efectos para los trabajadores.
c) El puesto que en la estructura de la persona jurídica ocupa la persona física u órgano que incumplió el deber de control.

2.ª Cuando las penas previstas en las letras c) a g) del apartado 7 del artículo 33 se impongan con una duración limitada, ésta no podrá exceder la duración máxima de la pena privativa de libertad prevista para el caso de que el delito fuera cometido por persona física.

Para la imposición de las sanciones previstas en las letras c) a g) por un plazo superior a dos años será necesario que se dé alguna de las dos circunstancias siguientes:

a) Que la persona jurídica sea reincidente.
b) Que la persona jurídica se utilice instrumentalmente para la comisión de ilícitos penales. Se entenderá que se está ante este último supuesto siempre que la actividad legal de la persona jurídica sea menos relevante que su actividad ilegal.

Cuando la responsabilidad de la persona jurídica, en los casos previstos en la letra b) del apartado 1 del artículo 31 bis, derive de un incumplimiento de los deberes de supervisión, vigilancia y control que no tenga carácter grave, estas penas tendrán en todo caso una duración máxima de dos años.

Para la imposición con carácter permanente de las sanciones previstas en las letras b) y e), y para la imposición por un plazo superior a cinco años de las previstas en las letras e) y f) del apartado 7 del artículo 33, será necesario que se dé alguna de las dos circunstancias siguientes:

a) Que se esté ante el supuesto de hecho previsto en la regla 5.ª del apartado 1 del artículo 66.

b) Que la persona jurídica se utilice instrumentalmente para la comisión de ilícitos penales. Se entenderá que se está ante este último supuesto siempre que la actividad legal de la persona jurídica sea menos relevante que su actividad ilegal.

Artículo 67.

Las reglas del artículo anterior no se aplicarán a las circunstancias agravantes o atenuantes que la Ley haya tenido en cuenta al describir o sancionar una infracción, ni a las que sean de tal manera inherentes al delito que sin la concurrencia de ellas no podría cometerse.

Artículo 68.

En los casos previstos en la circunstancia primera del artículo 21, los jueces o tribunales impondrán la pena inferior en uno o dos grados a la señalada por la ley, atendidos el número y la entidad de los requisitos que falten o concurran, y las circunstancias personales de su autor, sin perjuicio de la aplicación del artículo 66 del presente Código.

Artículo 69.

Al mayor de dieciocho años y menor de veintiuno que cometa un hecho delictivo, podrán aplicársele las disposiciones de la ley que regule la responsabilidad penal del menor en los casos y con los requisitos que ésta disponga.

Artículo 70.

1. La pena superior e inferior en grado a la prevista por la ley para cualquier delito tendrá la extensión resultante de la aplicación de las siguientes reglas:

1.ª La pena superior en grado se formará partiendo de la cifra máxima señalada por la ley para el delito de que se trate y aumentando a ésta la mitad de su cuantía, constituyendo la suma resultante su límite máximo. El límite mínimo de la pena superior en grado será el máximo de la pena señalada por la ley para el delito de que se trate, incrementado en un día o en un día multa según la naturaleza de la pena a imponer.

2.ª La pena inferior en grado se formará partiendo de la cifra mínima señalada para el delito de que se trate y deduciendo de ésta la mitad de su cuantía, constituyendo el resultado de tal deducción su límite mínimo. El límite máximo de la pena inferior en grado será el mínimo de la pena señalada por la ley para el delito de que se trate, reducido en un día o en un día multa según la naturaleza de la pena a imponer.

2. A los efectos de determinar la mitad superior o inferior de la pena o de concretar la pena inferior o superior en grado, el día o el día multa se considerarán indivisibles y actuaran como unidades penológicas de más o menos, según los casos.

3. Cuando, en la aplicación de la regla 1.ª del apartado 1 de este artículo, la pena superior en grado exceda de los límites máximos fijados a cada pena en este Código, se considerarán como inmediatamente superiores:

1.º Si la pena determinada fuera la de prisión, la misma pena, con la cláusula de que su duración máxima será de 30 años.

2.º Si fuera de inhabilitación absoluta o especial, la misma pena, con la cláusula de que su duración máxima será de 30 años.

3.º Si fuera de suspensión de empleo o cargo público, la misma pena, con la cláusula de que su duración máxima será de ocho años.

4.º Tratándose de privación del derecho a conducir vehículos a motor y ciclomotores, la misma pena, con la cláusula de que su duración máxima será de 15 años.

5.º Tratándose de privación del derecho a la tenencia y porte de armas, la misma pena, con la cláusula de que su duración máxima será de 20 años.

6.º Tratándose de privación del derecho a residir en determinados lugares o acudir a ellos, la misma pena, con la cláusula de que su duración máxima será de 20 años.

7.º Tratándose de prohibición de aproximarse a la víctima o a aquellos de sus familiares u otras personas que determine el juez o tribunal, la misma pena, con la cláusula de que su duración máxima será de 20 años.

8.º Tratándose de prohibición de comunicarse con la víctima o con aquellos de sus familiares u otras personas que determine el juez o tribunal, la misma pena, con la cláusula de que su duración máxima será de 20 años.

9.º Si fuera de multa, la misma pena, con la cláusula de que su duración máxima será de 30 meses.

4. La pena inferior en grado a la de prisión permanente es la pena de prisión de veinte a treinta años.

Artículo 71.

1. En la determinación de la pena inferior en grado, los jueces o tribunales no quedarán limitados por las cuantías mínimas señaladas en la ley a cada clase de pena, sino que podrán reducirlas en la forma que resulte de la aplicación de la regla correspondiente.

2. No obstante, cuando por aplicación de las reglas anteriores proceda imponer una pena de prisión inferior a tres meses, ésta será en todo caso sustituida por multa, trabajos en beneficio de la comunidad, o localización permanente, aunque la ley no prevea estas penas para el delito de que se trate, sustituyéndose cada día de prisión por dos cuotas de multa o por una jornada de trabajo o por un día de localización permanente.

Artículo 72.

Los jueces o tribunales, en la aplicación de la pena, con arreglo a las normas contenidas en este capítulo, razonarán en la sentencia el grado y extensión concreta de la impuesta.

Sección 2.ª
Reglas especiales para la aplicación de las penas

Artículo 73.

Al responsable de dos o más delitos o faltas se le impondrán todas las penas correspondientes a las diversas infracciones para su cumplimiento simultáneo, si fuera posible, por la naturaleza y efectos de las mismas.

Artículo 74.

1. No obstante lo dispuesto en el artículo anterior, el que, en ejecución de un plan preconcebido o aprovechando idéntica ocasión, realice una pluralidad de acciones u omisiones que ofendan a uno o varios sujetos e infrinjan el mismo precepto penal o preceptos de igual o semejante naturaleza, será castigado como autor de un delito o falta continuados con la pena señalada para la infracción más grave, que se impondrá en su mitad superior, pudiendo llegar hasta la mitad inferior de la pena superior en grado.

2. Si se tratare de infracciones contra el patrimonio, se impondrá la pena teniendo en cuenta el perjuicio total causado. En estas infracciones el Juez o Tribunal impondrá, motivadamente, la pena superior en uno o dos grados, en la extensión que estime conveniente, si el hecho revistiere notoria gravedad y hubiere perjudicado a una generalidad de personas.

3. Quedan exceptuadas de lo establecido en los apartados anteriores las ofensas a bienes eminentemente personales, salvo las constitutivas de infracciones contra el honor y la libertad e indemnidad sexuales que afecten al mismo sujeto pasivo. En estos casos, se atenderá a la naturaleza del hecho y del precepto infringido para aplicar o no la continuidad delictiva.

Artículo 75.

Cuando todas o algunas de las penas correspondientes a las diversas infracciones no puedan ser cumplidas simultáneamente por el condenado, se seguirá el orden de su respectiva gravedad para su cumplimiento sucesivo, en cuanto sea posible.

Artículo 76.

1. No obstante lo dispuesto en el artículo anterior, el máximo de cumplimiento efectivo de la condena del culpable no podrá exceder del triple del tiempo por el que se le imponga la más grave de las penas en que haya incurrido, declarando extinguidas las que procedan desde que las ya impuestas cubran dicho máximo, que no podrá exceder de 20 años. Excepcionalmente, este límite máximo será:

a) De 25 años, cuando el sujeto haya sido condenado por dos o más delitos y alguno de ellos esté castigado por la ley con pena de prisión de hasta 20 años.

b) De 30 años, cuando el sujeto haya sido condenado por dos o más delitos y alguno de ellos esté castigado por la ley con pena de prisión superior a 20 años.

c) De 40 años, cuando el sujeto haya sido condenado por dos o más delitos y, al menos, dos de ellos estén castigados por la ley con pena de prisión superior a 20 años.

d) De 40 años, cuando el sujeto haya sido condenado por dos o más delitos referentes a organizaciones y grupos terroristas y delitos de terrorismo del Capítulo VII del Título XXII del Libro II de este Código y alguno de ellos esté castigado por la ley con pena de prisión superior a 20 años.

e) Cuando el sujeto haya sido condenado por dos o más delitos y, al menos, uno de ellos esté castigado por la ley con pena de prisión permanente revisable, se estará a lo dispuesto en los artículos 92 y 78 bis.

2. La limitación se aplicará aunque las penas se hayan impuesto en distintos procesos cuando lo hayan sido por hechos cometidos antes de la fecha en que fueron enjuiciados los que, siendo objeto de acumulación, lo hubieran sido en primer lugar.

Artículo 77.

1. Lo dispuesto en los dos artículos anteriores no es aplicable en el caso de que un solo hecho constituya dos o más delitos, o cuando uno de ellos sea medio necesario para cometer el otro.

2. En el primer caso, se aplicará en su mitad superior la pena prevista para la infracción más grave, sin que pueda exceder de la que represente la suma de las que correspondería aplicar si se penaran separadamente las infracciones. Cuando la pena así computada exceda de este límite, se sancionarán las infracciones por separado.

3. En el segundo, se impondrá una pena superior a la que habría correspondido, en el caso concreto, por la infracción más grave, y que no podrá exceder de la suma de las penas concretas que hubieran sido impuestas separadamente por cada uno de los delitos. Dentro de estos límites, el juez o tribunal individualizará la pena conforme a los criterios expresados en el artículo 66. En todo caso, la pena impuesta no podrá exceder del límite de duración previsto en el artículo anterior.

Artículo 78.

1. Si a consecuencia de las limitaciones establecidas en el apartado 1 del artículo 76 la pena a cumplir resultase inferior a la mitad de la suma total de las impuestas, el juez o tribunal sentenciador podrá acordar que los beneficios penitenciarios, los permisos de salida, la clasificación en tercer grado y el cómputo de tiempo para la libertad condicional se refieran a la totalidad de las penas impuestas en las sentencias.

2. En estos casos, el juez de vigilancia, previo pronóstico individualizado y favorable de reinserción social y valorando, en su caso, las circunstancias personales del reo y la evolución del tratamiento reeducador, podrá acordar razonadamente, oídos el Ministerio

Fiscal, Instituciones Penitenciarias y las demás partes, la aplicación del régimen general de cumplimiento.

Si se tratase de delitos referentes a organizaciones y grupos terroristas y delitos de terrorismo del Capítulo VII del Título XXII del Libro II de este Código, o cometidos en el seno de organizaciones criminales, y atendiendo a la suma total de las penas impuestas, la anterior posibilidad sólo será aplicable:

a) Al tercer grado penitenciario, cuando quede por cumplir una quinta parte del límite máximo de cumplimiento de la condena.
b) A la libertad condicional, cuando quede por cumplir una octava parte del límite máximo de cumplimiento de la condena.

Artículo 78 bis.

1. Cuando el sujeto haya sido condenado por dos o más delitos y, al menos, uno de ellos esté castigado por la ley con pena de prisión permanente revisable, la progresión a tercer grado requerirá del cumplimiento:

a) de un mínimo de dieciocho años de prisión, cuando el penado lo haya sido por varios delitos, uno de ellos esté castigado con pena de prisión permanente revisable y el resto de las penas impuestas sumen un total que exceda de cinco años.
b) de un mínimo de veinte años de prisión, cuando el penado lo haya sido por varios delitos, uno de ellos esté castigado con una pena de prisión permanente revisable y el resto de

las penas impuestas sumen un total que exceda de quince años.

c) de un mínimo de veintidós años de prisión, cuando el penado lo haya sido por varios delitos y dos o más de ellos estén castigados con una pena de prisión permanente revisable, o bien uno de ellos esté castigado con una pena de prisión permanente revisable y el resto de penas impuestas sumen un total de veinticinco años o más.

2. En estos casos, la suspensión de la ejecución del resto de la pena requerirá que el penado haya extinguido:

a) Un mínimo de veinticinco años de prisión, en los supuestos a los que se refieren las letras a) y b) del apartado anterior.

b) Un mínimo de treinta años de prisión en el de la letra c) del apartado anterior.

3. Si se tratase de delitos referentes a organizaciones y grupos terroristas y delitos de terrorismo del Capítulo VII del Título XXII del Libro II de este Código, o cometidos en el seno de organizaciones criminales, los límites mínimos de cumplimiento para el acceso al tercer grado de clasificación serán de veinticuatro años de prisión, en los supuestos a que se refieren las letras a) y b) del apartado primero, y de treinta y dos años de prisión en el de la letra c) del apartado primero.

En estos casos, la suspensión de la ejecución del resto de la pena requerirá que el penado haya extinguido un mínimo de veintiocho años de prisión, en los supuestos a que se refieren las letras a) y b) del apartado primero, y de treinta y cinco años de prisión en el de la letra b) del apartado primero.

Artículo 79.

Siempre que los Jueces o Tribunales impongan una pena que lleve consigo otras accesorias condenarán también expresamente al reo a estas últimas.

CAPÍTULO III
De las formas sustitutivas de la ejecución de las penas privativas de libertad y de la libertad condicional.

Sección 1.ª
De la suspensión de la ejecución de las penas privativas de libertad

Artículo 80.

1. Los jueces o tribunales, mediante resolución motivada, podrán dejar en suspenso la ejecución de las penas privativas de libertad no superiores a dos años cuando sea razonable esperar que la ejecución de la pena no sea necesaria para evitar la comisión futura por el penado de nuevos delitos.

Para adoptar esta resolución el juez o tribunal valorará las circunstancias del delito cometido, las circunstancias personales del penado, sus antecedentes, su conducta posterior al hecho, en particular su esfuerzo para reparar el daño causado, sus circunstancias familiares y sociales, y los efectos que quepa esperar de la propia suspensión de la ejecución y del cumplimiento de las medidas que fueren impuestas.

2. Serán condiciones necesarias para dejar en suspenso la ejecución de la pena, las siguientes:

1.ª Que el condenado haya delinquido por primera vez. A tal efecto no se tendrán en cuenta las anteriores condenas por delitos imprudentes o por delitos leves, ni los antecedentes penales que hayan sido cancelados, o debieran serlo con arreglo a lo dispuesto en el artículo 136. Tampoco se tendrán en cuenta los antecedentes penales correspondientes a delitos que, por su naturaleza o circunstancias, carezcan de relevancia para valorar la probabilidad de comisión de delitos futuros.

2.ª Que la pena o la suma de las impuestas no sea superior a dos años, sin incluir en tal cómputo la derivada del impago de la multa.

3.ª Que se hayan satisfecho las responsabilidades civiles que se hubieren originado y se haya hecho efectivo el decomiso acordado en sentencia conforme al artículo 127.

Este requisito se entenderá cumplido cuando el penado asuma el compromiso de satisfacer las responsabilidades civiles de acuerdo a su capacidad económica y de facilitar el decomiso acordado, y sea razonable esperar que el mismo será cumplido en el plazo prudencial que el juez o tribunal determine. El juez o tribunal, en atención al alcance de la responsabilidad civil y al impacto social del delito, podrá solicitar las garantías que considere convenientes para asegurar su cumplimiento.

3. Excepcionalmente, aunque no concurran las condiciones 1.ª y 2.ª del apartado anterior, y siempre que no se trate de reos habituales, podrá acordarse la suspensión de las penas de prisión que individualmente no excedan de dos años cuando las circunstancias personales del reo, la naturaleza del hecho, su conducta y, en particular, el esfuerzo para reparar el daño causado, así lo aconsejen.

En estos casos, la suspensión se condicionará siempre a la reparación efectiva del daño o la indemnización del perjuicio causado conforme a sus posibilidades físicas y económicas, o al cumplimiento del acuerdo a que se refiere la medida 1.ª del artículo 84. Asimismo, se impondrá siempre una de las medidas a que se refieren los numerales 2.ª o 3.ª del mismo precepto, con una extensión que no podrá ser inferior a la que resulte de aplicar los criterios de conversión fijados en el mismo sobre un quinto de la pena impuesta.

4. Los jueces y tribunales podrán otorgar la suspensión de cualquier pena impuesta sin sujeción a requisito alguno en el caso de que el penado esté aquejado de una enfermedad muy grave con padecimientos incurables, salvo que en el momento de la comisión del delito tuviera ya otra pena suspendida por el mismo motivo.

5. Aun cuando no concurran las condiciones 1.ª y 2.ª previstas en el apartado 2 de este artículo, el juez o tribunal podrá acordar la suspensión de la ejecución de las penas privativas de libertad no superiores a cinco años de los penados que hubiesen cometido el hecho delictivo a causa de su dependencia de las sustancias señaladas en el numeral 2.º del artículo 20, siempre que se certifique suficientemente, por centro o servicio público o privado debidamente acreditado u homologado, que el condenado se encuentra deshabituado o sometido a tratamiento para tal fin en el momento de decidir sobre la suspensión.

El juez o tribunal podrá ordenar la realización de las comprobaciones necesarias para verificar el cumplimiento de los anteriores requisitos.

En el caso de que el condenado se halle sometido a tratamiento de deshabituación, también se condicionará la suspensión de la ejecución de la pena a que no abandone el tratamiento hasta su finalización. No se entenderán abandono las recaídas en el tratamiento si estas no evidencian un abandono definitivo del tratamiento de deshabituación.

6. En los delitos que sólo pueden ser perseguidos previa denuncia o querella del ofendido, los jueces y tribunales oirán a éste y, en su caso, a quien le represente, antes de conceder los beneficios de la suspensión de la ejecución de la pena.

Artículo 81.

El plazo de suspensión será de dos a cinco años para las penas privativas de libertad no superiores a dos años, y de tres meses a un año para las penas leves, y se fijará por el juez o tribunal, atendidos los criterios expresados en el párrafo segundo del apartado 1 del artículo 80.

En el caso de que la suspensión hubiera sido acordada de conformidad con lo dispuesto en el apartado 5 del artículo anterior, el plazo de suspensión será de tres a cinco años.

Artículo 82.

1. El juez o tribunal resolverá en sentencia sobre la suspensión de la ejecución de la pena siempre que ello resulte posible. En los demás casos, una vez declarada la firmeza de la sentencia, se pronunciará con la mayor urgencia, previa audiencia a las partes, sobre la concesión o no de la suspensión de la ejecución de la pena.

2. El plazo de suspensión se computará desde la fecha de la resolución que la acuerda. Si la suspensión hubiera sido acordada en sentencia, el plazo de la suspensión se computará desde la fecha en que aquélla hubiere devenido firme.

No se computará como plazo de suspensión aquél en el que el penado se hubiera mantenido en situación de rebeldía.

Artículo 83.

1. El juez o tribunal podrá condicionar la suspensión al cumplimiento de las siguientes prohibiciones y deberes cuando ello resulte necesario para evitar el peligro de comisión de nuevos delitos, sin que puedan imponerse deberes y obligaciones que resulten excesivos y desproporcionados:

1.ª Prohibición de aproximarse a la víctima o a aquéllos de sus familiares u otras personas que se determine por el juez o tribunal, a sus domicilios, a sus lugares de trabajo o a otros lugares habitualmente frecuentados por ellos, o de comunicar con los mismos por cualquier medio. La imposición de esta prohibición será siempre comunicada a las personas con relación a las cuales sea acordada.

2.ª Prohibición de establecer contacto con personas determinadas o con miembros de un grupo determinado, cuando existan indicios que permitan suponer fundadamente que tales sujetos pueden facilitarle la ocasión para cometer nuevos delitos o incitarle a hacerlo.

3.ª Mantener su lugar de residencia en un lugar determinado con prohibición de abandonarlo o ausentarse temporalmente sin autorización del juez o tribunal.

4.ª Prohibición de residir en un lugar determinado o de acudir al mismo, cuando en ellos pueda encontrar la ocasión o motivo para cometer nuevos delitos.

5.ª Comparecer personalmente con la periodicidad que se determine ante el juez o tribunal, dependencias policiales o servicio de la administración que se determine, para informar de sus actividades y justificarlas.

6.ª Participar en programas formativos, laborales, culturales, de educación vial, sexual, de defensa del medio ambiente, de protección de los animales, de igualdad de trato y no discriminación, y otros similares.

7.ª Participar en programas de deshabituación al consumo de alcohol, drogas tóxicas o sustancias estupefacientes, o de tratamiento de otros comportamientos adictivos.

8.ª Prohibición de conducir vehículos de motor que no dispongan de dispositivos tecnológicos que condicionen su encendido o funcionamiento a la comprobación previa de las condiciones físicas del conductor, cuando el sujeto haya sido condenado por un delito contra la seguridad vial y la medida resulte necesaria para prevenir la posible comisión de nuevos delitos.

9.ª Cumplir los demás deberes que el juez o tribunal estime convenientes para la rehabilitación social del penado, previa conformidad de éste, siempre que no atenten contra su dignidad como persona.

2. Cuando se trate de delitos cometidos sobre la mujer por quien sea o haya sido su cónyuge, o por quien esté o haya estado ligado a ella por una relación similar de afectividad, aun sin convivencia, se impon-

drán siempre las prohibiciones y deberes indicados en las reglas 1.ª, 4.ª y 6.ª del apartado anterior.

3. La imposición de cualquiera de las prohibiciones o deberes de las reglas 1.ª, 2.ª, 3.ª, o 4.ª del apartado 1 de este artículo será comunicada a las Fuerzas y Cuerpos de Seguridad del Estado, que velarán por su cumplimiento. Cualquier posible quebrantamiento o circunstancia relevante para valorar la peligrosidad del penado y la posibilidad de comisión futura de nuevos delitos, será inmediatamente comunicada al Ministerio Fiscal y al juez o tribunal de ejecución.

4. El control del cumplimiento de los deberes a que se refieren las reglas 6.ª, 7.ª y 8.ª del apartado 1 de este artículo corresponderá a los servicios de gestión de penas y medidas alternativas de la Administración penitenciaria. Estos servicios informarán al juez o tribunal de ejecución sobre el cumplimiento con una periodicidad al menos trimestral, en el caso de las reglas 6.ª y 8.ª, y semestral, en el caso de la 7.ª y, en todo caso, a su conclusión.

Asimismo, informarán inmediatamente de cualquier circunstancia relevante para valorar la peligrosidad del penado y la posibilidad de comisión futura de nuevos delitos, así como de los incumplimientos de la obligación impuesta o de su cumplimiento efectivo.

Artículo 84.

1. El juez o tribunal también podrá condicionar la suspensión de la ejecución de la pena al cumplimiento de alguna o algunas de las siguientes prestaciones o medidas:

1.ª El cumplimiento del acuerdo alcanzado por las partes en virtud de mediación.

2.ª El pago de una multa, cuya extensión determinarán el juez o tribunal en atención a las circunstancias del caso, que no podrá ser superior a la que resultase de aplicar dos cuotas de multa por cada día de prisión sobre un límite máximo de dos tercios de su duración.

3.ª La realización de trabajos en beneficio de la comunidad, especialmente cuando resulte adecuado como forma de reparación simbólica a la vista de las circunstancias del hecho y del autor. La duración de esta prestación de trabajos se determinará por el juez o tribunal en atención a las circunstancias del caso, sin que pueda exceder de la que resulte de computar un día de trabajos por cada día de prisión sobre un límite máximo de dos tercios de su duración.

2. Si se hubiera tratado de un delito cometido sobre la mujer por quien sea o haya sido su cónyuge, o por quien esté o haya estado ligado a ella por una relación similar de afectividad, aun sin convivencia, o sobre los descendientes, ascendientes o hermanos por naturaleza, adopción o afinidad propios o del cónyuge o conviviente, o sobre los menores o personas con discapacidad necesitadas de especial protección que con él convivan o que se hallen sujetos a la potestad, tutela, curatela, acogimiento o guarda de hecho del cónyuge o conviviente, el pago de la multa a que se refiere la medida 2.ª del apartado anterior solamente podrá imponerse cuando conste acreditado que entre ellos no existen relaciones económicas derivadas de una relación conyugal, de convivencia o filiación, o de la existencia de una descendencia común.

Artículo 85.

Durante el tiempo de suspensión de la pena, y a la vista de la posible modificación de las circunstancias valoradas, el juez o tribunal podrá modificar la decisión que anteriormente hubiera adoptado conforme a los artículos 83 y 84, y acordar el alzamiento de todas o alguna de las prohibiciones, deberes o prestaciones que hubieran sido acordadas, su modificación o sustitución por otras que resulten menos gravosas.

Artículo 86.

1. El juez o tribunal revocará la suspensión y ordenará la ejecución de la pena cuando el penado:

a) Sea condenado por un delito cometido durante el período de suspensión y ello ponga de manifiesto que la expectativa en la que se fundaba la decisión de suspensión adoptada ya no puede ser mantenida.

b) Incumpla de forma grave o reiterada las prohibiciones y deberes que le hubieran sido impuestos conforme al artículo 83, o se sustraiga al control de los servicios de gestión de penas y medidas alternativas de la Administración penitenciaria.

c) Incumpla de forma grave o reiterada las condiciones que, para la suspensión, hubieran sido impuestas conforme al artículo 84.

d) Facilite información inexacta o insuficiente sobre el paradero de bienes u objetos cuyo decomiso hubiera sido acordado; no dé cumplimiento al compromiso de pago de las responsabilidades civiles a que hubiera sido condenado, salvo que careciera de capacidad económica para ello; o facilite información inexacta o insuficiente sobre su patrimonio, incumpliendo la obligación impuesta en el artículo 589 de la Ley de Enjuiciamiento Civil.

2. Si el incumplimiento de las prohibiciones, deberes o condiciones no hubiera tenido carácter grave o reiterado, el juez o tribunal podrá:

a) Imponer al penado nuevas prohibiciones, deberes o condiciones, o modificar las ya impuestas.

b) Prorrogar el plazo de suspensión, sin que en ningún caso pueda exceder de la mitad de la duración del que hubiera sido inicialmente fijado.

3. En el caso de revocación de la suspensión, los gastos que hubiera realizado el penado para reparar el daño causado por el delito conforme al apartado 1 del artículo 84 no serán restituidos. Sin embargo, el juez o tribunal abonará a la pena los pagos y la prestación de trabajos que hubieran sido realizados o cumplidos conforme a las medidas 2.ª y 3.ª

4. En todos los casos anteriores, el juez o tribunal resolverá después de haber oído al Fiscal y a las demás partes. Sin embargo, podrá revocar la suspensión de la ejecución de la pena y ordenar el ingreso inmediato del penado en prisión cuando resulte imprescindible para evitar el riesgo de reiteración delictiva, el riesgo de huida del penado o asegurar la protección de la víctima.

El juez o tribunal podrá acordar la realización de las diligencias de comprobación que fueran necesarias y acordar la celebración de una vista oral cuando lo considere necesario para resolver.

Artículo 87.

1. Transcurrido el plazo de suspensión fijado sin haber cometido el sujeto un delito que ponga de manifiesto que la expectativa en la que se fundaba la decisión de suspensión adoptada ya no puede ser mantenida, y cumplidas de forma suficiente las reglas de conducta fijadas por el juez o tribunal, éste acordará la remisión de la pena.

2. No obstante, para acordar la remisión de la pena que hubiera sido suspendida conforme al apartado 5 del artículo 80, deberá acreditarse la deshabituación del sujeto o la continuidad del tratamiento. De lo contrario, el juez o tribunal ordenará su cumplimiento, salvo que, oídos los informes correspondientes, estime necesaria la continuación del tratamiento; en tal caso podrá conceder razonadamente una prórroga del plazo de suspensión por tiempo no superior a dos años.

Sección 2.ª
De la sustitución de las penas privativas de libertad

Artículo 88. (Suprimido).

Artículo 89.

1. Las penas de prisión de más de un año impuestas a un ciudadano extranjero serán sustituidas por su expulsión del territorio español. Excepcionalmente, cuando resulte necesario para asegurar la defensa del orden jurídico y restablecer la confianza en la vigencia de la norma infringida por el delito, el juez o tribunal podrá acordar la ejecución de una parte de la pena que no podrá ser superior a dos tercios de su extensión, y la sustitución del resto por la expulsión del penado del territorio español. En todo caso, se sustituirá el resto de la pena por la expulsión del penado del territorio español cuando aquél acceda al tercer grado o le sea concedida la libertad condicional.

2. Cuando hubiera sido impuesta una pena de más de cinco años de prisión, o varias penas que excedieran de esa duración, el juez o tribunal acordará la ejecución de todo o parte de la pena, en la medida en que resulte necesario para asegurar la defensa del orden jurídico y restablecer la confianza en la vigencia de la norma infringida por el delito. En estos casos, se sustituirá la ejecución del resto de la pena por la expulsión del penado del territorio español, cuando el penado cumpla la parte de la pena que se hubiera determinado, acceda al tercer grado o se le conceda la libertad condicional.

3. El juez o tribunal resolverá en sentencia sobre la sustitución de la ejecución de la pena siempre que ello resulte posible. En los demás casos, una vez declarada la firmeza de la sentencia, se pronunciará con

la mayor urgencia, previa audiencia al Fiscal y a las demás partes, sobre la concesión o no de la sustitución de la ejecución de la pena.

4. No procederá la sustitución cuando, a la vista de las circunstancias del hecho y las personales del autor, en particular su arraigo en España, la expulsión resulte desproporcionada.

La expulsión de un ciudadano de la Unión Europea solamente procederá cuando represente una amenaza grave para el orden público o la seguridad pública en atención a la naturaleza, circunstancias y gravedad del delito cometido, sus antecedentes y circunstancias personales.

Si hubiera residido en España durante los diez años anteriores procederá la expulsión cuando además:

a) Hubiera sido condenado por uno o más delitos contra la vida, libertad, integridad física y libertad e indemnidad sexuales castigados con pena máxima de prisión de más de cinco años y se aprecie fundadamente un riesgo grave de que pueda cometer delitos de la misma naturaleza.

b) Hubiera sido condenado por uno o más delitos de terrorismo u otros delitos cometidos en el seno de un grupo u organización criminal.

En estos supuestos será en todo caso de aplicación lo dispuesto en el apartado 2 de este artículo.

5. El extranjero no podrá regresar a España en un plazo de cinco a diez años, contados desde la fecha de su expulsión, atendidas la duración de la pena sustituida y las circunstancias personales del penado.

6. La expulsión llevará consigo el archivo de cualquier procedimiento administrativo que tuviera por objeto la autorización para residir o trabajar en España.

7. Si el extranjero expulsado regresara a España antes de transcurrir el período de tiempo establecido judicialmente, cumplirá las penas que fueron sustituidas, salvo que, excepcionalmente, el juez o tribunal, reduzca su duración cuando su cumplimiento resulte innecesario para asegurar la defensa del orden jurídico y restablecer la confianza en la norma jurídica infringida por el delito, en atención al tiempo transcurrido desde la expulsión y las circunstancias en las que se haya producido su incumplimiento.

No obstante, si fuera sorprendido en la frontera, será expulsado directamente por la autoridad gubernativa, empezando a computarse de nuevo el plazo de prohibición de entrada en su integridad.

8. Cuando, al acordarse la expulsión en cualquiera de los supuestos previstos en este artículo, el extranjero no se encuentre o no quede efectivamente privado de libertad en ejecución de la pena impuesta, el juez o tribunal podrá acordar, con el fin de asegurar la expulsión, su ingreso en un centro de internamiento de extranjeros, en los términos y con los límites y garantías previstos en la ley para la expulsión gubernativa.

En todo caso, si acordada la sustitución de la pena privativa de libertad por la expulsión, ésta no pudiera llevarse a efecto, se procederá a la ejecución de la pena originariamente impuesta o del período de condena pendiente, o a la aplicación, en su caso, de la suspensión de la ejecución de la misma.

9. No serán sustituidas las penas que se hubieran impuesto por la comisión de los delitos a que se refieren los artículos 177 bis, 312, 313 y 318 bis.

Sección 3.ª De la libertad condicional

Artículo 90.

1. El juez de vigilancia penitenciaria acordará la suspensión de la ejecución del resto de la pena de prisión y concederá la libertad condicional al penado que cumpla los siguientes requisitos:

a) Que se encuentre clasificado en tercer grado.

b) Que haya extinguido las tres cuartas partes de la pena impuesta.

c) Que haya observado buena conducta.

Para resolver sobre la suspensión de la ejecución del resto de la pena y concesión de la libertad condicional, el juez de vigilancia penitenciaria valorará la personalidad del penado, sus antecedentes, las circunstancias del delito cometido, la relevancia de los bienes jurídicos que podrían verse afectados por una reiteración en el delito, su conducta durante el cumplimiento de la pena, sus circunstancias familiares y sociales y los efectos que quepa esperar de la propia suspensión de la ejecución y del cumplimiento de las medidas que fueren impuestas.

No se concederá la suspensión si el penado no hubiese satisfecho la responsabilidad civil derivada del delito en los supuestos y conforme a los criterios establecidos por los apartados 5 y 6 del artículo 72 de la Ley Orgánica 1/1979, de 26 de septiembre, General Penitenciaria.

2. También podrá acordar la suspensión de la ejecución del resto de la pena y conceder la libertad condicional a los penados que cumplan los siguientes requisitos:

a) Que hayan extinguido dos terceras parte de su condena.

b) Que durante el cumplimiento de su pena hayan desarrollado actividades laborales, culturales u ocupacionales, bien de forma continuada, bien con un aprovechamiento del que se haya derivado una modificación relevante y favorable de aquéllas de sus circunstancias personales relacionadas con su actividad delictiva previa.

c) Que acredite el cumplimiento de los requisitos a que se refiere el apartado anterior, salvo el de haber extinguido tres cuartas partes de su condena.

A propuesta de Instituciones Penitenciarias y previo informe del Ministerio Fiscal y de las demás partes, cumplidas las circunstancias de las letras a) y c) del apartado anterior, el juez de vigilancia penitenciaria podrá adelantar, una vez extinguida la mitad de la condena, la concesión de la libertad condicional en relación con el plazo previsto en el apartado anterior, hasta un máximo de noventa días por cada año transcurrido de cumplimiento efectivo de condena. Esta medida requerirá que el penado haya desarrollado continuadamente las actividades indicadas en la letra b) de este apartado y que acredite, además, la participación efectiva y favorable en programas de reparación a las víctimas o programas de tratamiento o desintoxicación, en su caso.

3. Excepcionalmente, el juez de vigilancia penitenciaria podrá acordar la suspensión de la ejecución del resto de la pena y conceder la libertad condicional a los penados en que concurran los siguientes requisitos:

a) Que se encuentren cumpliendo su primera condena de prisión y que ésta no supere los tres años de duración.

b) Que hayan extinguido la mitad de su condena.

c) Que acredite el cumplimiento de los requisitos a que se refiere al apartado 1, salvo el de haber extinguido tres cuartas partes de su condena, así como el regulado en la letra b) del apartado anterior.

Este régimen no será aplicable a los penados que lo hayan sido por la comisión de un delito contra la libertad e indemnidad sexuales.

4. El juez de vigilancia penitenciaria podrá denegar la suspensión de la ejecución del resto de la pena cuando el penado hubiera dado información inexacta o insuficiente sobre el paradero de bienes u objetos cuyo decomiso hubiera sido acordado; no dé cumplimiento conforme a su capacidad al compromiso de pago de las responsabilidades civiles a que hubiera sido condenado; o facilite información inexacta o insuficiente sobre su patrimonio, incumpliendo la obligación impuesta en el artículo 589 de la Ley de Enjuiciamiento Civil.

También podrá denegar la suspensión de la ejecución del resto de la pena impuesta para alguno de los delitos previstos en el Título XIX del Libro II de este Código, cuando el penado hubiere eludido el cumplimiento de las responsabilidades pecuniarias o la reparación del daño económico causado a la Administración a que hubiere sido condenado.

5. En los casos de suspensión de la ejecución del resto de la pena y concesión de la libertad condicional, resultarán aplicables las normas contenidas en los artículos 83, 86 y 87.

El juez de vigilancia penitenciaria, a la vista de la posible modificación de las circunstancias valoradas, podrá modificar la decisión que anteriormente hubiera adoptado conforme al artículo 83, y acordar la imposición de nuevas prohibiciones, deberes o prestaciones, la modificación de las que ya hubieran sido acordadas o el alzamiento de las mismas.

Asimismo, el juez de vigilancia penitenciaria revocará la suspensión de la ejecución del resto de la pena y la libertad condicional concedida cuando se ponga de manifiesto un cambio de las circunstancias que hubieran dado lugar a la suspensión que no permita mantener ya el pronóstico de falta de peligrosidad en que se fundaba la decisión adoptada.

El plazo de suspensión de la ejecución del resto de la pena será de dos a cinco años. En todo caso, el plazo de suspensión de la ejecución y de libertad condicional no podrá ser inferior a la duración de la parte de pena pendiente de cumplimiento. El plazo de suspensión y libertad condicional se computará desde la fecha de puesta en libertad del penado.

6. La revocación de la suspensión de la ejecución del resto de la pena y libertad condicional dará lugar a la ejecución de la parte de la pena pendiente de cumplimiento. El tiempo transcurrido en libertad

condicional no será computado como tiempo de cumplimiento de la condena.

7. El juez de vigilancia penitenciaria resolverá de oficio sobre la suspensión de la ejecución del resto de la pena y concesión de la libertad condicional a petición del penado. En el caso de que la petición no fuera estimada, el juez o tribunal podrá fijar un plazo de seis meses, que motivadamente podrá ser prolongado a un año, hasta que la pretensión pueda ser nuevamente planteada.

8. En el caso de personas condenadas por delitos cometidos en el seno de organizaciones criminales o por alguno de los delitos regulados en el Capítulo VII del Título XXII del Libro II de este Código, la suspensión de la ejecución del resto de la pena impuesta y concesión de la libertad condicional requiere que el penado muestre signos inequívocos de haber abandonado los fines y los medios de la actividad terrorista y haya colaborado activamente con las autoridades, bien para impedir la producción de otros delitos por parte de la organización o grupo terrorista, bien para atenuar los efectos de su delito, bien para la identificación, captura y procesamiento de responsables de delitos terroristas, para obtener pruebas o para impedir la actuación o el desarrollo de las organizaciones o asociaciones a las que haya pertenecido o con las que haya colaborado, lo que podrá acreditarse mediante una declaración expresa de repudio de sus actividades delictivas y de abandono de la violencia y una petición expresa de perdón a las víctimas de su delito, así como por los informes técnicos que acrediten que el preso está realmente desvinculado de la organización terrorista y del entorno y actividades de asociaciones y colectivos ilegales que la rodean y su colaboración con las autoridades.

Los apartados 2 y 3 no serán aplicables a las personas condenadas por la comisión de alguno de los delitos regulados en el Capítulo VII del Título XXII del Libro II de este Código o por delitos cometidos en el seno de organizaciones criminales.

Artículo 91.

1. No obstante lo dispuesto en el artículo anterior, los penados que hubieran cumplido la edad de setenta años, o la cumplan durante la extinción de la condena, y reúnan los requisitos exigidos en el artículo anterior, excepto el de haber extinguido las tres cuartas partes de aqué-

lla, las dos terceras partes o, en su caso, la mitad de la condena, podrán obtener la suspensión de la ejecución del resto de la pena y la concesión de la libertad condicional.

El mismo criterio se aplicará cuando se trate de enfermos muy graves con padecimientos incurables, y así quede acreditado tras la práctica de los informes médicos que, a criterio del juez de vigilancia penitenciaria, se estimen necesarios.

2. Constando a la Administración penitenciaria que el interno se halla en cualquiera de los casos previstos en los párrafos anteriores, elevará el expediente de libertad condicional, con la urgencia que el caso requiera, al juez de vigilancia penitenciaria, quien, a la hora de resolverlo, valorará junto a las circunstancias personales la dificultad para delinquir y la escasa peligrosidad del sujeto.

3. Si el peligro para la vida del interno, a causa de su enfermedad o de su avanzada edad, fuera patente, por estar así acreditado por el dictamen del médico forense y de los servicios médicos del establecimiento penitenciario, el juez o tribunal podrá, sin necesidad de que se acredite el cumplimiento de ningún otro requisito y valorada la falta de peligrosidad relevante del penado, acordar la suspensión de la ejecución del resto de la pena y concederle la libertad condicional sin más trámite que requerir al centro penitenciario el informe de pronóstico final al objeto de poder hacer la valoración a que se refiere el apartado anterior.

En este caso, el penado estará obligado a facilitar al servicio médico penitenciario, al médico forense, o a aquel otro que se determine por el juez o tribunal, la información necesaria para poder valorar sobre la evolución de su enfermedad.

El incumplimiento de esta obligación podrá dar lugar a la revocación de la suspensión de la ejecución y de la libertad condicional.

4. Son aplicables al supuesto regulado en este artículo las disposiciones contenidas en los apartados 4, 5 y 6 del artículo anterior.

Artículo 92.

1. El tribunal acordará la suspensión de la ejecución de la pena de prisión permanente revisable cuando se cumplan los siguientes requisitos:

a) Que el penado haya cumplido veinticinco años de su condena, sin perjuicio de lo dispuesto en el artículo 78 bis para los casos regulados en el mismo.

b) Que se encuentre clasificado en tercer grado.

c) Que el tribunal, a la vista de la personalidad del penado, sus antecedentes, las circunstancias del delito cometido, la relevancia de los bienes jurídicos que podrían verse afectados por una reiteración en el delito, su conducta durante el cumplimiento de la pena, sus circunstancias familiares y sociales, y los efectos que quepa esperar de la propia suspensión de la ejecución y del cumplimiento de las medidas que fueren impuestas, pueda fundar, previa valoración de los informes de evolución remitidos por el centro penitenciario y por aquellos especialistas que el propio tribunal determine, la existencia de un pronóstico favorable de reinserción social.

En el caso de que el penado lo hubiera sido por varios delitos, el examen de los requisitos a que se refiere la letra c) se realizará valorando en su conjunto todos los delitos cometidos.

El tribunal resolverá sobre la suspensión de la pena de prisión permanente revisable tras un procedimiento oral contradictorio en el que intervendrán el Ministerio Fiscal y el penado, asistido por su abogado.

2. Si se tratase de delitos referentes a organizaciones y grupos terroristas y delitos de terrorismo del Capítulo VII del Título XXII del Libro II de este Código, será además necesario que el penado muestre signos inequívocos de haber abandonado los fines y los medios de la actividad terrorista y haya colaborado activamente con las autoridades, bien para impedir la producción de otros delitos por parte de la organización o grupo terrorista, bien para atenuar los efectos de su delito, bien para la identificación, captura y procesamiento de responsables de delitos terroristas, para obtener pruebas o para impedir la actuación o el desarrollo de las organizaciones o asociaciones a las que haya pertenecido o con las que haya colaborado, lo que podrá acreditarse mediante una declaración expresa de repudio de sus actividades delictivas y de abandono de la violencia y una petición expresa de perdón a las víctimas de su delito, así como por los informes técnicos que acrediten que el preso está realmente desvinculado de la organización terrorista y del entorno y actividades de asociaciones y colectivos ilegales que la rodean y su colaboración con las autoridades.

3. La suspensión de la ejecución tendrá una duración de cinco a diez años. El plazo de suspensión y libertad condicional se computará desde la fecha de puesta en libertad del penado. Son aplicables las normas contenidas en el párrafo segundo del apartado 1 del artículo 80 y en los artículos 83, 86, 87 y 91.

El juez o tribunal, a la vista de la posible modificación de las circunstancias valoradas, podrá modificar la decisión que anteriormente hubiera adoptado conforme al artículo 83, y acordar la imposición de nuevas prohibiciones, deberes o prestaciones, la modificación de las que ya hubieran sido acordadas, o el alzamiento de las mismas.

Asimismo, el juez de vigilancia penitenciaria revocará la suspensión de la ejecución del resto de la pena y la libertad condicional concedida cuando se ponga de manifiesto un cambio de las circunstancias que hubieran dado lugar a la suspensión que no permita mantener ya el pronóstico de falta de peligrosidad en que se fundaba la decisión adoptada.

4. Extinguida la parte de la condena a que se refiere la letra a) del apartado 1 de este artículo o, en su caso, en el artículo 78 bis, el tribunal deberá verificar, al menos cada dos años, el cumplimiento del resto de requisitos de la libertad condicional. El tribunal resolverá también las peticiones de concesión de la libertad condicional del penado, pero podrá fijar un plazo de hasta un año dentro del cual, tras haber sido rechazada una petición, no se dará curso a sus nuevas solicitudes.

Artículo 93. (Suprimido).

Sección 4.ª Disposiciones comunes

Artículo 94.

A los efectos previstos en la sección 2.ª de este capítulo, se consideran reos habituales los que hubieren cometido tres o más delitos de los comprendidos en un mismo capítulo, en un plazo no superior a cinco años, y hayan sido condenados por ello.

Para realizar este cómputo se considerarán, por una parte, el momento de posible suspensión o sustitución de la pena conforme al artículo 88 y, por otra parte, la fecha de comisión de aquellos delitos que fundamenten la apreciación de la habitualidad.

Artículo 94 bis.

A los efectos previstos en este Capítulo, las condenas firmes de jueces o tribunales impuestas en otros Estados de la Unión Europea tendrán el mismo valor que las impuestas por los jueces o tribunales españoles salvo que sus antecedentes hubieran sido cancelados, o pudieran serlo con arreglo al Derecho español.

TÍTULO IV
De las medidas de seguridad

CAPÍTULO I
De las medidas de seguridad en general

Artículo 95.

1. Las medidas de seguridad se aplicarán por el Juez o Tribunal, previos los informes que estime convenientes, a las personas que se encuentren en los supuestos previstos en el capítulo siguiente de este Código, siempre que concurran estas circunstancias:

1.ª Que el sujeto haya cometido un hecho previsto como delito.

2.ª Que del hecho y de las circunstancias personales del sujeto pueda deducirse un pronóstico de comportamiento futuro que revele la probabilidad de comisión de nuevos delitos.

2. Cuando la pena que hubiere podido imponerse por el delito cometido no fuere privativa de libertad, el juez o tribunal sentenciador sólo podrá acordar alguna o algunas de las medidas previstas en el artículo 96.3.

Artículo 96.

1. Las medidas de seguridad que se pueden imponer con arreglo a este Código son privativas y no privativas de libertad.

2. Son medidas privativas de libertad:

1.ª El internamiento en centro psiquiátrico.

2.ª El internamiento en centro de deshabituación.

3.ª El internamiento en centro educativo especial.

3. Son medidas no privativas de libertad:

1.ª) La inhabilitación profesional.

2.ª) La expulsión del territorio nacional de extranjeros no residentes legalmente en España.

3.ª) La libertad vigilada

4.ª) La custodia familiar. El sometido a esta medida quedará sujeto al cuidado y vigilancia del familiar que se designe y que acepte la custodia, quien la ejercerá en relación con el Juez de Vigilancia Penitenciaria y sin menoscabo de las actividades escolares o laborales del custodiado.

5.ª) La privación del derecho a conducir vehículos a motor y ciclomotores.

6.ª) La privación del derecho a la tenencia y porte de armas.

Artículo 97.

Durante la ejecución de la sentencia, el Juez o Tribunal sentenciador adoptará, por el procedimiento establecido en el artículo siguiente, alguna de las siguientes decisiones:

a) Mantener la ejecución de la medida de seguridad impuesta.

b) Decretar el cese de cualquier medida de seguridad impuesta en cuanto desaparezca la peligrosidad criminal del sujeto.

c) Sustituir una medida de seguridad por otra que estime más adecuada, entre las previstas para el supuesto de que se trate. En el caso de que fuera acordada la sustitución y el sujeto evolucionara desfavorablemente, se dejará sin efecto la sustitución, volviéndose a aplicar la medida sustituida.

d) Dejar en suspenso la ejecución de la medida en atención al resultado ya obtenido con su aplicación, por un plazo no superior al que reste hasta el máximo señalado en la sentencia que la impuso. La suspensión quedará condicionada a que el sujeto no delinca durante el plazo fijado, y podrá dejarse sin efecto si nuevamente resultara acreditada cualquiera de las circunstancias previstas en el artículo 95 de este Código.

Artículo 98.

1. A los efectos del artículo anterior, cuando se trate de una medida de seguridad privativa de libertad o de una medida de libertad vigilada que deba ejecutarse después del cumplimiento de una pena privativa de libertad, el Juez de Vigilancia Penitenciaria estará obligado

a elevar al menos anualmente, una propuesta de mantenimiento, cese, sustitución o suspensión de la misma. Para formular dicha propuesta el Juez de Vigilancia Penitenciaria deberá valorar los informes emitidos por los facultativos y profesionales que asistan al sometido a medida de seguridad o por las Administraciones Públicas competentes y, en su caso, el resultado de las demás actuaciones que a este fin ordene.

2. Cuando se trate de cualquier otra medida no privativa de libertad, el Juez o Tribunal sentenciador recabará directamente de las Administraciones, facultativos y profesionales a que se refiere el apartado anterior, los oportunos informes acerca de la situación y la evolución del condenado, su grado de rehabilitación y el pronóstico de reincidencia o reiteración delictiva.

3. En todo caso, el Juez o Tribunal sentenciador resolverá motivadamente a la vista de la propuesta o los informes a los que respectivamente se refieren los dos apartados anteriores, oída la propia persona sometida a la medida, así como el Ministerio Fiscal y las demás partes. Se oirá asimismo a las víctimas del delito que no estuvieren personadas cuando así lo hubieran solicitado al inicio o en cualquier momento de la ejecución de la sentencia y permanezcan localizables a tal efecto.

Artículo 99.

En el caso de concurrencia de penas y medidas de seguridad privativas de libertad, el juez o tribunal ordenará el cumplimiento de la medida, que se abonará para el de la pena. Una vez alzada la medida de seguridad, el juez o tribunal podrá, si con la ejecución de la pena se pusieran en peligro los efectos conseguidos a través de aquélla, suspender el cumplimiento del resto de la pena por un plazo no superior a la duración de la misma, o aplicar alguna de las medidas previstas en el artículo 96.3.

Artículo 100.

1. El quebrantamiento de una medida de seguridad de internamiento dará lugar a que el juez o tribunal ordene el reingreso del sujeto en el mismo centro del que se hubiese evadido o en otro que corresponda a su estado.

2. Si se tratare de otras medidas, el juez o tribunal podrá acordar la sustitución de la quebrantada por la de internamiento si ésta estu-

viese prevista para el supuesto de que se trate y si el quebrantamiento demostrase su necesidad.

3. En ambos casos el Juez o Tribunal deducirá testimonio por el quebrantamiento. A estos efectos, no se considerará quebrantamiento de la medida la negativa del sujeto a someterse a tratamiento médico o a continuar un tratamiento médico inicialmente consentido. No obstante, el Juez o Tribunal podrá acordar la sustitución del tratamiento inicial o posteriormente rechazado por otra medida de entre las aplicables al supuesto de que se trate.

CAPÍTULO II
De la aplicación de las medidas de seguridad

Sección 1.ª De las medidas privativas de libertad

Artículo 101.

1. Al sujeto que sea declarado exento de responsabilidad criminal conforme al número 1.º del artículo 20, se le podrá aplicar, si fuere necesaria, la medida de internamiento para tratamiento médico o educación especial en un establecimiento adecuado al tipo de anomalía o alteración psíquica que se aprecie, o cualquier otra de las medidas previstas en el apartado 3 del artículo 96. El internamiento no podrá exceder del tiempo que habría durado la pena privativa de libertad, si hubiera sido declarado responsable el sujeto, y a tal efecto el Juez o Tribunal fijará en la sentencia ese límite máximo.

2. El sometido a esta medida no podrá abandonar el establecimiento sin autorización del Juez o Tribunal sentenciador, de conformidad con lo previsto en el artículo 97 de este Código.

Artículo 102.

1. A los exentos de responsabilidad penal conforme al número 2.º del artículo 20 se les aplicará, si fuere necesaria, la medida de internamiento en centro de deshabituación público, o privado debidamente acreditado u homologado, o cualquiera otra de las medidas previstas en el apartado 3 del artículo 96. El internamiento no podrá exceder del tiempo que habría durado la pena privativa de libertad, si el sujeto hu-

biere sido declarado responsable, y a tal efecto el Juez o Tribunal fijará ese límite máximo en la sentencia.

2. El sometido a esta medida no podrá abandonar el establecimiento sin autorización del Juez o Tribunal sentenciador de conformidad con lo previsto en el artículo 97 de este Código.

Artículo 103.

1. A los que fueren declarados exentos de responsabilidad conforme al número 3.º del artículo 20, se les podrá aplicar, si fuere necesaria, la medida de internamiento en un centro educativo especial o cualquier otra de las medidas previstas en el apartado tercero del artículo 96. El internamiento no podrá exceder del tiempo que habría durado la pena privativa de libertad, si el sujeto hubiera sido declarado responsable y, a tal efecto, el Juez o Tribunal fijará en la sentencia ese límite máximo.

2. El sometido a esta medida no podrá abandonar el establecimiento sin autorización del Juez o Tribunal sentenciador de conformidad con lo previsto en el artículo 97 de este Código.

3. En este supuesto, la propuesta a que se refiere el artículo 98 de este Código deberá hacerse al terminar cada curso o grado de enseñanza.

Artículo 104.

1. En los supuestos de eximente incompleta en relación con los números 1.º, 2.º y 3.º del artículo 20, el Juez o Tribunal podrá imponer, además de la pena correspondiente, las medidas previstas en los artículos 101, 102 y 103. No obstante, la medida de internamiento sólo será aplicable cuando la pena impuesta sea privativa de libertad y su duración no podrá exceder de la de la pena prevista por el Código para el delito. Para su aplicación se observará lo dispuesto en el artículo 99.

2. Cuando se aplique una medida de internamiento de las previstas en el apartado anterior o en los artículos 101, 102 y 103, el juez o tribunal sentenciador comunicará al ministerio fiscal, con suficiente antelación, la proximidad de su vencimiento, a efectos de lo previsto por la disposición adicional primera de este Código.

Sección 2.ª De las medidas no privativas de libertad

Artículo 105.

En los casos previstos en los artículos 101 a 104, cuando imponga la medida privativa de libertad o durante la ejecución de la misma, el Juez o Tribunal podrá imponer razonadamente una o varias medidas que se enumeran a continuación. Deberá asimismo imponer alguna o algunas de dichas medidas en los demás casos expresamente previstos en este Código.

1. Por un tiempo no superior a cinco años:

a) Libertad vigilada.

b) Custodia familiar. El sometido a esta medida quedará sujeto al cuidado y vigilancia del familiar que se designe y que acepte la custodia, quien la ejercerá en relación con el Juez de Vigilancia y sin menoscabo de las actividades escolares o laborales del custodiado.

2. Por un tiempo de hasta diez años:

a) Libertad vigilada, cuando expresamente lo disponga este Código.

b) La privación del derecho a la tenencia y porte de armas.

c) La privación del derecho a conducir vehículos a motor y ciclomotores.

Para decretar la obligación de observar alguna o algunas de las medidas previstas en este artículo, así como para concretar dicha obligación cuando por ley viene obligado a imponerlas, el Juez o Tribunal sentenciador deberá valorar los informes emitidos por los facultativos y profesionales encargados de asistir al sometido a la medida de seguridad.

El Juez de Vigilancia Penitenciaria o los servicios de la Administración correspondiente informarán al Juez o Tribunal sentenciador.

En los casos previstos en este artículo, el Juez o Tribunal sentenciador dispondrá que los servicios de asistencia social competentes presten la ayuda o atención que precise y legalmente le corresponda al sometido a medidas de seguridad no privativas de libertad.

Artículo 106.

1. La libertad vigilada consistirá en el sometimiento del condenado a control judicial a través del cumplimiento por su parte de alguna o algunas de las siguientes medidas:

a) La obligación de estar siempre localizable mediante aparatos electrónicos que permitan su seguimiento permanente.

b) La obligación de presentarse periódicamente en el lugar que el Juez o Tribunal establezca.

c) La de comunicar inmediatamente, en el plazo máximo y por el medio que el Juez o Tribunal señale a tal efecto, cada cambio del lugar de residencia o del lugar o puesto de trabajo.

d) La prohibición de ausentarse del lugar donde resida o de un determinado territorio sin autorización del Juez o Tribunal.

e) La prohibición de aproximarse a la víctima, o a aquellos de sus familiares u otras personas que determine el Juez o Tribunal.

f) La prohibición de comunicarse con la víctima, o con aquellos de sus familiares u otras personas que determine el Juez o Tribunal.

g) La prohibición de acudir a determinados territorios, lugares o establecimientos.

h) La prohibición de residir en determinados lugares.

i) La prohibición de desempeñar determinadas actividades que puedan ofrecerle o facilitarle la ocasión para cometer hechos delictivos de similar naturaleza.

j) La obligación de participar en programas formativos, laborales, culturales, de educación sexual u otros similares.

k) La obligación de seguir tratamiento médico externo, o de someterse a un control médico periódico.

2. Sin perjuicio de lo dispuesto en el artículo 105, el Juez o Tribunal deberá imponer en la sentencia la medida de libertad vigilada para su cumplimiento posterior a la pena privativa de libertad impuesta siempre que así lo disponga de manera expresa este Código.

En estos casos, al menos dos meses antes de la extinción de la pena privativa de libertad, de modo que la medida de libertad vigilada pueda iniciarse en ese mismo momento, el Juez de Vigilancia Penitenciaria, por el procedimiento previsto en el artículo 98, elevará la oportuna propuesta al Juez o Tribunal sentenciador, que, con arreglo a dicho procedimiento, concretará, sin perjuicio de lo establecido en el artículo 97, el contenido de la medida fijando las obligaciones o prohibiciones enumeradas en el apartado 1 de este artículo que habrá de observar el condenado.

Si éste lo hubiera sido a varias penas privativas de libertad que deba cumplir sucesivamente, lo dispuesto en el párrafo anterior se entenderá referido al momento en que concluya el cumplimiento de todas ellas.

Asimismo, el penado a quien se hubiere impuesto por diversos delitos otras tantas medidas de libertad vigilada que, dado el contenido de las obligaciones o prohibiciones establecidas, no pudieran ser ejecutadas simultáneamente, las cumplirá de manera sucesiva, sin perjuicio de que el Juez o Tribunal pueda ejercer las facultades que le atribuye el apartado siguiente.

3. Por el mismo procedimiento del artículo 98, el Juez o Tribunal podrá:

a) Modificar en lo sucesivo las obligaciones y prohibiciones impuestas.

b) Reducir la duración de la libertad vigilada o incluso poner fin a la misma en vista del pronóstico positivo de reinserción que considere innecesaria o contraproducente la continuidad de las obligaciones o prohibiciones impuestas.

c) Dejar sin efecto la medida cuando la circunstancia descrita en la letra anterior se dé en el momento de concreción de las medidas que se regula en el número 2 del presente artículo.

4. En caso de incumplimiento de una o varias obligaciones el Juez o Tribunal, a la vista de las circunstancias concurrentes y por el mismo procedimiento indicado en los números anteriores, podrá modificar las obligaciones o prohibiciones impuestas. Si el incumplimiento fuera reiterado o grave, revelador de la voluntad de no someterse a las obligaciones o prohibiciones impuestas, el Juez deducirá, además, testimonio por un presunto delito del artículo 468 de este Código.

Artículo 107.

El Juez o Tribunal podrá decretar razonadamente la medida de inhabilitación para el ejercicio de determinado derecho, profesión, oficio, industria o comercio, cargo o empleo, por un tiempo de uno a cinco años, cuando el sujeto haya cometido con abuso de dicho ejercicio, o en relación con él, un hecho delictivo, y cuando de la valoración de las circunstancias concurrentes pueda deducirse el peligro de que vuelva a cometer el mismo delito u otros semejantes, siempre que no sea posible imponerle la pena correspondiente por encontrarse en alguna de las situaciones previstas en los números 1.º, 2.º y 3.º del artículo 20.

Artículo 108.

1. Si el sujeto fuera extranjero no residente legalmente en España, el juez o tribunal acordará en la sentencia, previa audiencia de aquél, la expulsión del territorio nacional como sustitutiva de las medidas de seguridad que le sean aplicables, salvo que el juez o tribunal, previa audiencia del Ministerio Fiscal, excepcionalmente y de forma motivada, aprecie que la naturaleza del delito justifica el cumplimiento en España.

La expulsión así acordada llevará consigo el archivo de cualquier procedimiento administrativo que tuviera por objeto la autorización para residir o trabajar en España.

En el supuesto de que, acordada la sustitución de la medida de seguridad por la expulsión, ésta no pudiera llevarse a efecto, se procederá al cumplimiento de la medida de seguridad originariamente impuesta.

2. El extranjero no podrá regresar a España en un plazo de 10 años, contados desde la fecha de su expulsión.

3. El extranjero que intentara quebrantar una decisión judicial de expulsión y prohibición de entrada a la que se refieren los apartados anteriores será devuelto por la autoridad gubernativa, empezando a computarse de nuevo el plazo de prohibición de entrada en su integridad.

TÍTULO V
De la responsabilidad civil derivada de los delitos y de las costas procesales

CAPÍTULO I
De la responsabilidad civil y su extensión

Artículo 109.

1. La ejecución de un hecho descrito por la ley como delito obliga a reparar, en los términos previstos en las leyes, los daños y perjuicios por él causados.

2. El perjudicado podrá optar, en todo caso, por exigir la responsabilidad civil ante la Jurisdicción Civil.

Artículo 110.

La responsabilidad establecida en el artículo anterior comprende:

1.º La restitución.
2.º La reparación del daño.
3.º La indemnización de perjuicios materiales y morales.

Artículo 111.

1. Deberá restituirse, siempre que sea posible, el mismo bien, con abono de los deterioros y menoscabos que el juez o tribunal determinen. La restitución tendrá lugar aunque el bien se halle en poder de tercero y éste lo haya adquirido legalmente y de buena fe, dejando a salvo su derecho de repetición contra quien corresponda y, en su caso, el de ser indemnizado por el responsable civil del delito.

2. Esta disposición no es aplicable cuando el tercero haya adquirido el bien en la forma y con los requisitos establecidos por las Leyes para hacerlo irreivindicable.

Artículo 112.

La reparación del daño podrá consistir en obligaciones de dar, de hacer o de no hacer que el Juez o Tribunal establecerá atendiendo a la naturaleza de aquél y a las condiciones personales y patrimoniales del culpable, determinando si han de ser cumplidas por él mismo o pueden ser ejecutadas a su costa.

Artículo 113.

La indemnización de perjuicios materiales y morales comprenderá no sólo los que se hubieren causado al agraviado, sino también los que se hubieren irrogado a sus familiares o a terceros.

Artículo 114.

Si la víctima hubiere contribuido con su conducta a la producción del daño o perjuicio sufrido, los Jueces o Tribunales podrán moderar el importe de su reparación o indemnización.

Artículo 115.

Los Jueces y Tribunales, al declarar la existencia de responsabilidad civil, establecerán razonadamente, en sus resoluciones las bases en que fundamenten la cuantía de los daños e indemnizaciones, pudiendo fijarla en la propia resolución o en el momento de su ejecución.

CAPÍTULO II
De las personas civilmente responsables

Artículo 116.

1. Toda persona criminalmente responsable de un delito lo es también civilmente si del hecho se derivaren daños o perjuicios. Si son dos o más los responsables de un delito los jueces o tribunales señalarán la cuota de que deba responder cada uno.

2. Los autores y los cómplices, cada uno dentro de su respectiva clase, serán responsables solidariamente entre sí por sus cuotas, y subsidiariamente por las correspondientes a los demás responsables.

La responsabilidad subsidiaria se hará efectiva: primero, en los bienes de los autores, y después, en los de los cómplices.

Tanto en los casos en que se haga efectiva la responsabilidad solidaria como la subsidiaria, quedará a salvo la repetición del que hubiere pagado contra los demás por las cuotas correspondientes a cada uno.

3. La responsabilidad penal de una persona jurídica llevará consigo su responsabilidad civil en los términos establecidos en el artículo 110 de este Código de forma solidaria con las personas físicas que fueren condenadas por los mismos hechos.

Artículo 117.

Los aseguradores que hubieren asumido el riesgo de las responsabilidades pecuniarias derivadas del uso o explotación de cualquier bien, empresa, industria o actividad, cuando, como consecuencia de un hecho previsto en este Código, se produzca el evento que determine el riesgo asegurado, serán responsables civiles directos hasta el límite de la indemnización legalmente establecida o convencionalmente pactada, sin perjuicio del derecho de repetición contra quien corresponda.

Artículo 118.

1. La exención de la responsabilidad criminal declarada en los números 1.º, 2.º, 3.º, 5.º y 6.º del artículo 20, no comprende la de la responsabilidad civil, que se hará efectiva conforme a las reglas siguientes:

1.ª En los casos de los números 1.º y 3.º, son también responsables por los hechos que ejecuten los declarados exentos de responsabilidad penal quienes los tengan bajo su potestad o guarda legal o de hecho, siempre que haya mediado culpa o negligencia por su parte y sin perjuicio de la responsabilidad civil directa que pudiera corresponder a los imputables.

Los Jueces o Tribunales graduarán de forma equitativa la medida en que deba responder con sus bienes cada uno de dichos sujetos.

2.ª Son igualmente responsables el ebrio y el intoxicado en el supuesto del número 2.º

3.ª En el caso del número 5.º serán responsables civiles directos las personas en cuyo favor se haya precavido el mal, en proporción al perjuicio que se les haya evitado, si fuera estimable o, en otro caso, en la que el Juez o Tribunal establezca según su prudente arbitrio.

Cuando las cuotas de que deba responder el interesado no sean equitativamente asignables por el Juez o Tribunal, ni siquiera por aproximación, o cuando la responsabilidad se extienda a las Administraciones Públicas o a la mayor parte de una población y, en todo caso, siempre que el daño se haya causado con asentimiento de la autoridad o de sus agentes, se acordará, en su caso, la indemnización en la forma que establezcan las leyes y reglamentos especiales.

4.ª En el caso del número 6.º, responderán principalmente los que hayan causado el miedo, y en defecto de ellos, los que hayan ejecutado el hecho.

2. En el caso del artículo 14, serán responsables civiles los autores del hecho.

Artículo 119.

En todos los supuestos del artículo anterior, el Juez o Tribunal que dicte sentencia absolutoria por estimar la concurrencia de alguna de las causas de exención citadas, procederá a fijar las responsabilidades civiles salvo que se haya hecho expresa reserva de las acciones para reclamarlas en la vía que corresponda.

Artículo 120.

Son también responsables civilmente, en defecto de los que lo sean criminalmente:

1.º Los padres o tutores, por los daños y perjuicios causados por los delitos cometidos por los mayores de dieciocho años sujetos a su patria potestad o tutela y que vivan en su compañía, siempre que haya por su parte culpa o negligencia.

2.º Las personas naturales o jurídicas titulares de editoriales, periódicos, revistas, estaciones de radio o televisión o de cualquier otro medio de difusión escrita, hablada o visual, por los delitos cometidos utilizando los medios de los que sean titulares, dejando a salvo lo dispuesto en el artículo 212.

3.º Las personas naturales o jurídicas, en los casos de delitos cometidos en los establecimientos de los que sean titulares, cuando por parte de los que los dirijan o administren, o de sus dependientes o empleados, se hayan infringido los reglamentos de policía o las disposiciones de la autoridad que estén relacionados con el hecho punible cometido, de modo que éste no se hubiera producido sin dicha infracción.

4.º Las personas naturales o jurídicas dedicadas a cualquier género de industria o comercio, por los delitos que hayan cometido sus empleados o dependientes, representantes o gestores en el desempeño de sus obligaciones o servicios.

5.º Las personas naturales o jurídicas titulares de vehículos susceptibles de crear riesgos para terceros, por los delitos cometidos en la utilización de aquellos por sus dependientes o representantes o personas autorizadas.

Artículo 121.

El Estado, la Comunidad Autónoma, la provincia, la isla, el municipio y demás entes públicos, según los casos, responden subsidiariamente de los daños causados por los penalmente responsables de los delitos dolosos o culposos, cuando éstos sean autoridad, agentes y contratados de la misma o funcionarios públicos en el ejercicio de sus cargos o funciones siempre que la lesión sea consecuencia directa del funcionamiento de los servicios públicos que les estuvieren confiados, sin perjuicio de la responsabilidad patrimonial derivada del funcionamiento normal o anormal de dichos servicios exigible conforme a las normas de procedimiento administrativo, y sin que, en ningún caso, pueda darse una duplicidad indemnizatoria.

Si se exigiera en el proceso penal la responsabilidad civil de la autoridad, agentes y contratados de la misma o funcionarios públicos, la pretensión deberá dirigirse simultáneamente contra la Administración o ente público presuntamente responsable civil subsidiario.

Artículo 122.

El que por título lucrativo hubiere participado de los efectos de un delito, está obligado a la restitución de la cosa o al resarcimiento del daño hasta la cuantía de su participación.

CAPÍTULO III
De las costas procesales

Artículo 123.

Las costas procesales se entienden impuestas por la ley a los criminalmente responsables de todo delito.

Artículo 124.

Las costas comprenderán los derechos e indemnizaciones ocasionados en las actuaciones judiciales e incluirán siempre los honorarios de la acusación particular en los delitos sólo perseguibles a instancia de parte.

CAPÍTULO IV
Del cumplimiento de la responsabilidad civil y demás responsabilidades pecuniarias

Artículo 125.

Cuando los bienes del responsable civil no sean bastantes para satisfacer de una vez todas las responsabilidades pecuniarias, el Juez o Tribunal, previa audiencia al perjudicado, podrá fraccionar su pago, señalando, según su prudente arbitrio y en atención a las necesidades del perjudicado y a las posibilidades económicas del responsable, el período e importe de los plazos.

Artículo 126.

1. Los pagos que se efectúen por el penado o el responsable civil subsidiario se imputarán por el orden siguiente:

1.º A la reparación del daño causado e indemnización de los perjuicios.

2.º A la indemnización al Estado por el importe de los gastos que se hubieran hecho por su cuenta en la causa.

3.º A las costas del acusador particular o privado cuando se impusiere en la sentencia su pago.

4.º A las demás costas procesales, incluso las de la defensa del procesado, sin preferencia entre los interesados.

5.º A la multa.

2. Cuando el delito hubiere sido de los que sólo pueden perseguirse a instancia de parte, se satisfarán las costas del acusador privado con preferencia a la indemnización del Estado. Tendrá la misma preferencia el pago de las costas procesales causadas a la víctima en los supuestos a que se refiere el artículo 14 de la Ley del Estatuto de la Víctima del Delito.

TÍTULO VI
De las consecuencias accesorias

Artículo 127.

1. Toda pena que se imponga por un delito doloso llevará consigo la pérdida de los efectos que de él provengan y de los bienes, medios o instrumentos con que se haya preparado o ejecutado, así como de las ganancias provenientes del delito, cualesquiera que sean las transformaciones que hubieren podido experimentar.

2. En los casos en que la ley prevea la imposición de una pena privativa de libertad superior a un año por la comisión de un delito imprudente, el juez o tribunal podrá acordar la pérdida de los efectos que provengan del mismo y de los bienes, medios o instrumentos con que se haya preparado o ejecutado, así como de las ganancias provenientes del delito, cualesquiera que sean las transformaciones que hubieran podido experimentar.

3. Si por cualquier circunstancia no fuera posible el decomiso de los bienes señalados en los apartados anteriores de este artículo, se acordará el decomiso de otros bienes por una cantidad que corresponda al valor económico de los mismos, y al de las ganancias que se hubieran obtenido de ellos. De igual modo se procederá cuando se acuerde el decomiso de bienes, efectos o ganancias determinados, pero su valor sea inferior al que tenían en el momento de su adquisición.

Artículo 127 bis.

1. El juez o tribunal ordenará también el decomiso de los bienes, efectos y ganancias pertenecientes a una persona condenada por alguno de los siguientes delitos cuando resuelva, a partir de indicios objetivos fundados, que los bienes o efectos provienen de una actividad delictiva, y no se acredite su origen lícito:

a) Delitos de trata de seres humanos.
b) Delitos relativos a la prostitución y a la explotación sexual y corrupción de menores y delitos de abusos y agresiones sexuales a menores de dieciséis años.
c) Delitos informáticos de los apartados 2 y 3 del artículo 197 y artículo 264.
d) Delitos contra el patrimonio y contra el orden socioeconómico en los supuestos de continuidad delictiva y reincidencia.
e) Delitos relativos a las insolvencias punibles.
f) Delitos contra la propiedad intelectual o industrial.
g) Delitos de corrupción en los negocios.
h) Delitos de receptación del apartado 2 del artículo 298.
i) Delitos de blanqueo de capitales.
j) Delitos contra la Hacienda pública y la Seguridad Social.
k) Delitos contra los derechos de los trabajadores de los artículos 311 a 313.
l) Delitos contra los derechos de los ciudadanos extranjeros.
m) Delitos contra la salud pública de los artículos 368 a 373.
n) Delitos de falsificación de moneda.
o) Delitos de cohecho.
p) Delitos de malversación.
q) Delitos de terrorismo.
r) Delitos cometidos en el seno de una organización o grupo criminal.

2. A los efectos de lo previsto en el apartado 1 de este artículo, se valorarán, especialmente, entre otros, los siguientes indicios:

1.º La desproporción entre el valor de los bienes y efectos de que se trate y los ingresos de origen lícito de la persona condenada.

2.º La ocultación de la titularidad o de cualquier poder de disposición sobre los bienes o efectos mediante la utilización de personas físicas o jurídicas o entes sin personalidad jurídica interpuestos, o paraísos fiscales o territorios de nula tributación que oculten o dificulten la determinación de la verdadera titularidad de los bienes.

3.º La transferencia de los bienes o efectos mediante operaciones que dificulten o impidan su localización o destino y que carezcan de una justificación legal o económica válida.

3. En estos supuestos será también aplicable lo dispuesto en el apartado 3 del artículo anterior.

4. Si posteriormente el condenado lo fuera por hechos delictivos similares cometidos con anterioridad, el juez o tribunal valorará el alcance del decomiso anterior acordado al resolver sobre el decomiso en el nuevo procedimiento.

5. El decomiso a que se refiere este artículo no será acordado cuando las actividades delictivas de las que provengan los bienes o efectos hubieran prescrito o hubieran sido ya objeto de un proceso penal resuelto por sentencia absolutoria o resolución de sobreseimiento con efectos de cosa juzgada.

Artículo 127 ter.

1. El juez o tribunal podrá acordar el decomiso previsto en los artículos anteriores aunque no medie sentencia de condena, cuando la situación patrimonial ilícita quede acreditada en un proceso contradictorio y se trate de alguno de los siguientes supuestos:

a) Que el sujeto haya fallecido o sufra una enfermedad crónica que impida su enjuiciamiento y exista el riesgo de que puedan prescribir los hechos,

b) se encuentre en rebeldía y ello impida que los hechos puedan ser enjuiciados dentro de un plazo razonable, o

c) no se le imponga pena por estar exento de responsabilidad criminal o por haberse ésta extinguido.

2. El decomiso al que se refiere este artículo solamente podrá dirigirse contra quien haya sido formalmente acusado o contra el imputado con relación al que existan indicios racionales de criminalidad cuando las situaciones a que se refiere el apartado anterior hubieran impedido la continuación del procedimiento penal.

Artículo 127 quáter.

1. Los jueces y tribunales podrán acordar también el decomiso de los bienes, efectos y ganancias a que se refieren los artículos anteriores que hayan sido transferidos a terceras personas, o de un valor equivalente a los mismos, en los siguientes casos:

a) En el caso de los efectos y ganancias, cuando los hubieran adquirido con conocimiento de que proceden de una actividad ilícita o cuando una persona diligente habría tenido motivos para sospechar, en las circunstancias del caso, de su origen ilícito.

b) En el caso de otros bienes, cuando los hubieran adquirido con conocimiento de que de este modo se dificultaba su decomiso o cuando una persona diligente habría tenido motivos para sospechar, en las circunstancias del caso, que de ese modo se dificultaba su decomiso.

2. Se presumirá, salvo prueba en contrario, que el tercero ha conocido o ha tenido motivos para sospechar que se trataba de bienes procedentes de una actividad ilícita o que eran transferidos para evitar su decomiso, cuando los bienes o efectos le hubieran sido transferidos a título gratuito o por un precio inferior al real de mercado.

Artículo 127 quinquies.

1. Los jueces y tribunales podrán acordar también el decomiso de bienes, efectos y ganancias provenientes de la actividad delictiva previa del condenado, cuando se cumplan, cumulativamente, los siguientes requisitos:

a) Que el sujeto sea o haya sido condenado por alguno de los delitos a que se refiere el artículo 127 bis.1 del Código Penal.

b) Que el delito se haya cometido en el contexto de una actividad delictiva previa continuada.

c) Que existan indicios fundados de que una parte relevante del patrimonio del penado procede de una actividad delictiva previa.

Son indicios relevantes:

1.º La desproporción entre el valor de los bienes y efectos de que se trate y los ingresos de origen lícito de la persona condenada.

2.º La ocultación de la titularidad o de cualquier poder de disposición sobre los bienes o efectos mediante la utilización de personas físicas o jurídicas o entes sin personalidad jurídica interpuestos, o paraísos fiscales o territorios de nula tributación que oculten o dificulten la determinación de la verdadera titularidad de los bienes.

3.º La transferencia de los bienes o efectos mediante operaciones que dificulten o impidan su localización o destino y que carezcan de una justificación legal o económica válida.

Lo dispuesto en el párrafo anterior solamente será de aplicación cuando consten indicios fundados de que el sujeto ha obtenido, a partir de su actividad delictiva, un beneficio superior a 6.000 euros.

2. A los efectos del apartado anterior, se entenderá que el delito se ha cometido en el contexto de una actividad delictiva continuada siempre que:

a) El sujeto sea condenado o haya sido condenado en el mismo procedimiento por tres o más delitos de los que se haya derivado la obtención de un beneficio económico directo o indirecto, o por un delito continuado que incluya, al menos, tres infracciones penales de las que haya derivado un beneficio económico directo o indirecto.

b) O en el período de seis años anterior al momento en que se inició el procedimiento en el que ha sido condenado por alguno de los delitos a que se refiere el artículo 127 bis del Código Penal, hubiera sido condenado por dos o más delitos de los que hubiera derivado la obtención de un beneficio económico, o por un delito continuado que incluya, al menos, dos infracciones penales de las que ha derivado la obtención de un beneficio económico.

Artículo 127 sexies.

A los efectos de lo previsto en el artículo anterior serán de aplicación las siguientes presunciones:

1.º Se presumirá que todos los bienes adquiridos por el condenado dentro del período de tiempo que se inicia seis años antes de la fecha de apertura del procedimiento penal, proceden de su actividad delictiva.

A estos efectos, se entiende que los bienes han sido adquiridos en la fecha más temprana en la que conste que el sujeto ha dispuesto de ellos.

2.º Se presumirá que todos los gastos realizados por el penado durante el período de tiempo a que se refiere el párrafo primero del número anterior, se pagaron con fondos procedentes de su actividad delictiva.

3.º Se presumirá que todos los bienes a que se refiere el número 1 fueron adquiridos libres de cargas.

El juez o tribunal podrá acordar que las anteriores presunciones no sean aplicadas con relación a determinados bienes, efectos o ganancias, cuando, en las circunstancias concretas del caso, se revelen incorrectas o desproporcionadas.

Artículo 127 septies.

Si la ejecución del decomiso no hubiera podido llevarse a cabo, en todo o en parte, a causa de la naturaleza o situación de los bienes, efectos o ganancias de que se trate, o por cualquier otra circunstancia, el juez o tribunal podrá, mediante auto, acordar el decomiso de otros bienes, incluso de origen lícito, que pertenezcan a los criminalmente responsables del hecho por un valor equivalente al de la parte no ejecutada del decomiso inicialmente acordado.

De igual modo se procederá, cuando se acuerde el decomiso de bienes, efectos o ganancias determinados, pero su valor sea inferior al que tenían en el momento de su adquisición.

Artículo 127 octies.

1. A fin de garantizar la efectividad del decomiso, los bienes, medios, instrumentos y ganancias podrán ser aprehendidos o embargados y puestos en depósito por la autoridad judicial desde el momento de las primeras diligencias.

2. Corresponderá al juez o tribunal resolver, conforme a lo dispuesto en la Ley de Enjuiciamiento Criminal, sobre la realización anticipada o utilización provisional de los bienes y efectos intervenidos.

3. Los bienes, instrumentos y ganancias decomisados por resolución firme, salvo que deban ser destinados al pago de indemnizaciones a las víctimas, serán adjudicados al Estado, que les dará el destino que se disponga legal o reglamentariamente.

Artículo 128.

Cuando los referidos efectos e instrumentos sean de lícito comercio y su valor no guarde proporción con la naturaleza o gravedad de la infracción penal, o se hayan satisfecho completamente las responsabilidades civiles, podrá el Juez o Tribunal no decretar el decomiso, o decretarlo parcialmente.

Artículo 129.

1. En caso de delitos cometidos en el seno, con la colaboración, a través o por medio de empresas, organizaciones, grupos o cualquier otra clase de entidades o agrupaciones de personas que, por carecer de personalidad jurídica, no estén comprendidas en el artículo 31 bis, el juez o tribunal podrá imponer motivadamente a dichas empresas, organizaciones, grupos, entidades o agrupaciones una o varias consecuencias accesorias a la pena que corresponda al autor del delito, con el contenido previsto en las letras c) a g) del apartado 7 del artículo 33. Podrá también acordar la prohibición definitiva de llevar a cabo cualquier actividad, aunque sea lícita.

2. Las consecuencias accesorias a las que se refiere en el apartado anterior sólo podrán aplicarse a las empresas, organizaciones, grupos o entidades o agrupaciones en él mencionados cuando este Código lo prevea expresamente, o cuando se trate de alguno de los delitos por los que el mismo permite exigir responsabilidad penal a las personas jurídicas.

3. La clausura temporal de los locales o establecimientos, la suspensión de las actividades sociales y la intervención judicial podrán ser acordadas también por el Juez Instructor como medida cautelar durante la instrucción de la causa a los efectos establecidos en este artículo y con los límites señalados en el artículo 33.7.

Artículo 129 bis.

Si se trata de condenados por la comisión de un delito grave contra la vida, la integridad de las personas, la libertad, la libertad o indemnidad sexual, de terrorismo, o cualquier otro delito grave que conlleve un riesgo grave para la vida, la salud o la integridad física de las personas, cuando de las circunstancias del hecho, antecedentes, valoración de su personalidad, o de otra información disponible pueda valorarse que existe un peligro relevante de reiteración delictiva, el juez o tribunal podrá acordar la toma de muestras biológicas de su persona y la realización de análisis para la obtención de identificadores de ADN e inscripción de los mismos en la base de datos policial. Únicamente podrán llevarse a cabo los análisis necesarios para obtener los identificadores que proporcionen, exclusivamente, información genética reveladora de la identidad de la persona y de su sexo.

Si el afectado se opusiera a la recogida de las muestras, podrá imponerse su ejecución forzosa mediante el recurso a las medidas coactivas mínimas indispensables para su ejecución, que deberán ser en todo caso proporcionadas a las circunstancias del caso y respetuosas con su dignidad.

TÍTULO VII
De la extinción de la responsabilidad criminal y sus efectos

CAPÍTULO I
De las causas que extinguen la responsabilidad criminal

Artículo 130.

1. La responsabilidad criminal se extingue:

1.º Por la muerte del reo.

2.º Por el cumplimiento de la condena.

3.º Por la remisión definitiva de la pena, conforme a lo dispuesto en los apartados 1 y 2 del artículo 87.

4.º Por el indulto.

5.º Por el perdón del ofendido, cuando se trate de delitos leves perseguibles a instancias del agraviado o la ley así lo prevea. El perdón habrá de ser otorgado de forma expresa antes de que se haya dictado sentencia, a cuyo efecto el juez o tribunal sentenciador deberá oír al ofendido por el delito antes de dictarla.

En los delitos contra menores o personas con discapacidad necesitadas de especial protección, los jueces o tribunales, oído el Ministerio Fiscal, podrán rechazar la eficacia del perdón otorgado por los representantes de aquéllos, ordenando la continuación del procedimiento, con intervención del Ministerio Fiscal, o el cumplimiento de la condena.

Para rechazar el perdón a que se refiere el párrafo anterior, el juez o tribunal deberá oír nuevamente al representante del menor o persona con discapacidad necesitada de especial protección.

6.º Por la prescripción del delito.

7.º Por la prescripción de la pena o de la medida de seguridad.

2. La transformación, fusión, absorción o escisión de una persona jurídica no extingue su responsabilidad penal, que se trasladará a la en-

tidad o entidades en que se transforme, quede fusionada o absorbida y se extenderá a la entidad o entidades que resulten de la escisión. El Juez o Tribunal podrá moderar el traslado de la pena a la persona jurídica en función de la proporción que la persona jurídica originariamente responsable del delito guarde con ella.

No extingue la responsabilidad penal la disolución encubierta o meramente aparente de la persona jurídica. Se considerará en todo caso que existe disolución encubierta o meramente aparente de la persona jurídica cuando se continúe su actividad económica y se mantenga la identidad sustancial de clientes, proveedores y empleados, o de la parte más relevante de todos ellos.

Artículo 131.

1. Los delitos prescriben:

A los veinte años, cuando la pena máxima señalada al delito sea prisión de quince o más años.

A los quince, cuando la pena máxima señalada por la ley sea inhabilitación por más de diez años, o prisión por más de diez y menos de quince años.

A los diez, cuando la pena máxima señalada por la ley sea prisión o inhabilitación por más de cinco años y que no exceda de diez.

A los cinco, los demás delitos, excepto los delitos leves y los delitos de injurias y calumnias, que prescriben al año.

2. Cuando la pena señalada por la ley fuere compuesta, se estará, para la aplicación de las reglas comprendidas en este artículo, a la que exija mayor tiempo para la prescripción.

3. Los delitos de lesa humanidad y de genocidio y los delitos contra las personas y bienes protegidos en caso de conflicto armado, salvo los castigados en el artículo 614, no prescribirán en ningún caso.

Tampoco prescribirán los delitos de terrorismo, si hubieren causado la muerte de una persona.

4. En los supuestos de concurso de infracciones o de infracciones conexas, el plazo de prescripción será el que corresponda al delito más grave.

Artículo 132.

1. Los términos previstos en el artículo precedente se computarán desde el día en que se haya cometido la infracción punible. En los casos

de delito continuado, delito permanente, así como en las infracciones que exijan habitualidad, tales términos se computarán, respectivamente, desde el día en que se realizó la última infracción, desde que se eliminó la situación ilícita o desde que cesó la conducta.

En la tentativa de homicidio y en los delitos de aborto no consentido, lesiones, trata de seres humanos, contra la libertad, de torturas y contra la integridad moral, la libertad e indemnidad sexuales, la intimidad, el derecho a la propia imagen y la inviolabilidad del domicilio, cuando la víctima fuere menor de edad, los términos se computarán desde el día en que ésta haya alcanzado la mayoría de edad, y si falleciere antes de alcanzarla, a partir de la fecha del fallecimiento.

2. La prescripción se interrumpirá, quedando sin efecto el tiempo transcurrido, cuando el procedimiento se dirija contra la persona indiciariamente responsable del delito, comenzando a correr de nuevo desde que se paralice el procedimiento o termine sin condena de acuerdo con las reglas siguientes:

1.ª Se entenderá dirigido el procedimiento contra una persona determinada desde el momento en que, al incoar la causa o con posterioridad, se dicte resolución judicial motivada en la que se le atribuya su presunta participación en un hecho que pueda ser constitutivo de delito.

2.ª No obstante lo anterior, la presentación de querella o la denuncia formulada ante un órgano judicial, en la que se atribuya a una persona determinada su presunta participación en un hecho que pueda ser constitutivo de delito, suspenderá el cómputo de la prescripción por un plazo máximo de seis meses, a contar desde la misma fecha de presentación de la querella o de formulación de la denuncia.

Si dentro de dicho plazo se dicta contra el querellado o denunciado, o contra cualquier otra persona implicada en los hechos, alguna de las resoluciones judiciales mencionadas en la regla 1.ª, la interrupción de la prescripción se entenderá retroactivamente producida, a todos los efectos, en la fecha de presentación de la querella o denuncia.

Por el contrario, el cómputo del término de prescripción continuará desde la fecha de presentación de la querella o denuncia si, dentro del plazo de seis meses, recae resolución judicial firme de inadmisión a trámite de la querella o denuncia o por la que se acuerde no dirigir el procedimiento contra la persona querellada o denunciada. La continuación del cómputo se producirá también si, dentro de dicho plazo, el juez de instrucción no adoptara ninguna de las resoluciones previstas en este artículo.

3. A los efectos de este artículo, la persona contra la que se dirige el procedimiento deberá quedar suficientemente determinada en la resolución judicial, ya sea mediante su identificación directa o mediante datos que permitan concretar posteriormente dicha identificación en el seno de la organización o grupo de personas a quienes se atribuya el hecho.

Artículo 133.

1. Las penas impuestas por sentencia firme prescriben:

A los 30 años, las de prisión por más de 20 años.

A los 25 años, las de prisión de 15 o más años sin que excedan de 20.

A los 20, las de inhabilitación por más de 10 años y las de prisión por más de 10 y menos de 15.

A los 15, las de inhabilitación por más de seis años y que no excedan de 10, y las de prisión por más de cinco años y que no excedan de 10.

A los 10, las restantes penas graves.

A los cinco, las penas menos graves.

Al año, las penas leves.

2. Las penas impuestas por los delitos de lesa humanidad y de genocidio y por los delitos contra las personas y bienes protegidos en caso de conflicto armado, salvo los castigados en el artículo 614, no prescribirán en ningún caso.

Tampoco prescribirán las penas impuestas por delitos de terrorismo, si estos hubieren causado la muerte de una persona.

Artículo 134.

1. El tiempo de la prescripción de la pena se computará desde la fecha de la sentencia firme, o desde el quebrantamiento de la condena, si ésta hubiese comenzado a cumplirse.

2. El plazo de prescripción de la pena quedará en suspenso:

a) Durante el período de suspensión de la ejecución de la pena.

b) Durante el cumplimiento de otras penas, cuando resulte aplicable lo dispuesto en el artículo 75.

Artículo 135.

1. Las medidas de seguridad prescribirán a los diez años, si fueran privativas de libertad superiores a tres años, y a los cinco años si fueran privativas de libertad iguales o inferiores a tres años o tuvieran otro contenido.

2. El tiempo de la prescripción se computará desde el día en que haya quedado firme la resolución en la que se impuso la medida o, en caso de cumplimiento sucesivo, desde que debió empezar a cumplirse.

3. Si el cumplimiento de una medida de seguridad fuere posterior al de una pena, el plazo se computará desde la extinción de ésta.

CAPÍTULO II
De la cancelación de antecedentes delictivos

Artículo 136.

1. Los condenados que hayan extinguido su responsabilidad penal tienen derecho a obtener del Ministerio de Justicia, de oficio o a instancia de parte, la cancelación de sus antecedentes penales, cuando hayan transcurrido sin haber vuelto a delinquir los siguientes plazos:

a) Seis meses para las penas leves.

b) Dos años para las penas que no excedan de doce meses y las impuestas por delitos imprudentes.

c) Tres años para las restantes penas menos graves inferiores a tres años.

d) Cinco años para las restantes penas menos graves iguales o superiores a tres años.

e) Diez años para las penas graves.

2. Los plazos a que se refiere el apartado anterior se contarán desde el día siguiente a aquel en que quedara extinguida la pena, pero si ello ocurriese mediante la remisión condicional, el plazo, una vez obtenida la remisión definitiva, se computará retrotrayéndolo al día siguiente a aquel en que hubiere quedado cumplida la pena si no se hubiere disfrutado de este beneficio. En este caso, se tomará como fecha inicial para el cómputo de la duración de la pena el día siguiente al del otorgamiento de la suspensión.

3. Las penas impuestas a las personas jurídicas y las consecuencias accesorias del artículo 129 se cancelarán en el plazo que corres-

ponda, de acuerdo con la regla prevista en el apartado 1 de este artículo, salvo que se hubiese acordado la disolución o la prohibición definitiva de actividades. En estos casos, se cancelarán las anotaciones transcurridos cincuenta años computados desde el día siguiente a la firmeza de la sentencia.

4. Las inscripciones de antecedentes penales en las distintas secciones del Registro Central de Penados y Rebeldes no serán públicas. Durante su vigencia solo se emitirán certificaciones con las limitaciones y garantías previstas en sus normas específicas y en los casos establecidos por la ley. En todo caso, se librarán las que soliciten los jueces o tribunales, se refieran o no a inscripciones canceladas, haciendo constar expresamente esta última circunstancia.

5. En los casos en que, a pesar de cumplirse los requisitos establecidos en este artículo para la cancelación, ésta no se haya producido, el juez o tribunal, acreditadas tales circunstancias, no tendrá en cuenta dichos antecedentes.

Artículo 137.

Las anotaciones de las medidas de seguridad impuestas conforme a lo dispuesto en este Código o en otras leyes penales serán canceladas una vez cumplida o prescrita la respectiva medida; mientras tanto, sólo figurarán en las certificaciones que el Registro expida con destino a Jueces o Tribunales o autoridades administrativas, en los casos establecidos por la Ley.

BIBLIOGRAFÍA

Agudo Fernández, E., "La nueva agravante de reincidencia cualificada", *Cuadernos de Política Criminal,* núm. 81/2003.

Agudo Fernández, E., Jaén Vallejo, M. y Perrino Pérez, Á.L., *Derecho penal de las personas jurídicas,* Madrid, 2016.

Agudo Fernández, E., Jaén Vallejo, M. y Perrino Pérez, A., *Terrorismo en el siglo XXI,* Madrid, 2016.

Alcalá Pérez-Flores, R., Jaén Vallejo, M., Martínez Arrieta Márquez de Prado, C. y Perrino Pérez, A., "La reforma del Código Penal", en *El Derecho,* 6 de abril de 2015.

Antón Oneca, J.A., *Derecho penal,* 2ª edición, anotada y puesta al día por J.J Hernández Guijarro y L. Beneytez Merino, Madrid, 1986.

Bacigalupo, E., *Principios de derecho penal, parte general,* 2ª edición, Madrid, 1990.

— Conferencia sobre "El estado actual de la teoría del delito", pronunciada el 29 de julio de 2004, en la Academia Colombiana de la Abogacía, con ocasión de la concesión a Enrique Bacigalupo, por el Congreso de la República de Colombia, de la Condecoración de la Orden de la Democracia Simón Bolívar en el grado de Gran Oficial, y la Condecoración con la Gran Cruz de la Academia Colombiana de la Abogacía.

— *Derecho penal y el Estado de Derecho,* Chile, 2005.

— "Alternativas a la pena privativa de libertad en el derecho penal europeo actual", *Teoría y práctica del Derecho penal,* tomo II, Madrid, 2009.

— "Filosofía e ideología de las teorías de la pena", *Teoría y práctica del Derecho penal,* tomo II, Madrid, 2009.

— "Sobre el Derecho penal y su racionalidad", en su obra *Teoría y práctica del Derecho penal,* tomo I, Madrid, 2009.

— *Teoría y práctica del derecho penal*, tomo II, Fundación Instituto Universitario de Investigación José Ortega y Gasset, Madrid, 2009.

Bacigalupo, S., *La responsabilidad penal de las personas jurídicas*, Barcelona, 1998.

— *Introducción al Derecho Penal*, obra colectiva coordinada por J.A. Lascuraín Sánchez, Pamplona, 2011.

Bajo, M., y Bacigalupo, S., *Derecho penal económico*, 2ª edición, Madrid, 2010.

Cano Paños, M.A., *El futuro del derecho penal juvenil europeo. Un estudio comparado del derecho penal juvenil en Alemania y España*, con prólogo de Jaén Vallejo, M, Barcelona, 2006.

Feijoo Sánchez, B., "La responsabilidad penal de las personas jurídicas", en la obra colectiva Estudios sobre las reformas del Código Penal (operadas por la Ley Orgánica 5/2010, de 22 de junio, y 3/2011, de 28 de enero), Pamplona, 2011 (Director: J. Díaz-Maroto y Villarejo).

Gimbernat Ordeig, E., "¿Tiene un futuro la dogmática jurídico-penal?", *Estudios de derecho penal*, 3ª edición, Madrid, 1990.

Gómez-Jara Díez, C. (ed.), *Teoría de sistemas y derecho penal*, Granada, 2005.

— *Fundamentos modernos de la responsabilidad penal de las personas jurídicas. Bases teóricas, regulación intencional y nueva legislación española*, Buenos Aires/Montevideo, 2010.

González Rus, J.J., *Comentarios al Código penal*, dirigidos por M. Cobo del Rosal, Madrid, 1999.

Habermas, J., *Teoría de la acción comunicativa*, Madrid, 1987 (traducción de Manuel Jiménez Redondo).

Hassemer, W., *Einführung in die Grundlagen des Strafrechts*, 1981.

Hegel, F., *Grundlinien der Philosophie des Rechts*, 1821.

Hesse, K., *Grundzüge des Verfassungsrechts der Bundesrepublik Deutschlan*, 18ª ed., 1991, p. 30, núm. 81.

Huber, B., "«Community Service Order» como alternativa a la pena privativa de libertad en Inglaterra", en *Cuestiones del derecho penal europeo* (traducción de Enrique Bacigalupo), Cuadernos "Luis Jiménez de Asúa", Madrid, 2005.

Hurtado Pozo, J., *Revista de la Comisión Redactora del Código Penal Tipo Iberoamericano*, vol. I, Santafé de Bogotá, 2000, y *Revista Canaria de Ciencias Penales*, número monográfico 1/1999.

Jaén Vallejo, M., *Cuestiones básicas del derecho penal*, Universidad Austral, Buenos Aires, 1998.

— "La función social de la pena", *Revista de Ciencias Jurídicas*, Universidad de Las Palmas de Gran Canaria, núm. 3/1998.

— *Los principios superiores del derecho penal*, Cuadernos "Luis Jiménez de Asúa", Madrid, 1999.

— *Sistema de consecuencias jurídicas del delito: nuevas perspectivas*, Universidad Nacional Autónoma de México, México, 2002.

— *Derecho penal aplicado*, Madrid, 2003.

— "Pena y/o medida", *Revista de Derecho Penal y Procesal Penal*, Buenos Aires, núm. 3/2006.

— "Derechos procesales fundamentales: su proyección en la fase de instrucción, en el juicio oral y en el sistema de recursos", en *Cuadernos de Política Criminal*, núm. 89, Madrid, 2006.

— "Informe sobre los últimos trabajos de la Comisión Redactora del nuevo Código penal tipo iberoamericano", *Cuadernos de Política Criminal*, núm. 73, Madrid, 2011.

— "La relación entre la ley y su interpretación a propósito del debate sobre la «doctrina Parot»", Revista electrónica *El Derecho*, 5 de septiembre de 2012.

— "El Tribunal Europeo de Derechos Humanos falla en contra de la «doctrina Parot»", Revista electrónica *El Derecho*, 22 de octubre de 2013.

— "¿Es explicable la figura del indulto?", Revista electrónica *El Derecho*, 30-10-2013.

Jaén Vallejo, M., y Perrino Pérez, A., *La reforma penal de 2015*. Madrid, 2015.

— *La recuperación de activos frente a la corrupción*, Madrid, 2015.

— "Recuperación de activos derivados del delito: un objetivo prioritario de la reforma penal", Diario *La Ley*, nº 8545, de 22 de mayo de 2015.

Jakobs, G., *Strafrecht*, 2ª ed., 1991.

— "¿Terroristas como personas en Derecho?, en *Derecho penal del enemigo*, traducción de Manuel Cancio Meliá, 2ª ed., Madrid, 2006.

— "El derecho penal del ciudadano y derecho penal del enemigo", en *Derecho penal del enemigo*, traducción de Manuel Cancio Meliá, 2ª ed., Madrid, 2006.

Jescheck, H.H., *Tratado de derecho penal, parte general*, volumen segundo. Traducción y adiciones de Derecho español por Mir Puig y Muñoz Conde, Barcelona, 1981.

Jiménez de Asúa, L., *La sentencia indeterminada. El sistema de penas determinadas «a posteriori»*, Madrid, 1913. Obra reeditada, por Marcial Pons, Madrid, 2013, con presentación de uno de los discípulos del maestro, Enrique Bacigalupo.

Jiménez Campos, J., "Interpretación", en *Enciclopedia Jurídica Básica,* Madrid, 1995.

Jiménez Villarejo, F., "La nueva regulación del decomiso y la recuperación de activos delictivos en el ordenamiento jurídico español", *Revista del Ministerio Fiscal,* nº 0/2015.

Jorge Barreiro, A., *Las medidas de seguridad en el Derecho español,* Madrid, 1976.

Kant, I., *Metaphysik der Sitten,* 1797, traducción al español de Adela Cortina Orts y Jesús Conill Sancho, *La metafísica de las costumbres,* Madrid, 2005.

Köhler, M., *Strafrecht, Allgemeiner Teil,* 1997.

Lesch, H., *La función de la pena,* Cuadernos "Luis Jiménez de Asúa", trad. de Javier Sánchez-Vera, Madrid, 1999.

Martínez Guerra, A., *Nuevas tendencias político criminales en la función de las medidas de seguridad,* Cuadernos "Luis Jiménez de Asúa", Madrid, 2004.

Maurach, R., *Tratado de derecho penal II,* traducción con notas de Juan Córdoba Roda, Barcelona, 1962.

— *Deutsches Strafrecht,* 4ª ed., Allgemeiner Teil, 1971.

Mezger, E. *Tratado de derecho penal,* traducción de la segunda edición alemana (1933) y notas de derecho español por Rodríguez Muñoz y Quintano Ripollés, Madrid, 1957.

Mir Puig, S., *El derecho penal en el Estado social y democrático de Derecho,* Barcelona, 1994.

Morillas Cueva, L., *Sistema de derecho penal, parte general,* Madrid, 2016.

Núñez Fernández, J., *Curso de Derecho Penal. Parte General,* Madrid, 2011.

Parma, C. y Mangiafico, D., *Derribando Muros,* con prólogo del profesor Jaén Vallejo, M., Universidad del Aconcagua, Mendoza, 2009.

Pérez del Valle, C., *Lecciones de Derecho penal, Parte General,* Madrid, 2016.

Pérez Manzano, M., *Culpabilidad y prevención: las teorías de la prevención general positiva en la fundamentación de la imputación subjetiva y de la pena,* ediciones de la Universidad Autónoma de Madrid, 1990.

Prat Westerlindh, C., *Alternativas a la prisión,* Cuadernos "Luis Jiménez de Asúa", Madrid, 2004.

Righi, E., *Los delitos económicos,* Buenos Aires, 2000.

— *Teoría de la pena,* Buenos Aires, 2001.
— "Estado actual de la teoría de la pena", en la *Revista de Derecho penal y procesal penal,* Buenos Aires, núm. 3 (noviembre de 2004).
— *Derecho Penal. Parte General,* Buenos Aires, 2007.
Rodríguez Devesa, J.M., *Derecho penal español, parte general,* Madrid, 1976.
Rodríguez Ramos, L., "¡Societas delinquere potest! Nuevos aspectos dogmáticos y procesales de la cuestión", *La Ley,* núm. 4136, 3-10-1996, y en *Anuario Derecho Penal 96,* dedicado monográficamente a la responsabilidad penal de las personas jurídicas (director José Hurtado Pozo), Perú, 1997.
Roxin, C., *Strafrechtliche Grundlagenprobleme,* 1973.
— "La reparación en el sistema de los fines de la pena", *De los delitos y de las víctimas, Buenos Aires,* 1992.
Rubio Lara, P.A., *Las medidas de seguridad tras la reforma de la Ley Orgánica 5/2010, de 22 de junio, del Código Penal. Perspectivas doctrinales y jurisprudenciales. Problemas y soluciones,* Madrid, 2011.
Sánchez-Vera Gómez-Trelles, J., texto mecanografiado de su proyecto docente.
— "Una reforma necesaria para acompañar al nuevo Código penal: el juicio oral en dos fases", *Cuadernos de Política Criminal,* núm. 73, Madrid, 2001.
— "Una lectura crítica de la Ley de Indulto", Revista electrónica *InDret* 2/2008.
Sierra López, M.V., *Las medidas de seguridad en el nuevo Código Penal,* Valencia, 1997.
Silva Sánchez, J., *El nuevo Código penal: cinco cuestiones fundamentales,* Barcelona, 1997.
Stratenwerth, G., *Strafrecht, Allgemeiner Teil,* 2000.
— *Manual de Derecho Penal, Parte General,* edición en castellano de la obra de este autor (4ª edición), trad. de M. Cancio y M. Sancinetti, Buenos Aires, 2005.
Tomás y Valiente, F., *El derecho penal de la Monarquía Absoluta (siglos XVI, XVII y XVIII,* Madrid, 1969.
Urteaga, E., "La teoría de los sistemas de Niklas Luhmann", Universidad del País Vasco, 2009.
Von Liszt, F., *Tratado de derecho penal,* tomo III, traducido por Jiménez de Asúa, y adicionado con el derecho penal español por Quintiliano Saldaña, Madrid, 1917.

— *La idea del fin en el derecho penal*, trad. de Carlos Pérez del Valle, con una amplia introducción de J. M. Zugaldía, Granada, 1995.

Zugaldía Espinar, J.M., "Conveniencia político-criminal e imposibilidad dogmática de revisar la fórmula tradicional societas delinquere non potest", *Cuadernos de Política Criminal* núm. 11/1980.

— "¿Qué queda en pie en el derecho penal del principio «mínima intervención, máximas garantías»?", *Cuadernos de Política Criminal*, núm. 79/2003.

— "Bases para una teoría de la imputación de la persona jurídica", en *Sistemas Penales Iberoamericanos*, Libro Homenaje al Profesor Enrique Bacigalupo en su 65 Aniversario (Director: Manuel Jaén Vallejo), auspiciado por el Instituto Latinoamericano de las Naciones Unidas para la Prevención del Delito y Tratamiento del Delincuente, Lima 2003.

— *La responsabilidad criminal de las personas jurídicas, de los entes sin personalidad y de sus directivos*, Valencia, 2012.

Made in the USA
Monee, IL
05 November 2026

67807962R00174